2020年度贵州省哲学社会科学『十大创新团队』

『贵州书院文化传承与创新研究团队』研究成果

兴义笔山书院志略

毛建军 纂

西南交通大学出版社

·成 都·

图书在版编目（CIP）数据

兴义笔山书院志略 / 毛建军纂. —成都：西南交通大学出版社，2023.8

ISBN 978-7-5643-9442-4

Ⅰ. ①兴… Ⅱ. ①毛… Ⅲ. ①书院 – 教育史 – 兴义 – 1813-1905 Ⅳ. ①G649.299.734

中国国家版本馆 CIP 数据核字（2023）第 149902 号

Xingyi Bishan Shuyuan Zhi Lüe

兴义笔山书院志略

毛建军 纂

责任编辑	居碧娟
封面设计	原谋书装
出版发行	西南交通大学出版社 （四川省成都市金牛区二环路北一段 111 号 西南交通大学创新大厦 21 楼）
发行部电话	028-87600564 028-87600533
邮政编码	610031
网址	http://www.xnjdcbs.com
印刷	成都蜀通印务有限责任公司
成品尺寸	170 mm × 230 mm
印张	14
字数	221 千
版次	2023 年 8 月第 1 版
印次	2023 年 8 月第 1 次
书号	ISBN 978-7-5643-9442-4
定价	80.00 元

图书如有印装质量问题 本社负责退换

自 序

书院，是中国古代特有的教育组织和学术研究机构，多为著名学者创建或主持。其发源于唐，至宋而体制大备，逐渐成为中国传统教育的重要组成部分。明清两代，贵州共新建、重建和重修大小书院 192 所，其中兴义府就有大约 10 所。在这些书院中，兴义笔山书院在贵州教育史上的影响最为显著。

兴义笔山书院的史料散见于清爱必达所撰《黔南识略》(清乾隆十四年修刊本)，清张锳修，邹汉勋、朱逢甲纂《咸丰兴义府志》(清咸丰四年刻本)以及民国蒋芷泽等纂《民国兴义县志》(民国三十七年稿本)等笔记、方志之中，材料极为稀少。这种情况，对于《兴义笔山书院志略》的撰写十分困难。即便如此，经过各界同仁的共同努力，笔山书院的研究还是取得一定进展，缕述如下：

(一)地方教育志中的著录。如《贵州省志·教育志》(贵州人民出版社 1990 年版)主要记叙了明代以来贵州教育事业的发展，全面、系统地记载了贵州建省以来教育的发展和现状。其中第二篇“官学书院私塾”著录有兴义笔山书院的概况。又，《黔西南州教育志》(贵州教育出版社 1997 年版)记述了黔西南州教育事业发展的历史与现状，包括民族教育、师范教育、教师和教育行政等。其中，第一章“明、清时期的学校教育”详细著录了清代兴义府书院的情况。

（二）贵州书院志中的著录。如庞思纯、郑文丰《明清之际的贵州书院》（贵州人民出版社 2017 年版）著录清代贵州书院 133 所。该著辟专章“黔西南影响最大的书院——笔山书院”，用 10 页篇幅，详述兴义笔山书院历届山长姓名录、刘官礼与笔山书院、一生为教的姚华、笔山书院著名学子王伯群的革命与教育之路等。张羽琼《贵州书院史》（孔学堂书局 2017 年版）清代的文教政策、清代贵州书院时空分布、清代贵州书院教育教学特点、清代贵州书院教苑英华、清代贵州书院的历史影响等章节也有涉及兴义笔山书院的叙述。

（三）校史校志中的史料梳理。王甫尤、王必盛《兴义一中史话》（社会科学文献出版社 2014 年版）运用简洁的语言，从历史回溯、名人名家、现代风貌三个方面对兴义一中历史进行了立体式的呈现。其中第二章“名人名家”中详细记录了兴义教育先驱刘官礼、民国贵州游击军总司令刘显潜、黔军鼻祖刘显世、国民政府交通部部长王伯群、黔军少帅王文华、青云得志总司令何应钦、国民政府贵州省建设厅厅长窦居仁、“黔之医怪”王聘贤等笔山人物。《黔西南民族师范高等专科学校校史（1813—1998）》（黔西南民族师范高等专科学校 1998 年版）对笔山书院沿革进行了认真梳理。

（四）史志专家对笔山书院的考实。熊洪斌、陈应秋二先生对笔山书院考实最为用力。熊洪斌先生先后撰有《笔山书院的教育与书院文化初探》（《黔西南日报》2011 年 7 月 8 日第 2 版）、《刘官礼与笔山书院》(《黔西南日报》2011 年 12 月 7 日第 2 版)、《笔山书院春秋》(《当代贵州》2012 年第 36 期)等文章。除了考察笔山书院的史实，熊洪斌先生还历经数十年考证出《学书枝言碑》的历史面貌，著有《学书枝言碑解说》(贵州人民出版社 2015 年版)。陈应秋先生 40 年来专注于黔西南州尤其是兴义市的文物收藏，有数万件之多，其中涉及笔山书院的有数十幅照片。陈应秋先生撰写有数篇有关笔山书院旧址的考证文章，如《探寻笔山书院旧址》(《黔西南日报》2020 年 2 月 26 日第 5 版)、《笔山书院及其演变——清末至民国年间兴义公民办学校沿革演变概览》(《黔西南日报》2020 年 11 月 3 日第 5 版)等。

值得高兴的是，2019 年 1 月，政协黔西南州委员会文史资料研究委员会选辑出版了《黔西南文史》第 6 辑《黔西南书院文化溯源专辑》。《黔西南书院文化溯源专辑》涉及笔山书院筹建、教育、教学，书院知名教育活动家及知名学员，书院文化对黔西南教育的影响等相关文史资料。全书共收录有关文稿 47 篇，近 20 万字。可以说，这是目前最为集中反映笔山书院研究概况的一本专著。

长期以来，兴义笔山书院研究急需一本全面系统展示笔山书院历史文化的书。近年来，黔西南州大力打造“康养胜地，人文兴义”文化工程，笔山书院遗址正在恢复重建。时代的呼唤迫使吾辈勉力为之。《兴义笔山书院志略》正是在此背景下仓促完成。

《兴义笔山书院志略》大致依照旧书院志体例，从历史沿革、书院山长、书院教务、书院生员、书院遗迹、书院藏书等方面入手，对兴义笔山书院两百多年的发展历史进行梳理，全面展示兴义教育史上众多具有重要影响的历史人物，阐述兴义笔山书院对西南民族地区社会发展所做出的重要贡献。同时，读者也可以通过本志了解黔西南近现代教育的发展，并从中得到新的启示。《兴义笔山书院志略》还收录了近60年来笔山书院的论文研究成果，这些论文可能与本志主体部分叙述多有抵牾之处。需要指出的是，《兴义笔山书院志略》的撰写旨在存史，我们当尽可能地留存原文。限于时间精力等因素，这些抵牾之处只能等待方家进一步探索指正，待重修或再版之时修正。

最后，我想说的是，《兴义笔山书院志略》的撰写完稿离不开熊洪斌、陈应秋两位先生的帮助指导，在此我要特别感谢两位先生。两位先生是我的同事和前辈，也是我了解兴义、认知笔山书院的领路人。他们热爱兴义文化，熟知兴义风土掌故，更长期致力于地方文化的挖掘宣传，让我万分感动，并让我作为一个外地人对兴义也情有独钟。两位先生的高尚品格更是支撑我专心地方文化研究的原动力。此外，还要感谢贵州省哲学社会科学“十大创新团队”“贵州书院文化传承与创新团队”全体同人的帮助和出版资金的支持。

毛建军

2023年6月

卷 首

书院之设，所以裁成文士，为国储材也。盖乡曲之士，有志读书，每苦无名师指授，天下皆然，不独兴郡也。余守兴郡十年，见郡多英奇瑰玮才，乃登玉堂而黼黻太平者，虽有，而不多，何欤？意者乡先生未能遍为裁成欤！于是修书院，拓学舍，裕经费，聘主讲，并为筹小试、乡、会试诸费。惟望之切，故为谋之周也。多士当必体余苦心，而自爱自奋，抑又思之，书院之流弊也。或有名无实，终年不课者有之；或恃大吏荐剡，名为主讲，未尝诣书院讲课者有之；甚至侵蚀经费者有之。此数者，深愿无之。抑更有进焉者，书院之课士以文，而士之行尤重于文，愿课士者遇有敦行士，即文稍逊，间亦超擢，以风多士，则异日醇儒辈出，基于此矣。余于书院，不仅望佳士为文人，尤厚望佳士敦行而学为圣贤也。

——〔清〕张锳修，邹汉勋、朱逢甲纂：《咸丰兴义府志》，清咸丰四年刻本，第 486 页

笔山书院历史复原图

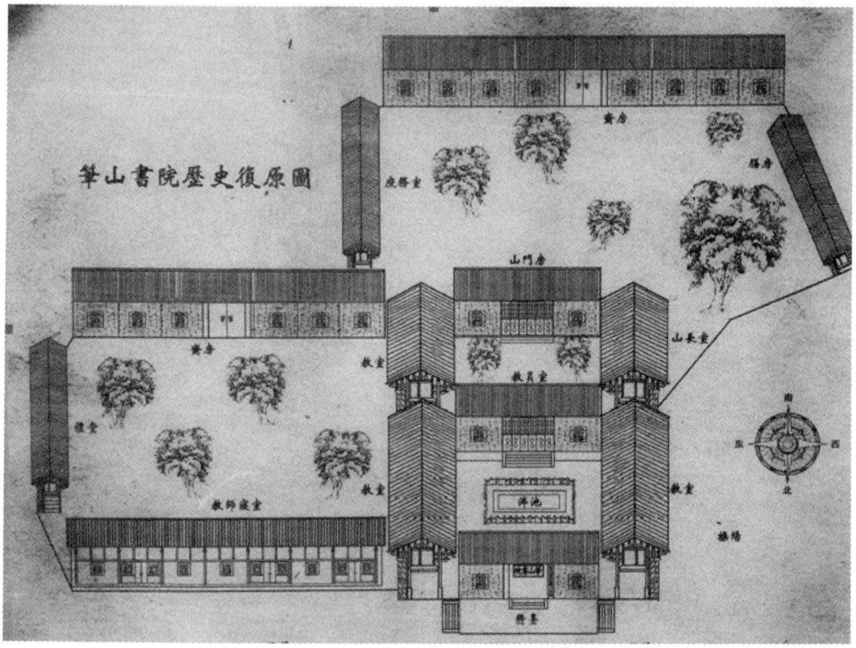

（来源：黔西南州博物馆馆长龙虎绘制）

目　录

上　篇

下 篇

上篇

卷一　兴义书院

一、兴义府设置

兴义地处黔、滇、桂三省区接合部，自古就是商业集散地和通衢要塞，有“三省通衢”之称。

战国时期，兴义属夜郎国；蜀汉建兴三年（225 年）始设汉兴县；唐贞观六年（632 年），为盘州治；元朝至元十三年（1276 年）属云南行省普安路总管府；明代改隶四川布政司，永乐十一年（1413 年）始隶贵州；清嘉庆二年（1797 年）裁黄草坝州判，奏请设兴义县，始有县学。

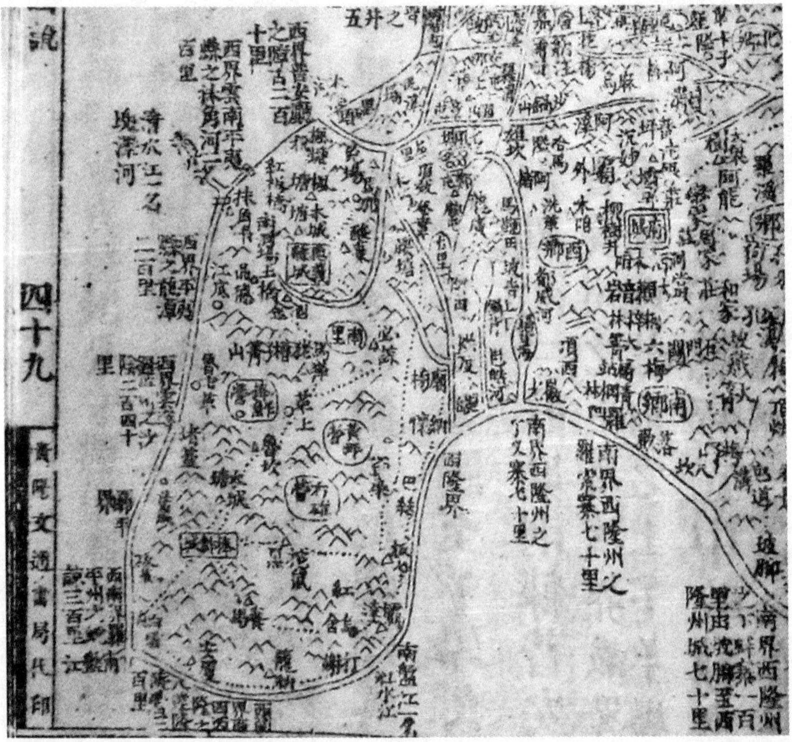

图 1-1　兴义府图（来源：1915 年贵阳文通书局铅印本《兴义府志》）

据《贵州省志·地理志》[①]载："顺治九年，即明永历六年（1652年），明永历皇帝移宫普安卫安隆千户所，改安隆所为安龙府。顺治十五年（1658年），清将卓布泰率军取道广西泗城入安龙，又将安龙府改为安笼所。康熙二十六年（1687年），裁安笼、安南二千户所，改设南笼厅，移安顺府通判驻其地，设治于安笼所。雍正五年（1727年），云贵总督鄂尔泰奏以红水河为界划分黔、桂两省界线，红水河以南属广西，红水河以北属贵州，将广西西隆州所属罗烦、册亨等四甲及泗城府所属上江、长坝、桑郎、罗斛等十六甲割隶贵州，其地南北约三百里，东西径六七百里，于长坝地方设永丰州，又于罗斛、册亨两地分设州同、州判。"

清代嘉庆二年（1797年），南笼起义被镇压后，清仁宗嘉庆皇帝下令将原南笼府改设为兴义府（府治位于今安龙县），将安笼镇改为安义镇，管辖安顺、兴义各协、营、汛。嘉庆三年（1798年），增设兴义县。嘉庆十四年（1809年），升普安州为直隶州，以兴义县隶于普安直隶州。嘉庆十六年（1811年），令兴义县还隶兴义府。光绪三十四年（1908年），降普安直隶厅为盘州厅，隶于兴义府。至是，兴义府领贞丰州、盘州厅、普安县、安南县（今晴隆县）、兴义县。

清代同治元年（1862年），兴义府移驻兴义县，直到民国初，下辖区域包括贞丰州、册亨州、普安县、新城县（今兴仁）、安南县（今晴隆）、兴义县（今兴义市区）。

二、兴义府书院

据《明清之际的贵州书院》考证，从明初至崇祯三年（1630年），贵州共建官学47处，各府、州、县、卫、司"遍立学校作养人才"。清代贵州共有书院共有133所，其中雍正、乾隆、嘉庆、道光四朝就有一百余所。这些成绩无疑为贵州的文教勃兴起到了推波助澜的作用，创造了明清两朝代"七百进士，六千举人""三鼎甲"（两状元一探花）的骄人成绩。[②]尤其是乾隆、嘉庆以后，贵州书院一时遍布贵州各地，形成了

① 贵州省地方志编纂委员会：《贵州省志·地理志》，贵州人民出版社1985年版，第66页。
② 庞思纯、郑文丰：《明清之际的贵州书院》，贵州人民出版社2017年版，第1页。

府、县、乡三个层次的书院教育模式，每个厅、州、县多 4 所以上[①]。其中，以贵山书院为最大，以贵阳府的贵山书院[②]、遵义府的湘川书院[③]和兴义府的笔山书院最为著名。[④]

据《咸丰兴义府志》载，兴义府计有 8 所书院，即兴义府的九峰书院、桅峰书院、珠泉书院；兴义县的笔山书院；普安县的盘水书院；安南县的莲城书院；贞丰州的珉球书院、册亨书院。[⑤]又据何静梧、杨经琦[⑥]先生考查，兴义府及其所属州县书院 9 所：在兴义府城（今安龙县）的有九峰书院、桅峰书院、珠泉书院、文峰书院；在贞丰州治（今贞丰县）的有珉球书院，在兴义县的有笔山书院，在普安县的有培风书院、盘水书院，在安南县（今晴隆县）的有莲城书院。据黔西南州文物局崔利军[⑦]调查，从乾隆至同治年间，位于黔西南的兴义府先后兴起九峰书院、笔山书院、凤山书院、桅峰书院、莲城书院、珉球书院、册亨书院、盘水书院、培风书院、文峰书院等 10 所书院。以下为崔利军调查的 10 所书院情况（如表 1-1 所示）。

表 1-1 清代兴义府书院一览表

名称	位置	简介
九峰书院	在南笼府（今安龙县）城北魁星山海潮寺前殿	乾隆十二年（1747 年）办，黔西南第一所书院。嘉庆二年（1797 年）毁于战火
桅峰书院	兴义府（今安龙县）城东门内昭忠祠	嘉庆二十一年（1816 年）由邢思镐、阎敏仁等倡办。同治中毁于战火
文峰书院	兴义府（今安龙县）城北	同治十三年（1874 年）新建书院于城北

① 雷成耀：《清代贵州书院藏书考略》，《安顺学院学报》2013 年第 15 卷第 4 期，第 103-105 页。
② 贵山书院，原名阳明书院，创建于清朝雍正十三年（1735 年），由贵州巡抚元展成奉朝廷令在阳明书院原地重修。
③ 湘川书院，位于贵州遵义。清乾隆五十二年（1787 年）知府刘诏升、知县程正坤与府学教授夏文炯等兴建。
④ 张羽琼：《贵州古代教育史》，贵州教育出版社 2003 年版，第 117、242 页。
⑤〔清〕张锳修，邹汉勋、朱逢甲纂：《咸丰兴义府志》，清咸丰四年刻本，第 486 页。
⑥ 何静梧、杨经琦：《明清两代的贵州书院》，《贵州文史丛刊》1981 年第 1 期，第 92-99 页。
⑦ 崔利军：《黔西南书院述略》，《黔西南文史·书院文化溯源》，政协黔西南州委员会，2020 年。

续表

名称	位置	简介
笔山书院	兴义县城东门外	嘉庆十八年（1813年），知县杜友李令诸生倡建
凤山书院	盘州（今盘州市）城西门	清嘉庆十二年(1807年)建。光绪三十三年(1907年)，厅同知段永濬设高等小学堂，书院停办①
莲城书院	安南（今晴隆县）文庙前	清道光十五年（1835年）知县李据堃建。光绪三十四年（1908年）改为官立两等小学堂
珉球书院	贞丰州（今贞丰县）城内	清道光十六年(1836年)知州袁敏升率绅民捐建。光绪三十二年（1906年）知州徐德修改为学堂
册亨书院	册亨州者楼镇册阳村	道光二十二年（1842年）建。光绪十三年（1887年）停办。光绪三十年（1904年）改为初等小学堂
盘水书院	普安文庙左侧	清道光二十二年（1842年）邑绅举人孔广沛捐建。光绪三十三年（1907年）改设高等小学堂
培风书院	新城县（今兴仁县）城东	道光三十年（1798年）建，白旗起义军占领新城时停办。光绪三十年（1904年）改县义学

（一）九峰书院

九峰书院在兴义府城北（今安龙县）魁星山海潮寺前殿，建于乾隆十二年（1747年），是黔西南第一所书院，因面临九峰，故名九峰书院。《咸丰兴义府志·学校志·书院》云："九峰书院，在府城北。今废。旧志云：'九峰书院，在府城北之魁星山，旧为海潮寺之前殿，中奉至圣像，旁列四配，建设之年无可考。乾隆十二年改为书院，面临九峰，因以为名。前建魁星阁，故山即以魁星名也。寺租六十石，为掌教脩膳之资，延师讲学于中，又为府城义学，其增学舍，扩膏火，俾后进之得以优游讲习，人文蔚起，则将伯之助，尚有望于乡之好义者，特志以昭讲堂之权舆云。'"②嘉庆二年（1797年），九峰书院毁于战火。

① 贵州省盘县特区地方志编纂委员会：《盘县特区志》，方志出版社1998年版，第863页。
②〔清〕张锳修，邹汉勋、朱逢甲纂：《咸丰兴义府志》，清咸丰四年刻本，第485页。

（二）梳峰书院（珠泉书院）

嘉庆二十一年（1816 年），生员邢思镐、阎敏仁等人在府城东门内的昭忠祠倡办建立梳峰书院。《咸丰兴义府志・学校志・书院》云：“梳峰书院，在府城东门内，后改为珠泉书院。《黔南识略》云：‘旧有九峰书院，新改梳峰书院，为生童肄业之所。有田租以供膏火，不敷者，由府捐给，按：嘉庆二十一年，生员邢思镐、阎敏仁等，请以东门内昭忠祠为梳峰书院，延师主讲。道光十五年，知府谷善禾复以十八先生祠增修书院，改为珠泉书院。”[①]同治中，珠泉书院毁于战火。

（三）文峰书院

同治十三年（1874 年），兴义府知府陈廷栋就府城北门经历署旧址重建，讲堂、斋舍共计二十九楹。是时，书院学田有三：一曰“祭田”，供丁祭开支；二曰“学庄诸田”，以养学官；三曰“贽卷田”，补助穷学生。自道光以来，兴义府每年抽厘金银千两拨付书院，作山长薪金、生童膏火和监院委员薪金，略有结余。光绪二十六年（1900），知府石廷栋迫于清廷兴办学堂的压力，在书院旁挂新建中学堂牌，延请教授张圣钦主讲其中”，仍袭书院旧制。[②]

（四）笔山书院

笔山书院是黔西南影响最大的书院。《咸丰兴义府志・学校志・书院》云：“笔山书院，在兴义县东门外。《识略》云：‘兴义县建有笔山书院，以笔架山得名。’按：笔山书院在县城东门外，南向。先是，县无书院，嘉庆十八年，知县杜友李令诸生倡建书院。是年邑试，命文武生童四百人人捐钱千，都计得四百千，益以邑人捐银，遂购东门外吉安会馆旧址建书院。嘉庆二十三年，知县张梦骥又购地增拓之（购邻民刘姓地及圃，一其界址，前界沟，后界路，左界陈地，右界曾屋）。道光中，知县徐铉又拓地增舍（其界址，直界路，左界曾屋）。”[③]清同治元年（1862 年），老书院

---

①〔清〕张锳修，邹汉勋、朱逢甲纂：《咸丰兴义府志》，清咸丰四年刻本，第 487 页。

② 崔利军：《黔西南书院述略》，亮点黔西南，http://www.ldqxn.com/wenhau/shehuiwenhua/2013205/173747.htm.

③〔清〕张锳修，邹汉勋、朱逢甲纂：《咸丰兴义府志》，清咸丰四年刻本，第 490 页。

毁于咸同农民战争。战后，刘官礼于光绪十六年（1900 年），在土城北之老官（鹳音）坟[①]重建书院，人称“新书院”（遗址在今兴义民族师范学院内）。20 世纪初，笔山书院输送至省立中学堂的学生及出国留学生有王文华、王文选等，后成为军政要人数十人。

（五）凤山书院

凤山书院位于城关镇古城（今盘州市）西门东面半坡处，建于清嘉庆十二年（1807 年）坐西面东，占地面积千余平方米。据《普安直隶厅志》记载，前面笔峰，后枕奎阁，地势雄特，万象森罗。有头门、二门、讲堂三楹。上有楼，正中祀仓圣，颇极轩敞。两旁翼室为斋房。讲堂右折为山长内室，三楹。右偏为厨湢，对面有亭翼然。讲堂下有丹桂、紫薇各一株，花时足供游赏。院后有井，泉甘洌清香。厅教谕刘汉英曾以《奎阁飞霞》《画楼赏雨》《薇云夏幕》《桂露秋香》《笔岫凌云》《斗亭留月》《山房抱膝》《井泉洗心》为题赋诗，成“书院八景”。清光绪三十三年（1907 年），厅同知段永濬设立高等小学堂，书院停办。[②]

（六）莲城书院

莲城书院在贵州安南（今属晴隆县）。清道光十五年（1835 年）知县李据堃拨凤凰山寺租谷二百六十八石筹建，院址在文庙前。道光二十一年（1841 年），募捐为兴义府修建试院，余银三千九百七十两，随新建书院于文庙右侧，并购置学田，改取租息为书院经费。书院命名为莲城书院。《咸丰兴义府志·学校志·书院》云：“莲城书院，在安南城内学宫侧。按：安南先无书院。道光十五年，知县李振堃拨凤凰山寺租二百六十八石，为备建书院资。十六年，知县张士英又拨五里牌地租八石，银四十两，遂建书院于明伦堂之前。旋圮。二十一年，知县娄镕捐银百两，益以邑人捐银五千九百七十两，遂复建书院于学宫之右。又购田，岁租都计一百三十八石有奇，又拨银一千二百两，修试院。其捐输姓名皆刊于石。”[③]清光绪三十二年（1906 年）移初等小学堂于其内，遂改名莲城学堂。光绪三十四年（1908 年）改

---

① 也有写作“老鸛坟”的，以下除原文，其余统一写为“老鹳坟”。
② 贵州省盘县特区地方志编纂委员会：《盘县特区志》，方志出版社 1998 年版，第 863 页。
③〔清〕张锳修，邹汉勋、朱逢甲纂：《咸丰兴义府志》，清咸丰四年刻本，第 491 页。

为官立两等小学堂。

（七）珉球书院

珉球书院在贞丰州（今贞丰县）城内。清道光十六年（1836年）知州袁敏升率绅民捐建。《咸丰兴义府志·学校志·书院》云："珉球书院，道光十六年，知州袁敏升率绅民捐建。又购田以供经费。知州周溶为酌定章程。十七年，州民江怀贡捐田于书院，原价银五百五十两。阖学义赠怀贡银一百三两，召佃耕种，每年纳租银四十两，永为书院经费。"[①]清咸丰十一年（1861年）毁于战火。同治十一年（1872年）重建。光绪三十二年（1906年）知州徐德修改为学堂。民国初，改为贞丰两级小学校。民国末年，被辟为民众教育馆。

（八）册亨书院

册亨书院设于贞丰州册亨州同驻地（今册亨县者楼镇册阳村）东。清道光二十二年（1842），兴义府发还修建试院余银二百两，根据知府的训示，此银须"发商生息"，作为书院聘请教师的经费，随即建册亨书院。光绪十三年（1887年），册亨州同沈福銮重新修建文昌宫书院，作为册亨考秀才和不参加考秀才的人士进修的殿堂。[②]《咸丰兴义府志·学校志·书院》云："按：道光二十二年，知府张锳以册亨官绅士民捐修试院余银二百两，命州同陶淙发商生息，以为册亨建立书院经费。又按：书院，典至重也，雍正十一年，尝钦颁各省帑金千两。"[③]光绪十三年（1887年）停办。光绪三十年（1904年）改为初等小学堂。

（九）盘水书院

盘水书院在贵州普安。清道光二十二年（1842年）邑绅举人孔广沛呈请知府张锳，以邑之官绅士民捐修试院余银三百两作经费，建于文庙左侧，命名为盘水书院。《咸丰兴义府志·学校志·书院》云："按：普安旧亦无书院。道光二十二年，邑之举人孔广沛呈请创建书院。知府张锳以邑之官

---

①〔清〕张锳修，邹汉勋、朱逢甲纂：《咸丰兴义府志》，清咸丰四年刻本，第491页。
② 贵州省册亨县地方志编纂委员会：《册亨县志》，贵州人民出版社2002年版，第877页。
③〔清〕张锳修，邹汉勋、朱逢甲纂：《咸丰兴义府志》，清咸丰四年刻本，第491页。

绅士民捐修试院余银三百两，命建书院，又以银一千三百两购田，以田租为束脩膏火诸经费，闻于大吏，而普安始有书院。”[①]光绪二十年（1894 年）知县熊士清、教谕年明达、训导萧森枝等重修。光绪三十年（1904 年）知县查秉钧改为日新学堂，未招生。光绪三十三年（1907 年）改设高等小学堂。[②]

（十）培风书院

培风书院在贵州新城县（今兴仁县）。清道光三十年（1798 年），城内贡生王俊伟、阎丕忠在新城县丞及地方士绅的支持下，首创培风书院，院址初设于城东新平街南将军祠（今教育局西侧），白旗起义军占领新城时停办。同治十三年（1874 年），士绅杨忠烈、刘定中、邹国玺报请提调严寓熙批准，将划为“逆产、绝产”的田租计二百八十余石，作办学经费，重办培风书院。光绪八年（1882 年）改为官办，霍忠敬、陈光跃、邹国玺先后任掌教。[③]光绪三十年（1904 年）改县义学，民国初改为初级小学。

---

①〔清〕张锳修，邹汉勋、朱逢甲纂：《咸丰兴义府志》，清咸丰四年刻本，第 491 页。
② 贵州省普安县地方志编纂委员会：《普安县志》，贵州人民出版社 1999 年版，第 828 页。
③ 贵州省兴仁县编史修志委员会：《兴仁县志》，贵州人民出版社 1991 年版，第 444 页。

卷二 沿 革

笔山书院始建于乾隆年间，至光绪三十一年（1905 年）改高等小学堂止，经历了两百余年的历史，曾历经四次兴替，规模逐渐扩大。其中第四座最具规模，最具影响。清光绪三十一年（1905 年）笔山书院改成兴义高等小学堂，由刘显世任学董，此即为高等小学阶段。1952 年，改为贵州省兴义师范学校。1978 年，建立兴义师范专科学校。1982 年，学校更名为黔西南民族师范专科学校。1993 年，学校升格为黔西南民族师范高等专科学校。2009 年，教育部批准升格为兴义民族师范学院，开始本科教育。

表 2-1　笔山书院历史沿革简表

阶段	时间	名 称
书院教育阶段	乾隆四十九年（1784 年）	第一座笔山书院
	嘉庆十八年（1813 年）	第二座笔山书院
	嘉庆二十三年（1818 年）	第三座笔山书院
	光绪九年（1883 年）	第四座笔山书院
高等小学阶段	光绪三十一年（1905 年）	兴义高等小学堂（附设师范讲习班）
	1919 年	简易师范学校（师范讲习所改名）
	1926 年	增设兴义初级中学
师范教育阶段	1952 年	兴义师范学校
	1975 年	兴义地区“五零七”师范大学
	1978 年	兴义师范专科学校
	1982 年	黔西南民族师范专科学校
	1993 年	黔西南民族师范高等专科学校
	2009 年	兴义民族师范学院

一、书院教育阶段

据《兴义县志》载："清乾隆年间，兴义黄草坝就建有笔山书院，它曾经历 4 次兴废：原笔山书院建在老城后山水井坡山麓，因年久失修而荒废。嘉庆十八年（1813 年），院址改在县城门外，咸同年间毁于兵燹。光绪元年（1875 年）院址改在老城后山文昌宫，俗称老书院。因地方人士鉴于老书院地势高峻狭窄，由县人刘官礼、赵学坤等于光绪十五年（1889 年）主持迁建于今黔西南州民族师范专科学校，越二年建成。书院的教学内容初为八股试帖及诗赋。光绪二十五年（1898 年）戊戌维新期间，院长雷玉峰提倡经学、小学并订置时务书报供学生阅览，规定每月两次呈送笔记批改，发还时当堂奖评。以后曾澍之、姚华（茫父）等长院时皆循其良规并有改进。光绪三十年（1904 年），留日归国的徐天叙长院，除授经史外，兼研习数学，并率学生参加县内演讲会等社会活动。光绪三十一年（1905 年），笔山书院改办高等小学堂，堂长徐天叙带领书院学生王文华、魏正楷、窦简之等 13 人赴省会贵阳报考贵州公立通省中学，囊括 1—13 名的前列录取而名震贵州学界。"①

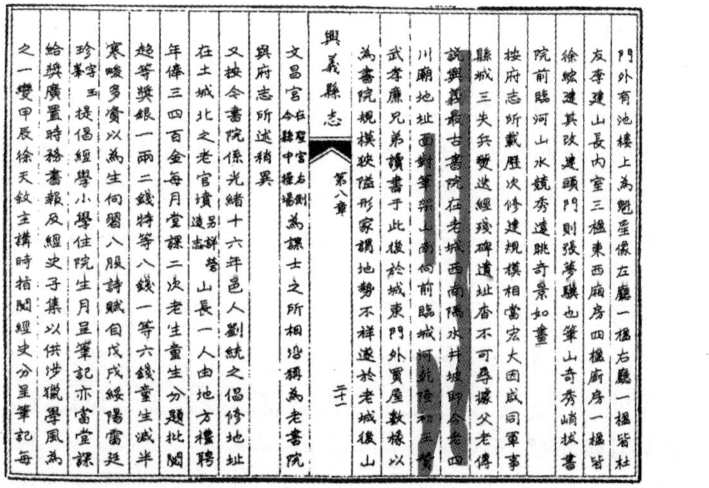
門外有池樓上為魁星像左廳一楹右廳一楹皆杜
友李建山長內室三楹東西廂房四楹廚房一楹皆
徐鋐建其改建頭門則張夢驥也筆山奇秀峭拔書
院前臨河山水競秀遠眺奇景如畫
按府志所載歷次修建規模相當宏大因咸同軍事
縣城三失兵燹迭經殘碑遺址杳不可尋據父老傳
說興義最古書院在老城西南隅水井坡即今老四
川廟地址面對筆架山南向前臨城河乾隆初王覺
武孝廉兄弟讀書于此後於城東門外買屋數椽以
為書院規模狹隘形家謂地勢不祥遂於老城後山
興義縣志 第八章
文昌宮（在聖宮右側今縣中操場）為課士之所相沿稱為老書院
與府志所述稍異
又按今書院係光緒十六年邑人劉統之倡修地址
在土城北之老官壙（另詳遺志）營山長一人由地方禮聘
年俸三四百金每月堂課二次老生童生分題批閱
超等獎銀一兩二錢特等八錢一等六錢童生減半
寒畯多資以為生徊習八股詩賦自戊戌綏陽雷廷
珍（字玉峯）提倡經學小學住院生月呈筆記亦當堂課
給獎廣置時務書報及經史子集以供涉獵學風為
之一變甲辰徐天敘主講時指閱經史分呈筆記每

图 2-1 《民国兴义县志》关于笔山书院记载②

① 朱士奇：《兴义县志》，贵州人民出版社 1988 年版，第 446 页。
② 《中国地方志集成》编委会：《中国地方志集成·贵州府县志·民国兴义县志》，巴蜀书社 2016 年版，第 279 页。

熊洪斌先生《笔山书院春秋》[①]将笔山书院的发展划分为四个时期。下面我们依据熊洪斌先生《笔山书院春秋》描绘的笔山书院四个时期略做梳理。

（一）第一所笔山书院（乾隆年间）

第一所笔山书院，始建于清乾隆四十九年（1784 年）。由兴义地方绅耆士庶自发捐资兴办，地址在黄草坝老城西南隅的水井坡山麓，坐西向东南，前临花水河，面对笔架山（今盘江宾馆后山），故名之曰“笔山书院”。辛梓先生也认为，第一座书院，建于兴义老城后山水井坡山麓（今兴义县民政局宿舍地址）。“其前山峰耸立，状似笔架，故名‘笔架山’。院舍隐于苍松翠柏之间，景观清幽静秀，远山近水，‘文房四景’，尽收眼底。花水河绕流其下，叶陌开阔，方正之妙，酷似书卷。山前龙潭似砚，镶嵌于千亩田畴之间。山水之映，乃似笔砚，‘笔山书院’故此得名。”[②]

第一所笔山书院培养了王赞武、王爽武两位举人。王赞武曾任南部县、峨眉县、垫江县县令，有“青天”之名。王赞武、王爽武撰有《怡怡堂制艺》二卷，其制艺为邵晋涵、茹芬、张甄陶评定刊行。

王赞武，字建东，号雪岩，贵州普安州人，乾隆甲午举人，曾任南部县、峨眉县、垫江县县令。王赞武负气节，美须眉。居乡建书院，发愤下帷，与邑士相砥砺。领乾隆甲午科乡荐，分发四川，任峨眉令，倮夷向化，士民感德，有“青天”之名。《民国兴义县志》第八章载，王赞武，字建东，三十九年中乡试第十四名，官南部、峨眉知县。[③]《光绪南部县乡土志》《嘉庆峨眉县志》有传。

《光绪南部县乡土志》载：“王赞武，字建东，贵州普安州举人……嘉庆二年署南部县事。会教匪冉元等五股勾结偷渡嘉陵江，窜扰蓬盐，公训练团兵极力捍卫保全甚众。后御贼富村驿遇害，民思之，建专祠西关外，至今祀典不绝。”[④]

---

① 熊洪斌:《笔山书院春秋》,《当代贵州》2012 年第 36 期，第 38-39 页。

② 辛梓:《兴义笔山书院》《黔西南州文史资料选辑第 6 辑》，黔西南州委员会文史资料研究委员会，1987 年。

③〔民国〕蒋芷泽纂:《民国兴义县志》，民国 37 年稿本，第 540 页。

④〔清〕王道履纂:《光绪南部县乡土志》，清光绪抄本，第 17 页。

《嘉庆峨眉县志》卷之五记载更详：

王赞武，号雪岩，贵州普安州人，乾隆甲午举人，戊申令峨眉。峨边地大堡者，纵横数百里，民垦居已二十余年尚未升科，而每受夷人焚掠，迄无宁岁。公到任，会夷人出滋事，公单骑从数人，直诣夷巢，论以厉害，夷人慑服。公曰：尔等既知内地不可犯，便当与吾同诣省垣受约，于是率十三支头目归县，先诣峨边营游击，语其事，令其盛陈卒伍以威之。于是游击令武弁士卒皆著铠甲，罗列弓弩刀剑，照耀鲜明，部伍整肃，公与游击坐于上，然后传令开门，令其俯伏而进。公曰："尔等素不知中国兵威，今畏否？"皆战兢叩首。次日，公即带领到省。公先禀明制军、两司，亦如游击营故事。夷人益畏惧，愿输诚不复滋扰。公乃领回送归，并予以盐布之属，夷人感悦而去，遂艾。量其地升科，绥定居民三千余户，夷患遂息。公尤善听讼，民有盗人牛者，盗主诉于官，盗坚不认，以为已牛也。公知其狡，徐曰："吾亦知尔冤，但彼既知诬尔，尔不可不寻一保人来领牛去。"盗以为然，寻引一人来跪堂下，公笑曰："尔辈乡里，己不畏法，乃敢于大堂上为盗乎？"讯之，果皆真盗也，遂痛治之。公治贼甚严，故贼皆闻风远窜，境内肃然。每有词讼，不许书役妄取一钱，案无留牍，讼狱衰息，虽妇人孺子皆知其为"王青天"也。后署南部，贼不敢入境，公尝单骑入贼营，论以祸福，时贼势方张，不听，然卒遣送公归，且曰："青天在南部一日，吾等不入南部一日。"然公忠义奋发，终以带领乡勇剿贼，被害。顾其时，贼实不知为公也，闻贼后亦深悔之。今祀"昭忠祠"。

论曰：贾子有云"贪夫徇财，烈士徇名"，信夫！夫杨徽之诸人，去今远矣，而峨之人尚俎豆于不衰；况若文曙、王赞武之流，去今或数十年或十数年，民亲被其德受其利者乎？宜其津津道之不置也。令诸人不惟名之徇而惟财之徇，称诸人者，宜何从焉？诗曰"乐只君子，民之父母"。《传》释之曰"民之所好，好之；民之所恶，恶之，此之谓民之父母"。子产死，孔子闻之出涕，曰"古之遗爱也"。然则治民之道，固在此，不在彼矣。班史谓"王成、黄霸等，所居民富，所去见思，生有荣号，死见奉祀"，不其然欤？不其然欤？①

① 〔清〕王燮修、张希缙纂：《嘉庆峨眉县志》，清嘉庆十八年木刻本，第141-143页。

《民国兴义县志》第八章载："王奭武，字宗岐，四十二年中式第十二名，官余姚、天台、黄岩、嘉善知县。"[①]

（二）第二所笔山书院（嘉庆十八年）

第二所笔山书院由清嘉庆十八年（1813 年）知县杜友李会诸生倡建。"院址在县城东门外。是年，参加县应试的文武童生四百人，每人捐钱千文，共得四百千（合银四百两），加之地方各界人士捐济，购买青安会馆旧址兴工建造，嘉庆二十三年（1818 年），知县张梦骥又购增部分土地进行扩建，先后建成院舍二十五楹。规模相当宏大，因咸、同军事，县城三失，兵燹迭经，残碑遗址，杳不可寻。"[②]时任知县杜友李"令诸生倡建书院。是年邑试，命文武生童四百人人捐钱千，都计得四百千，益以邑人捐银，遂购东门外吉安会馆旧址建书院"[③]。《咸丰兴义府志》载："笔山书院，在兴义县东门外。《识略》云：'兴义县建有笔山书院，以笔架山得名。'[④]又《民国兴义县志》载："兴义县建有笔山书院，以笔架山得名。先是书院建于老城内水井坡，年久失修。嘉庆十八年，知县杜友李提倡重建书院，是年邑试，命文武童生四百人人捐钱千，都计得四百千，益以邑人捐银，遂购吉安会馆旧址建书院。"[⑤]这就是第二所笔山书院。

熊洪斌认为第二所笔山书院"是兴义文教勃兴时期。……十五年间，这所书院得到不断的增拓修葺，弦诵之声不绝于耳"[⑥]。咸同年间，笔山书院再次毁于战火。

杜友李乃第二所笔山书院重要贡献者。

杜友李，山西人，嘉庆十八年（1813 年）知兴义。《道光贵阳府志》载，道光元年（1821 年），杜友李署遵义知府。[⑦]《道光遵义府志》载，道光二

①〔民国〕蒋芷泽纂：《民国兴义县志》，民国 37 年稿本，第 540 页。
② 辛梓：《兴义笔山书院》《黔西南州文史资料选辑第 6 辑》，黔西南州委员会文史资料研究委员会，1987 年。
③〔清〕张锳修，邹汉勋、朱逢甲纂：《咸丰兴义府志》，清咸丰四年刻本，第 490 页。
④〔清〕张锳修，邹汉勋、朱逢甲纂：《咸丰兴义府志》，清咸丰四年刻本，490 页。
⑤〔民国〕蒋芷泽纂：《民国兴义县志》，民国 37 年稿本，第 397 页。
⑥ 熊洪斌：《笔山书院春秋》，《当代贵州》2012 年第 36 期，第 38-39 页。
⑦〔清〕萧管纂：《道光贵阳府》，清咸丰刻本，第 121 页。

年（1823 年），杜友李署贵阳知府。[1]道光九年（1829 年），杜友李署兴义府。杜友李除了倡修笔山书院，还热衷修桥筑路。《咸丰兴义府志》载有兴义府知府杜友李修建王公桥事迹："王公桥在府城北鲁沟河。旧志云：'在城北五十里，为通省大道。雍正十二年，知府王元烈架石建于鲁沟河上，桥空三洞，行人利之。'按：王公桥，即卡子河桥，道光七年，知府杜友李修。"[2]《安龙名胜古迹》也有记载："王公桥，在普坪筏子河上游，距南笼城约二十五公里。清雍正十二年（1734 年），南笼府知府王元烈捐资修。道光九年（1829 年）冲毁。兴义府知府杜友李、安义镇总兵德印倡议文武各官及府城绅商捐款重修。有碑记其事。"[3]

附：

重建王公桥碑记

杜友李

古圣王因地制宜，凡徒杠成与梁成，各有其时，所以使民不病涉者，惠至周也。后之牧民者莫不本此意以为法。

雍正十二年，典是郡者为王公，循声伟绩，惜岁久不能具考，尝于郡城北五十里卡子河建有石桥，为晋省通衢，阖属要道，使山溪险峻之区悉成坦夷。行者利之，歌公功，颂公德，桥因以公名焉。

道光九年乙丑夏，大雨滂沱，溪流陡涨，水势汹涌奔腾，树木顺流冲激，桥因之圮，予权郡篆，亲往勘视，两崖之间仅存旧址，而奔走往来者无不望洋兴叹，以为恻然。亟重建，缘工程浩大，独力难承，商诸镇军，欣然谓予曰："桥踞孔道，前有贤太宁创其模，后有贤太宁继其美，嘉惠黎元，诚此邦之幸也"。促予首倡，爰集文武各官，皆乐捐廉襄助，随及商旅人等，咸为解囊争输，狐掖集而成裘，鸠工作以十日，即于是年九月兴工，委员督理，相期一劳永逸，阅四月蒇事，仍然长桥卧波，周道如砥，攸往者不必褰裳，临河者无庸返驾，王公桥庶与冈陵并寿矣。

顾悯民之病涉，必欲建此桥者，予也；裨予能成王公遗爱者，镇军与

①〔清〕郑珍：《道光遵义府志》，清道光刻本，第 1181 页。
②〔清〕张锳修，邹汉勋、朱逢甲纂：《咸丰兴义府志》，清咸丰四年刻本，第 396 页。
③ 龙尚学：《安龙名胜古迹》，安龙县志编委会办公室 1986 年版，第 99 页。

诸君子也。是为记。

（贵州省安龙县志编纂委员会编：《安龙县志》，贵州人民出版社 1992 年版，第 704-705 页）

（三）第三所笔山书院（嘉庆二十三年）

第三座书院建于老城后山文昌宫（今兴义一中新教学楼处）。“清光绪初年（1875 年）前后，斋长李辉垣慨然将其位于文庙右侧的地基捐作创修文昌官之用。文昌宫落成后夕即让书院教读其中。俗称此院为老书院。”[①]嘉庆二十三年（1818 年），知县张梦骥又购地拓宽。道光年间，时任知县徐鋐再次拓地增舍，形成了一时规模。这就是第三所笔山书院，后俗称老书院。

据《咸丰兴义府志》载：“笔山书院……嘉庆二十三年，知县张梦骥又购地增拓之（购邻民刘姓地及圃，一其界址，前界沟，后界路，左界陈地，右界曾屋）。道光中，知县徐鋐又拓地增舍（其界址，直界路，左界曾屋）。”[②]又《民国兴义县志》载：“兴义笔山书院……嘉庆二十三年，知县张梦骥又购地增拓之，其后知县徐鋐、张宗阳、胡霖澍踵事增葺。”又据《兴义府志》云，“书院凡讲堂三楹，中为文昌殿，左右斋房十楹，头门一楹，二门楼一楹，门外有池，楼上有魁星像；左厅一楹，右厅一楹，皆杜友李建。山长内室三楹，东西厢房四楹，厨房一楹，皆徐鋐建。其改建头门，则张梦骥也。今以历年兵燹，此旧日书院已夷为茂草，且地址狭隘不足以容多士”[③]。

第三所笔山书院的奠基者有知县张梦骥、知县徐鋐、知县张宗阳、知县胡霖澍、笔山书院斋长李辉垣等。

张梦骥（1778—1854），字子俊，两广武宣举人。嘉庆十三年（1808 年），他以举人身份被选参与编纂《武宣县志》，并作序。嘉庆丁丑进士，嘉庆二十三年（1808 年），授兴义知县。道光四年（1824 年），授贵州绥阳知县，升古州同知，护理贵东兵备道，历充戊寅各科乡试同考官，所履皆有循声。在绥久，惠政最多，士人设位祀之，年七十告归，及卒，乡人咸

---

① 辛梓：《兴义笔山书院》《黔西南州文史资料选辑第 6 辑》，黔西南州委员会文史资料研究委员会，1987 年。

②〔清〕张锳修，邹汉勋、朱逢甲纂：《咸丰兴义府志》，清咸丰四年刻本，第 490 页。

③〔民国〕蒋芷泽纂：《民国兴义县志》，民国 37 年稿本，第 397 页。

哀慕之。张梦骥在贵州为官时，用善政，兴教育。张梦骥初到兴义任知县，即主持扩建笔山书院。

图 2-2　清朝末年在第三座笔山书院就读的学子（陈应秋供图）

徐铉，江苏宜兴县人，道光十一年署古州同知。惠爱斯民，尤喜培植多士，有请学之举，十三年奉旨准予建学，捐廉倡建文庙，一切事宜皆其经画，士人德之。[①]

张宗阳，字旭初，潮州人，进士。《咸丰兴义府志》载：道光四年，张宗阳官兴义县知县。恂恂儒吏，关心民瘼，修文庙、义仓，拓笔山书院，增置田租，以裕经费，升刑部主事。去官日士民泣留，宗阳作诗赠别，后特简为福建主试官，卒。[②]

附：

留别兴义县士民[③]

张宗阳

一行作吏到黔南，三载苗疆愧素餐。
敢谓无惭民父母，惟将苍赤当儿看。

---

①〔清〕陈瑜纂：《光绪黎平府志》，清光绪八年黎平府志局刻本，第 1334 页。
②〔清〕张锳修，邹汉勋、朱逢甲纂：《咸丰兴义府志》，清咸丰四年刻本，第 1526 页。
③〔清〕张锳修，邹汉勋、朱逢甲纂：《咸丰兴义府志》，清咸丰四年刻本，第 1527 页。

地僻原来俗尚醇，依依犹见古遗民。
一犁春雨勤耕后，更喜书声满四邻。
不爱繁华不厌贫，浑忘身是做官人。
公余仍理书生事，可似当年面目真。
也曾宽处用蒲鞭，念彼无知转恻然。
判到爰书防有误，此心聊可告苍天。
多谢诸君缱绻情，临歧不觉泪盈盈。
秋山秋水难为别，十里长亭笛一声。

胡霖澍，号石渠，湖北黄冈人。《咸丰兴义府志》载其清咸丰中知兴义县事：兴利除弊，百废俱举，培修笔山书院、县署、典史署、东门大桥、文昌阁、城隍庙、东岳庙各地。又复修马别河下流木桥，建设大备，民无秋毫扰。广西叛匪王福作乱，将渡红水江窜县境，霖澍率兵勇渡江，击散福党于崖戛寨，擒获福母子还。境赖以安。后升任兴义知府，咸同之乱，城陷，死于难。又据《湖北通志》，胡霖澍，号石渠黄冈人。道光进士。历婺川、贵定、兴义知县，署兴义府事。咸丰间，霖澍练勇保卫，境赖以安。同治元年三月，粮尽城陷，霖澍巷战死。弟霖灏，侄超伦、超斌皆殉。赠太仆寺卿①。

李辉垣，字南星，兴义下五屯人。廪生，补明经。清光绪初年，旧时书院罹兵燹，无复存者，时辉垣任斋长，以恢复地方文化为己责，乃创修文昌宫，基址在黉舍右侧，系辉垣私有之产，慨然捐置，落成课士其中。一般人称文昌宫为老书院，所以别于光绪十五年新建之书院也。②

（四）第四所笔山书院（光绪九年）

清光绪九年（1883 年），刘官礼于培文局（与团防局合设于昭忠祠）召集绅耆计议：重修“笔山书院”，因择院址于新城东之老鹳坟（今兴义民族师范学院本部），这便是第四所笔山书院。重修“笔山书院”也得到兴义知府孙清彦的热情支持，动用团防总局历年库存白银为基建经费，工料由群众自捐。因资金充裕，官府重视，民众踊跃，建设院舍 3 进共

①〔民国〕蒋芷泽纂：《民国兴义县志》，民国 37 年稿本，第 723 页。
②〔民国〕蒋芷泽纂：《民国兴义县志》，民国 37 年稿本，第 770 页。

有房26楹，房屋百十间，有礼堂、山斗堂、讲堂、缮堂、斋房（含学生宿舍）、教员憩息室（兼办公室）、教职员寝室、山长室（即院长）、庶务室、教员室。[①]

清光绪九年（1883年），刘官礼会同地方官绅，组建兴义历史上第一个教育行政管理机构——培文局，并议定重修被战火吞噬的笔山书院。《民国兴义县志》载："同光以还，地方平靖。邑人刘统之倡修书院，卜地于土城北之老官坟，襄理其事者为林盛德、赵学坤诸人。"[②]在兴义知府孙清彦的鼎力支持下，刘官礼、赵学坤、林盛清等绅士组织百姓捐工捐料，于1885年在县城东门外的老鹳坟再建新书院。1887年，新的笔山书院建成。新书院较之老书院规模宏大，可容数百士子就读。院舍由斋堂、礼堂、山斗堂（院长室）、讲堂、膳堂、山室（教员宿舍）、庶务室（办公室）等百十楹建筑群组成。书院大门挂着"笔山书院"横匾，两旁系楚靖邹元吉所题门联："平地起楼台，看万间鳞次，五月鸠工，喜多士情殷梓里；斯文无畛域，况榜挂天开，笔排山耸，愿诸生迹接蓬瀛。"[③]山斗堂门前也挂着烫金横联和柱联，柱联为"通今致用，修辞立诚"。礼堂宽敞明亮，与山斗堂相连，可容千人集会。礼堂后壁立有石碑四方，左二方叙述建院经过史实，右二方刻有知府孙清彦自书的书法规范。院内建有鱼池，立有孔子牌位。鱼池用精工雕刻的石柱围建。[④]

壮大第四所笔山书院的首功当属刘官礼与兴义知府孙清彦。

刘官礼（1840—1910），字统之，贵州兴义县下五屯人。刘官礼是兴义地区近代新式教育的奠基者。清光绪十五年（1889年），在刘官礼等地方士绅的倡议下，笔山书院重建。刘官礼重金诚聘程光祖、周辅宸、庄南华、孙家璠、朱元模、赵廷光、雷廷珍、曾沛霖、徐天叙和进士吴成熙、叶鸿钧、姚华、熊范舆等来笔山书院执教。书院名声大振，本县及邻县来求学者众多，学风淳朴，盛极一时。贵州省文史研究馆馆员钱廷昌先生经过数年的寻访和资料整理证实，刘官礼对兴义文教的贡献主要在于两点，

---

① 辛梓：《兴义笔山书院》，《黔西南州文史资料选辑（第6辑）》，黔西南州委员会文史资料研究委员会，1987年。

②〔民国〕蒋芷泽纂：《民国兴义县志》，民国37年稿本，397页。

③ 也有版本"挂"作"连"，"迹"作"胁"。

④ 兴义市史志编纂委员会：《兴义市志（1978—2006）》，贵州人民出版社2008年版，1396页。

一是 1889 年重修“笔山书院”,并出资聘请黔中负有盛名的学者前来执教。二是选拔和资助 40 余名学子东渡日本求学。这些贵州子弟学成归来，大多成为当时贵州乃至全国的风云人物，如民国时贵州首位国会议员刘显治（刘官礼次子）、国民党政府交通部部长王伯群、国民党陆军总司令何应钦等。[①]

岑明英先生认为刘官礼积极倡修笔山书院[②]，理由如下：

1883 年，刘官礼创设“培文局”于昭忠祠，主管全县教育行政。在刘官礼的主持、筹划下，团防总局积攒了白银达十万两。同时他又筹集办学基金：劝导“官民捐资兴学”，不论多少，统收于团防总局账内；强行没收“匪产”、绝产田地若干亩，又划拨会馆、寺庙租谷若干石，概称“学田”“学谷”，总数达一千二百多石，合三十多万斤；自一九〇二年至一九二六年，又先后划拨屠宰税附加、斗息捐、称捐、牲牙捐、摊捐（限于棉纱等大摊贩）、公房租等做教育经费，指定为城区高等小学堂及中一、中二、中三、女学的开支（乡村初小经费见后）。这就为他和他儿子显世（约后二十年）为兴办和改革兴义教育走出了第一步。

刘官礼和兴义一些士绅，认为嘉庆三年（1798 年）设县之时起到废除科举时止，除咸丰二年（1852 年），“邑人胡尔昌中乡试十六名，为兴义设县后唯一举人”外，以后再没有考中一个举人了，仅赵显彬（协中）应乡试中副榜，人称“半边举人”，当然就说不上进京“会试”“殿试”而被取录为进士、翰林了。就是做过大小京官和各省藩、臬、司道的人也没有一个，更无论朝廷宰辅和封疆大吏了。就是对经、史、诗、赋较有研究，或对书、画、金石和特殊技艺方面有突出成就的，也没有一人。刘官礼每与本县明达之人谈及此事，常常引以为耻，慨叹兴义“文风”的衰靡，希图有所更张。

有阴阳家者说，兴义的“风水”不好，所以不出“人才”，因为“地灵人杰嘛”！为此，当地不惜劳民伤财，在新城东北的“那坡”高山上修建了一个“文笔峰”，培补风水，但也并没有出过人才（未考中一个举人）。后

① 鲍吉锐：《贵州省黔西南州文史资料第十六辑 · 刘氏庄园》，中国人民政治协商会议黔西南州委员会文史与学习委员会，2004 年。

② 岑明英：《刘统之先生与兴义的教育》，《兴义刘王何三大家族》，中国文史出版社 1990 年版。

来，兴义迭遭特大火灾，最后一次，连“主管文风”的“奎星”阁（在跋浪亭前桥上）也被烧毁。又有另一个堪舆者建议，因为“文笔峰”对兴义县城有所“克制”，所以县城才几次遭到火灾，因此于 1906 年拆除了这个“文笔峰”。

刘官礼是一个务实派的人，他看待问题都从实际出发。那时，全国各省、府、州、县都纷纷成立书院讲学。他毅然顺应潮流，积极创立书院。兴义“笔山书院”原建于嘉庆十八年（1813 年），经两次改建扩修，“规模相当宏大，因咸、同军事，县城三失，兵燹迭经，残碑遗址，杳不可寻。据传：地址在老城西南隅水井坡，即老四川庙地址（今敬老院），嗣迁于老城后山文昌宫……沿称老书院”。

孙清彦（1819—1884），字士美，号竹雅，清末书画名家，原籍云南呈贡，委署兴义、郎岱、都匀、安顺等府厅，官至安顺知府。清光绪十六年（1890 年），兴义知府孙清彦支持 10 万两白银重建笔山书院。刘官礼恳请孙清彦书写《学书枝言》以激励兴义学子。书碑原石已毁湮，残件现存于兴义县文化馆。

筆山書院。在興義縣東門外。
識略云。興義縣。建有筆山書院。以筆架山得名。
按筆山書院。在縣城東門外。南向。先是縣無書院。嘉慶十八年。知
縣杜友李。令諸生倡建書院。是年邑試。命文武生童四百人。人捐
錢千。都計得四百千。益以邑人捐銀。遂購東門外吉安會館舊址。
建書院。嘉慶二十三年。知縣張夢驥。又購地增拓之。購鄒氏劉姓地及園一。其
界址。前界溝。後界路。左界陳地。右界會屋。道光中。知縣徐鋐。又拓地增介。北界及地直界。路左界會屋。
今書院。凡講堂三楹。中爲文昌殿。左右齋房十楹。頭門一楹。二門
樓一楹。門外有池。樓上有魁星像。左廳一楹。右廳一楹。皆杜友李
建。山長內室三楹。東西廂房四楹。廚房一楹。皆徐鋐建。其改建頭
門。則張夢驥也。筆山奇秀峭拔。書院前臨河。山水競秀。遠眺。奇景
興義府志 卷十九 書院 五

图 2-3 《咸丰兴义府志》卷十九“笔山书院”书影

附：

笔山书院

笔山书院，在兴义县东门外。《识略》云："兴义县建有笔山书院，以笔架山得名。"按：笔山书院在县城东门外，南向。先是，县无书院，嘉庆十八年，知县杜友李令诸生倡建书院。是年邑试，命文武生童四百人人捐钱千，计得四百千。益以邑人捐银，遂购东门外吉安会馆旧址建书院。嘉庆二十三年，知县张梦骥又购地增拓之（购邻民刘姓地及圃，一其界址，前界沟，后界路，左界陈地，右界曾屋）。道光中，知县徐铉又拓地增舍（其界址，直界路，左界曾屋）。今书院，凡讲堂三楹，中为文昌殿，左右斋房十楹，头门一楹，二门楼一楹，门外有池，楼上有魁星像；左厅一楹，右厅一楹，皆杜友李建。山长内室三楹，东西厢房四楹，厨房一楹，皆徐铉建。其改建头门，则张梦骥也。

笔山奇秀峭拔。书院前临河，山水竞秀，远眺奇景如画。按：书院经费，都计田租一百四十三石，又银三十二两，钱二十九千。阿旬田三十石，董谷田十九石，新寨田三十六石，阿吉田三十五石，老官田十四石，三道桥田四石五斗，坡五地租四石，又，凉水井、赵家湾折银二十四两，皮匠街房租银八两，大街房租钱十千，书院后房租钱十四千。

[〔清〕张锳修，邹汉勋、朱逢甲纂：《咸丰兴义府志》，清咸丰四年刻本，第 490 页]

二、高等小学阶段

清末颁布"壬寅学制"，要求各省所有书院于省城者均设大学堂，于各府、厅、直隶州者皆设中学堂，于各州、县者则设小学堂。官绅刘官礼于清光绪三十一年（1905 年）将笔山书院改成了兴义高等小学堂，由其子刘显世任学董，并附设了师范讲习班。[1]兴义高等小学堂的办学设施、办学经费与主要管理者，基本承袭笔山书院，故当地人仍习惯称兴义高等小学堂为笔山书院。1919 年，师范讲习所改名为简易师范学校。《兴义县志》（1948 年编本）载，"自光绪三十一年将书院全部改设公立高等小学堂，原有产款

① 吴迪：《笔山书院》，《贵州文史丛刊》2001 年第 2 期，第 63-66 页。

通移作教育经费矣”。高等小学堂扩建了校舍，充实了设备，先后聘请了学界名流徐天叙、张寿龄、聂树楷、解伯莹等担任堂长。

据《黔西南民族师范高等专科学校校史（1813—1998）》[①]，学堂沿袭笔山书院的奖学金制度，重金聘请教师的聘任制度，教学质量为全省之冠，人才辈出。1905 年，高等小学堂堂长徐天叙带领学生魏正楷、王文华、窦简之、熊凤阶、高致祥等 13 人赴省城贵阳报考通省公立中学，在入学考试中囊括了前 13 名。高等小学堂写下了教育史上辉煌的一页，培养了大批人才。仅 1905—1926 年就有 40 余人公派或自费赴日本、意大利、美国等国留学。高等小学堂学制四年时，开设国文、算术、讲经、格致、修身、历史、地理、伦理、矿物、体操、音乐、国画、工艺、书法等课；学制三年时，开设国文、算术、讲经、修身、历史、地理、自然、农业、劳作、音乐、书法、三民主义等课。高等小学堂在清末设堂长、学监管理学堂行政及教学、训育工作。教师称教习，任班级级任或科任，学堂藏书万余册。

由于时代的需要，1926 年在高等小学堂增设兴义初级中学。赵伯俊任校长。拨全县屠宰税附加捐作办学经费。将高等小学三年级成绩优秀学生提升入中学，并招历届高等小学堂毕业生补充，共 60 余人。1929 年起，增到 3 个班，学生 200 人。以后班级逐年增加，并开办师范班，增设女中部。到 1938 年秋，初中班 10 期，毕业生达 556 人。1940 年，又增设高中部，并改名为兴义县立中学，是年招考录取高中一年级新生 1 个班，40 余人。1941 年，省教育厅将兴义县立中学改为贵州省立兴义中学。1944 年，高中部虽增到 3 个班，初中部增到 9 个班，在校学生增到 500 余人，但当时兴义高小毕业生每年多达 500 人以上，而省立中学每期招生两个初中班，至多不过 120 人。为适应升学需要，1944 年经省教育厅批准兴义另增建兴义县立初级中学，校址在文庙（今兴义一中校址）。中华人民共和国成立后，省教育厅决定在兴仁专区建完全中学一所，专署决定建于兴义，1950 年 3 月将原贵州省立中学与兴义县立初级中学合并于笔山书院旧址，定名为贵州省兴义中学。

从 1926 年到 1949 年县中的创立和发展过程中，23 年就换了 17 个校长，

---

① 黔西南民族师范高等专科学校：《黔西南民族师范高等专科学校校史（1813—1998）》，1998 年，第 16 页。

变动很大。历届校长姓名录赵伯俊（兴义人）、唐希泽（县长兼）、车小舟（贵阳人）、赵卓夫（思南人）、刘质阶（贵阳人）、唐守一（兴义人）、罗心则（兴义人）、曾毓嵩（兴义人）、陈群镇（赤水人）、谭永年（江西人），花寿泉（江苏淮阴人）、张捷先（江苏徐州人）、刘惺（湖北人）、罗心则（复任）、卢兆麟（贵州人）、黄治民（黔西人）、吴炯心（兴义人）先后共 17 人。①

图 2-4　1938 年兴义高等小学堂的教师合影（陈应秋供图）

附：

县立中学新建教室碑记

罗心则

县中创办于民国十五年（1926），续办于民国三十年（1941）九月。因本邑小学毕业生年约四五百名，原有省中不足以资救济，需要迫切，呈报立案，随即招生。图书、仪器设备缺乏，如教室，则仍孔庙前面乡贤名宦

① 中国人民政治协商会议贵州省兴义市委员会文史资料委员会:《兴义市文史资料第 1 辑》，1960 年，第 125 页。

两祠之旧，规模隘陋，倾圮失修，其何足以壮观瞻而宏教育之效？乃谋诸有司，谋诸乡耆，佥议新之。经费除募捐外，标卖公产以益之。一切设计、劝募、采购、监工，均由建校委员会董其事。前县长刘公守刚，今县长卢公励斋并皆热心倡率，乐观厥成。时值抗战方殷，公私凋耗而工料奇昂，超越战前，动数千倍。地方人士心余力绌，募捐所得既感杯水车薪，标卖公产复诱张费时，以故片瓦片石、一椽一柱，罔不艰难错迕而后获之。历时凡八阅月，糜款四百余万，两厢教室始克完成。前之隘陋倾圮者，今乃焕然一新矣。净几明窗，整齐肃穆，菁菁学子有不祗徊仰止，油然生其爱护之思，而愈坚定其潜修游息之志趣者乎？虽然斯校草创一工程未及其半，后之贤者责重任巨，从可知矣。落成有日，爰纪其崖略，并志乐捐者之芳名与公帑之数字，泐诸石，俾来者有所考览焉。建校委员张君立安、王君稚珊、周君星聚、蒋君秋溪、刘君在兹、赵君仲辅、盛君鑫华、刘君惕若、曾君永耀、罗君心则、姚君子余、查君启桢、唐君应品、陈君彝伦等是也。

中华民国三十五年元月二十三日校长罗心则撰

[〔民国〕蒋芷泽纂:《民国兴义县志》，民国 37 年（1948 年）稿本，第 398 页]

三、师范教育阶段

据《黔西南民族师范高等专科学校校史（1813—1998）》①，师范教育在兴义始于清朝末年。光绪三十一年（1906 年），兴义高等小学堂师范讲习班第一期招生 10 余名，著名地方教育家唐开敬（唐守一）即就读此班。次年，改名师范传习所，连续办了二期共 40 人。光绪三十四年（1908 年），改名初级简易师范学堂，毕业生 20 余人。宣统三年（1911 年）继续开办第二期，毕业生 30 余人。

民国 8 年（1919 年），开设兴义简易师范学校，仍附属于高等小学堂，招收高等小学毕业生入班进修 2 年。所授课有国文、算术、博物、历史、地理、伦理学、教授法、体育、音乐、工艺、图画等。其后，陆续兴办的乡村师范学校、女子师范学校等均附属于兴义县中学或省立兴义中学。1952

① 黔西南民族师范高等专科学校:《黔西南民族师范高等专科学校校史（1813—1998）》,1998 年，第 18 页。

年春，改为贵州省兴义师范学校，与贵州省兴义中学共用笔山书院旧址。1952 年 10 月，兴义师范学校与兴义中学分开，兴义中学迁往文庙（现兴义一中校址）。兴义师范学校单独拥有笔山书院旧址、校舍等设施。从这时起，即开始了师范教育新的历史。1978 年，国务院批准建立兴义师范专科学校。1982 年，学校更名为黔西南民族师专。1993 年，学校升格为黔西南民族师范高等专科学校。2005 年，兴义师范学校、安龙师范学校整体并入黔西南民族师范高等专科学校。2009 年，教育部批准升格为兴义民族师范学院。

图 2-5　1929 年拍摄的老鹳坟及笔山书院建筑群（陈应秋供图）

卷三 山 长

山长，也称为洞主、院长，是主持书院教学兼管院务的负责人，非大儒或名宿莫任。书院实行“山长负责制”。清乾隆三十一年（1766年）诏令改山长为院长，但习惯上仍称山长。

《民国兴义县志·笔山书院》记载，主持笔山书院的山长计有程光祖、周辅宸、庄南华、孙家璠、吴成熙、桂馥、汤中、喻鸿钧、朱元谟、赵廷光、雷廷珍、曾沛霖、姚华、熊继光、徐天叙等人。[①]岑明英先生在《刘统之先生与兴义的教育》中回忆云：“书院修好后，刘统之认为要办好教育，主要是师资问题；没有好教师，是不会造就出人才的。从 1887 年创办新书院起至 1902 年改为高等小学堂止，刘统之以年俸三、四百金（两）聘请省内外有名进士、举人来县作山长者十五、六人。其中有江西、湖北、四川、云南籍的进士、举人，而以经史学家绥阳举人雷廷珍、贵阳人姚华、徐天叙等执掌笔山书院时间较长，成效显著。”[②]

表 3-1 笔山书院历届山长姓名录[③]

姓 名	身份（出生）
程光祖（字绍伊）	曲靖举人
周辅宸	师宗举人
庄南华（字寓斋）	兴义府举人
孙家璠（字伯玙）	铜仁举人，兼本邑学官
吴成熙（字绎如）	江西进士
桂馥（字光廷）	举人

①〔民国〕蒋芷泽纂：《民国兴义县志》，民国 37 年稿本 1948 年版，第 554 页。

② 贵州省政协文史资料委员会：《兴义刘、王、何三大家族》，中国文史出版社 1990 年版，第 5-8 页。

③〔民国〕蒋芷泽纂：《民国兴义县志》，民国 37 年稿本 1948 年版，第 554 页。

续表

姓　名	身份（出生）
汤中（字子酉）	贵阳举人
喻鸿钧（字济臣）	湖北进士
朱元谟（字显卿）	郎岱举人
赵廷光（字百容）	贵筑举人
雷廷珍（字玉峰）	绥阳举人
曾沛霖（字澍之）	四川巴县举人
姚华（字重光）	丁酉举人，甲辰进士
熊继光（字铁岩）	贵阳庚子辛丑并科举人，甲辰进士
徐天叙（字叔彝）	贵定举人

一、重金迎聘书院山长

刘官礼想尽种种方法，不惜以重金迎聘笔山书院山长。“书院向习八股诗赋，自戊戌，雷廷珍提倡经学、小学，住院生月呈笔记，亦当堂课给奖，广置时务书报及经、史、子、集，以供涉猎，学风为之一变。”雷廷珍是当时著名的经史学家和小学（说文）家，曾主讲于贵阳“经世学堂”。雷廷珍主持笔山书院约三年，为山长中任期最长之人。时教学效果良好，师生感情笃厚。那时的学生如刘显世（后任贵州督军兼省长）、刘显治（字希陶，国会议员）、刘显潜（后任滇黔边务督办）、刘显慎、刘显用、赵学坤、窦纯巷、魏盘溪、蒋兰台、袁廷泰（安龙人，袁祖铭之父）、蔡岳（贵阳人，号衡式，贵州军政府财政部部长）等都是雷在兴义书院时的门下桃李。当时，张之洞督制湖广，连电邀促雷廷珍前往武汉长理两湖书院。雷廷珍在赴武汉途中死去，寄柩于重庆。

雷廷珍离开兴义笔山书院后，刘统之又以厚币礼聘贵阳名流姚华、徐天叙、熊继光（又名范舆，号铁岩）继长笔山书院。此时，笔山书院学务，蒸蒸日上，已达顶峰。所有受聘到兴义讲学诸名儒，刘统之无不优礼有加，待为上宾，结为世好，如安龙举人庄南华竟以其女嫁与显世为媳；贵阳熊铁岩以其女楚芳为其孙媳，即刘公亮之妇也。[①]

二、首任山长：程光祖

程光祖（生卒年待考），字绍伊，云南曲靖人，光绪十五年（1889年）举人。《民国陆良县志稿》载，程光祖“祖、父皆早逝，得祖母高氏扶持。由入庠以至膺拔应举，祖母悉亲见之，每读《陈情表》，常常泪下。选云龙学正，佥升永昌教授，致仕归，寿八十二岁。子二，长履贞，选拔考授湖南知县，次履祺，食饩”[②]。《大清搢绅全书》光绪三十年冬记载云南云龙州条云：“学正程光祖，曲靖人，举十五年人，五月选。”[③]可见程光祖为光绪十五年举人。《民国陆良县志稿》载有程光祖《重阳值雨》《蕉窗十则——调西江月》《重修大觉寺小引》等诗文。

附：

重修大觉寺小引

程光祖

窃以茫茫世宙谁参闭眼之禅，扰扰尘寰孰喝当头之棒。想大乘之可悟，冀正觉以同归，法眼常醒，凡心顿豁。寺之有大觉也，毋亦呼寐者而使之觉欤。是寺创始于元，重修于万历。佛殿穹隆，长廊回曼，前面则楼建鼓钟，东偏则塔凌霄汉。仰观偏瞩洵吾邑之巨观也。迄今年湮代远，风雨飘摇，渐就倾圮，岌岌乎有栋折榱崩之惧焉。兹幸僧如容矢志重修，乃会商邑绅相与庀材，购木涓吉，兴工于寺之颓坏者，从而补葺之，寺之朽腐者，从而更换之。斯不必刻其桷丹其楹，而庙貌如故。殿宇维新行见焕然改观矣。由是妥诸佛，奉群仙。一邑之中，灵祇默相召，和甘以锡阜，所以庇

① 岑明英：《刘统之先生与兴义的教育》，《兴义刘王何三大家族》，中国文史出版社 1990 年版。

②〔民国〕刘润畴修、俞赓唐纂：《民国陆良县志稿》，民国 4 年石印本，第 280 页。

③〔清〕官修：《大清搢绅全书》，北京荣禄堂刊本，第 444 页。

国而佑民者，惟斯寺。暮鼓与晨钟，所以发聋而警聩者，亦惟斯寺也。然则寺之以大觉名者，将合大千世界，酬生梦死之俦，俾之同登于觉路，其即此意也夫。

[〔民国〕刘润畴修、俞赓唐纂:《民国陆良县志稿》卷八，民国 4 年（1915 年）石印本，第 420 页]

赠琼枝师十四韵

程光祖

达人贵知几，斯言我心折。矫矫琼枝师，允矣推明哲。
德行仰谦光，世故咸贯彻。以此坚白操，岂复忧磨涅。
会当贼氛炽，东海一迁辙。治生虽无余，谋身亦不拙。
任彼豺虎乱，超然烟尘绝。抱道隐穷乡，绛帐随地设。
本为育人才，那惜敝唇舌。年荒学不废，典籍常披阅。
上欲继朱程，名教有功烈。治乱无介怀，利名难羁绁。
一一付苍天，悟得长生诀。俯视尘劳子，讵足方其洁。

[〔民国〕刘润畴修、俞赓唐纂:《民国陆良县志稿》卷八，民国 4 年（1915 年）石印本，第 435 页]

重阳值雨

程光祖

户外雨潇潇，庭前风飒飒。
醉眼看蒙眬，黄花初绽腊。

[〔民国〕刘润畴修、俞赓唐纂:《民国陆良县志稿》卷八，民国 4 年（1915 年）石印本，第 441 页]

蕉窗十则——调西江月

程光祖

一戒淫行

色障几人勘破，风流最易牵情。
须知败节与隳名，胡不回头猛省。

二戒意恶

屋漏须防有愧，焚香午夜盟心。
不欺暗室鬼神钦，何事机关用尽。

三戒中过

燕语何关建白，高谈巧肆雌黄。
招尤起衅最难防，试看金人勿放。

四戒旷功

朝夕宜深干惕，功夫切忌疏慵。
古人勤学在三冬，忍把流光断送。

五戒废字

文字无忘创造，虫书鸟迹非轻。
开天一画启愚氓，人世云胡弗敬。

六敦人伦

达道通于天下，君亲大德同昭。
埙篪迭奏琴瑟调，并效分金管鲍。

七净心地

方寸时时打扫，返观尘垢俱空。
冰壶一片拟渊衷，讵使非几冒贡。

八立人品
佳士持身不苟，浑如良玉精金。
耻随流俗共浮沉，举足休争捷径。

九慎交游
讲习端资丽泽，切磋借助他山。
同方同术谊相关，声气应求皆泛。

十广教化
举世咸深锢蔽，迷而不悟堪怜。
发聋警聩铎频宣，习俗由斯丕变。

[〔民国〕刘润畴修、俞赓唐纂：《民国陆良县志稿》卷八，民国 4 年（1915 年）石印本，第 467 页]

三、任期最长：雷廷珍

雷廷珍（1854—1902），字玉峰，贵州绥阳人，学者称绥阳先生，光绪十四年（1888 年）举人；通小学、群经、子史；游京师，遍览时务西书，得“内探圣经之要秘，外观中外之事机”。先主讲绥阳洋川书院，[①]天津严修督学贵州，聘之掌教贵阳学古书院，[②]主经学讲席。后应聘主讲兴义笔山书院，仍教以经学、小学，亲自批阅诸生月课笔记，广置时务书报、经史子集以供涉猎。“士风丕变”，“学者辈出”。“时黔中英俊多出其门”。教学以“孔子时中”为宗旨，以实行为目的，认为教育的作用在于变化人的气

① 洋川书院，位于贵州绥阳。清雍正八年（1730 年）知县唐椿在原义学故址上改建。同治四年（1865 年）毁于兵，十年知县周炳著重修，规模扩大。山长由知县延聘。光绪三十二年（1906 年）改设初等小学堂。

② 学古书院，在贵阳，又名正习书院。清嘉庆五年（1800 年），布政使常明建，有讲堂、斋舍 43 间，建尹公祠祀汉儒尹珍。光绪二十三年（1897），学政严修改革课程，以经学、算学、时务、格致、英文、史地课试，俗称“经世学堂”。三十一年（1905 年），改为蚕桑学堂。

质："学缘性而学，亦缘习而异。导入以'守经、达权、实行'为务"，以"承天道、尽生性、周人用"，提出古今中外"育人材，周人用之学有二：曰政，曰艺"，"经学"为"中西'政、艺'之脑筋"。课毕，常与严修论学术时事。严尝赞"所诣甚深"，"为当代通儒"。其学，于顾炎武、黄宗羲二派多所折衷。后讲学四方，学者多负笈从游。接东渡日本，遍游欧美。时湖广总督张之洞服其贤，专门迎往任教，不幸道卒于重庆，著有《音韵旁通》《文字正衡》《经义正衡》《时学正衡》等[①]。雷廷珍遗文遗著还有《文字旁通卷末》《黔学会缘起》《原学》《学古书院肄业条约》《哭邑宰邵维新殉节二首》，以及雷廷珍所撰春联"八石余斗多，到而今天仓满了；三年两载苦，比从前地位高些"等，现藏贵州省绥阳县政协教科文卫体与学习文史委。

自光绪二十三年（1897 年）起，雷廷珍执掌兴义笔山书院三年，使书院大为起色。所以时任湖广总督的张之洞迭请雷赴武汉执掌两湖书院，仅因途中病故而未能就任。[②]民国《贵州通志·人物志》载："廷珍，光绪戊子（1888 年）举人，乙未、丙申间，应经学堂聘，主讲经学于省门，成材甚盛。后应兴义聘，主笔山书院，士风王变，学者辈出。湖广总舍张之洞服其贤，使来迎，遂往。道卒于渝，年四十有九，归葬绥阳。民国初，贵阳扶风山尹道真先生祠堂落成，以二十四人从祀，廷珍与焉。"[③]《贵州近现代人物资料》载："1894 年，雷廷珍被严修聘为贵州官书局董事，全盘负责总理其事。1895 年，为严修聘请主持经世学堂，并主持中学、经术文学。1897 年，又被聘为兴义笔山书院主讲。"[④]雷廷珍执掌笔山书院期间，书院学务蒸蒸日上。雷廷珍提倡经学、小学，住院生月呈笔记，亦当堂课给奖，广置时务书报及经、史、子、集，以供涉猎，学风为之一变。又，《民国兴义县志》载："自绥阳雷廷珍（字玉峰）提倡经学、小学，住院生月呈笔记亦当堂课给奖。广置时务书报及经、史、子、集，以供涉猎，学风为之一变。甲辰，徐天叙主讲时，指阅经史，分呈笔记。每月会邑中

---

① 季啸风：《中国书院辞典》，浙江教育出版社 1996 年版，第 541 页。

② 中国人民政治协商会议黔西南州委员会文史资料研究委员会：《黔西南州文史资料选辑（第 6 辑）》，1987 年，第 149 页。

③ 冯楠：《民国贵州通志·人物志》，贵州人民出版社 2001 年版，第 203 页。

④ 侯清泉：《贵州近现代人物资料续集》，中国近现代史史料学学会贵阳市会员联络处，2001 年，第 289 页。

人士举行讲演，风习又一变。”[①]雷廷珍执掌笔山书院约三年，为山长中任期最长之人。

附：

雷玉峰传

雷玉峰，城北人，父锦帆，为邑名士。宅近有水晶宫，井水常取用不竭。祖母张梦取水井中得书万卷，不数日而母氏郑遂生玉峰。及其生也，五六岁时受书家庭，寓目成诵。发匪扰绥，合家奔难，颠沛流离之际，玉峰虽在冲年，随父转徙亦尝课读不倦。县城克复，父即见背。从师十年，必先器识而后文艺拔萃，后更精益求精，学通汉宋。清季制度当以科名为重，潮流所趋，不得不观光乡举，故虽名列贤书而文章经济迥别两途。闭户潜修，因解有《音韵旁通》一部，以受知于严津门，许其为当代通儒，而玉峰之志愿犹不止此。至若主讲洋川，主讲贵阳学古书院，主讲兴义笔山书院，游其门者皆欲揣摩时艺，弋取功名，而玉峰则纠其学弊，广其裁成，竭半生来之心得，特著《经义正衡》，以倡黔省之风气。适张南皮督鄂，慕而招之，欲与之讲学论道，乃率及门二三弟子同往，半途病薨。门人扶榇归葬，南皮闻之不禁怅然。至今虽享祀黔阳，而千古文人同此一慨。稽其家乘，讳名廷珍，堂名井书，有由来也。

[《民国绥阳县志》卷六，民国 17 年（1928 年）铅印本，第 258 页]

四、改进教学：姚重光

姚华（1875—1930），字重光，号茫父，称“弗堂先生”，贵州贵筑（今贵阳）人，清末民初著名学者、诗人和书画家，光绪二十三年（1897 年）举人，考入经严修改革后的贵阳学古书院就读；工诗词，善书画，为院中高材；书《学古书院肄业条约》，勒石立院中；应聘主兴义笔山书院，以新学施教，传播新思想，学风为之一变；光绪三十年（1904 年）中进士，曾任工部主事；维新变法时东渡日本，留学于法政大学，归国任邮传部主事；民国时寓北京，以教职为生，以诗画自娱，先后执教于清华学堂、民国大

---

①〔民国〕蒋芷泽纂：《民国兴义县志》，民国 37 年稿本，第 553 页。

学、朝阳大学，任北京女师和京华美专校长，著有《弗堂类稿》《小学问答》《说文三例表》《金石系》《黔语》《古盲词》等。1986 年，贵州美术出版社出版《姚茫父书画集》[①]。

笔山书院在大儒雷廷珍三年的苦心经营下，逐渐步入全盛。与此同时，湖广总督张之洞屡次邀请雷廷珍赴汉执掌两湖书院。光绪二十八年（1902 年）雷廷珍踏上行程，后不幸于赴鄂途中病故。启程前，他推荐了自己在贵阳学古书院的学生姚华继任笔山书院院长。[②]清光绪二十三年（1897 年），姚华应聘于兴义笔山书院，主讲《小学答问》《佩文韵注》。有诗《将之藜峨除弟服》云："人世倏往来，奄化已一年。予心虽有怀，过礼弗敢先。冠服亦已易，涕泗殊泫然。夙意傥能发，中宵或可旋。"此是现存最早的一首姚诗。清光绪二十五年（1899 年）成《说文二例表》《小学答问》，其中《小学答问》为姚华在贵阳、兴义讲学所用教材。光绪二十八年（1902 年）年出任笔山书院院长。赴笔山书院途中多有诗记景物与心绪，有《黎峨日记》纪事。《姚华诗选》中《晓行发清镇二首》《五马坡》《石瓦》《安平晓发》《界路》《竹枝辞四首》等均作于赴兴义笔山书院途中。[③]

光绪二十八年（1902 年），姚华任笔山书院山长，著《笔山讲录》《佩文韵注》。姚华学问渊博，不仅精通文字学、音韵学、戏曲理论，而且还讲诗作画。主讲笔山书院期间，不但能循其师雷廷珍所订良规，还改进教学，使学生得到全面发展。[④]姚华一入笔山书院即先拟定《书院学约》，分辨业、明礼二条。后甄别院生，取正调文生二名，备调一名；正调文童六名，备调十二名。更订院中课程及分程数目表。光绪二十八年（1902 年）3 月，为兴义团防局填注《兴邑江防地图》。三月初四日，作《笔山书院图》。（见茫父稿本《黎峨日记》"三月十三日"条）姚华主持笔山书院期间著有《笔山讲录》《佩文韵注讲疏》。[⑤]在兴义笔山书院任教期间作诗《竹三首》《池上步月作》《步月口占》等。

① 季啸风：《中国书院辞典》，浙江教育出版社 1996 年版，第 494 页。
② 庞思纯、郑文丰：《明清之际的贵州书院》，贵州人民出版社 2017 年版，第 151 页。
③ 伏俊琏、徐正英：《古代文学特色文献研究 第一辑》，上海古籍出版社 2016 年版，第 298 页。
④ 张羽琼：《贵州书院史》，孔学堂书局 2017 年版，第 232 页。
⑤ 杜鹏飞：《艺苑重光：姚茫父编年事辑》，故宫出版社 2016 年版，第 117 页。

姚华所做的教学“改进”，主要体现在姚华所擅长的“艺事”上。他曾对“水画”做过一番实验，详细经过有陈训明先生的考证：“以盆盛水，用皮纸多次蘸拓，待水干之后，纸上即留下水痕，或如云烟空濛，或似山色迷茫。”此事见诸姚华任教笔山时所作《水画歌》一诗。诗中详载了姚华习“水画”的心得：“忽如长安被尘雾，人寰下望空冥冥；又如楼台合烟雨，喧起南朝春江声。此地或者即瓮蓬，约略相关飞心旌。化工神妙本无物，何必拘墟加丹青。拓已伫视颇自喜，易简理得窥天精。”水画经过姚华改进，成为他创作“颖拓”的先河①。

附：姚华兴义诗选

姚华的个人行迹主要见于《弗堂类稿》。1930 年，姚华学生王伯群将书稿交由中华书局出版，并亲笔题写书名。1966 年，台湾文海出版社在编辑《近代中国史料丛刊续编》时，将《弗堂类稿》作为第 2 辑影印出版。2017 年 04 月《弗堂类稿》点校本由贵州人民出版社出版。2003 年贵州民族出版社还出版了邓见宽校注姚华《弗堂词》。

答董大北平见赠之作②

姚　华

蓦地驰来一简诗，殷勤相赠复相期。
过为洒洒大言赋，不作凄凄临别辞。
腹笥惭为贤者读，舌澜难与世人辞。
笔山此去多踌躇，碌碌何因答故知。
按：董北平为诗人青年时贵阳的友人。

赠茫茫之兴义笔山书院讲学

董北平

黔南本荒裔，师法何自始？尹子破天荒，郑莫相继起。

① 庞思纯、郑文丰：《明清之际的贵州书院》，贵州人民出版社 2017 年版，第 152 页。
② 姚华：《姚华诗选》，贵州人民出版社 2000 年版，第 2 页。按：《姚华诗选》选自其《弗堂类稿》《五言飞鸟集》及姚华手书诗稿。今藏于北京图书馆的《姚茫父先生诗扎精册》为姚华手书有关诗稿和诗扎。

金石示来学，品誉隆桑梓。绥阳设讲席，更复树一帜。
章句追秦汉，学术探洙泗。不囿经生业，不执门户私。
学苟得其术，勿虞路多歧。茫茫姚夫子，绍读得其旨。
昔年研文字，绎绎寻不已。逆流复溯源，推之解经史。
今文与古文，分肌亦擘理。此去南笼地，重循旧日规。
著书善讲学，今朝与子期。蔚然铸英才，斯可翘首企。
仰望浮云隔，故人心尚迩。把盏为君歌，歌终君行矣。

晓行（发清镇）二首[①]

姚 华

其一

天沾夜气春寒作，鸟啭晨光好语多。
一向不知行去处，野烟浮涨白如何？

其二

朝阳晴犹嫩，薄幂野烟白。
四山青无影，一塔矗空碧。

五马坡[②]

姚 华

五马坡，坡在安平五马塘下里许，旧不知名，予为字此，系之以诗。

两山本相连，蓦地忽分判。
为有济人心，路成身已断。

① 姚华：《姚华诗选》，贵州人民出版社 2000 年版，第 4 页。按：光绪二十八年壬寅（1902 年）初，诗人赴贵州兴义县笔山书院。同时应聘的有贵阳熊君绪（继先），随行的有君绪弟熊述之。途中诗人作了多首诗记行，《晓行》诗是其中的第一首。

② 姚华：《姚华诗选》，贵州人民出版社 2000 年版，第 5 页。按：此诗作于赴兴义笔山书院途中。

石瓦①

姚　华

路弯转时出丘壑，山低平处见人家。
不知石瓦明春日，犹道东风落柳华。

界路②

姚　华

檐溜滴成涡，履迹践为界。
积微以渐致，夫岂在显大！
君子贵日进，自迩良所赖。
又复慎微渐，未然益可戒。

山行淡旬③

姚　华

花开更落，始知春已深矣。
一晌春深尚不知，好花吹放几多时。
只是东风忙结果，未曾经雨已空枝。

池上步月作④

姚　华

云破月突出，风高星乱摇。

---

① 姚华:《姚华诗选》，贵州人民出版社 2000 年版，第 5 页。按：此诗作于赴兴义笔山书院途中。

② 姚华:《姚华诗选》，贵州人民出版社 2000 年版，第 8 页。按：此诗作于赴兴义笔山书院途中。

③ 姚华:《姚华诗选》，贵州人民出版社 2000 年版，第 9 页。按：此诗作于赴兴义笔山书院途中。

④ 姚华:《姚华诗选》，贵州人民出版社 2000 年版，第 9 页。按：此诗作于光绪二十八年(1902 年)，贵州兴义县笔山书院，景情相融地描绘出云月、风星之间，有如身心、人我之间；俯仰、动静之间，有如天渊、师生之间表现出景物、自我、人际之间，既交错变幻，又和谐相处。反映出青年诗人首次掌管书院工作顺利、心情愉快的情绪。

波塘一俯仰，天渊两迢遥。
心静物感息，夜深人语寥。
步影知我寂，水声若相嘲。

步月口占①

姚　华

田子殷殷仰太空，有云无雨月朦胧。
道人底事萧闲甚，欲抹天光画墨龙。

《弗堂类稿》序

王伯群

茫父先生盖尝主讲敝邑笔山书院，为伯群朝夕请业者也。自后先生通籍官京曹，之东瀛留学，寓书伯群往游，尚得追随海外，及毕业归国，遂不获侍几席。国变以来，先生仍寓北平，日以文史自娱，伯群岁时北行，必敬问起居，意轩轩剧谈犹昔，然已病废，年五十余矣。叩所撰述，谓懒散颇遗失，将理董之。今年函稿来，则衰然犹巨帙。

先生之学，原本经史，旁通诸子百家，而深探乎吾国文字之原，凡金石、书画、篆刻，亦罔不覃思精研，一破古人未发之扃，浩然有以自得。每一疑义，必反复得其佐证，顺其脉理，以通其意象。其为文，胎息汉魏而兼采唐宋，冲夷渊雅，不屑屑为家数之争、门户之见，此固当世治国故者所众口交称，非伯群之私言也。其为教，必迎机而道，要于学行合一。其于世，泊然无所营，偃处荒庵，终日惟摩挲图书，虽穷老、家无长物，晏如也。

念先生所著，数十年精力所萃，虽散失过半，犹得见其大概，令览者

① 姚华：《姚华诗选》，贵州人民出版社 2000 年版，第 11 页。按：此诗作于光绪二十八年（1902 年）春夏之间，运用比拟写法，如与田子（农夫）对话，表现出贵州山区农夫盼雨的急切心情，以及诗人助耕的善良愿望，反映出诗人欲走出书斋、与劳动农民同忧乐的人民性。

知为学之方，当不为古人所束缚，餍而饫之，必有得焉。宁不为后来学者之导师，引其行洁而品峻，尤异乎今之人者。稿将刊，先为之序以发其凡。

民国十九年三月三十日兴义王伯群

（贵州省贵阳市委员会文史资料研究委员会编：《贵阳文史资料选辑》第18辑，1986年，第41页）

五、风气一变：徐天叙

徐天叙（生卒年待考），字叔彝，江西抚州人，贵定举人。曾留学日本，入京都帝国大学经济系，以优异成绩毕业。

回国后，遂来贵州兴学，创建贵阳时敏小学、师范讲习所。1904年，应兴义刘官礼邀请，赴兴义任笔山书院院长（时称山长），教学成绩显著。1905年，徐天叙带领魏正楷、王文华、窦简之、熊凤阶、高致祥等13名学生，到贵阳投考贵州公立中学（原南明中学），不仅全部录取，而且囊括了前13名，贵州教育界为之震动。徐天叙为民国贵州教育界名流。[①]《民国兴义县志》载："甲辰（1904年）徐天叙主讲时，指阅经史，分呈笔记，每月会邑中人士举行讲演，风气又一变。时笔山书院学务，蒸蒸日上，已达顶峰。所有受聘到兴义讲学诸名儒，刘官礼无不优礼有加，待为上宾，结为世好，如安龙举人庄南华竟以其女与显世为媳；贵阳熊铁崖以其女楚芳为其孙媳，即刘公亮之妇也。"[②]向行端先生回忆其外祖父徐叔彝（字天叙）云："1905年率先在贵阳办起了第一所新学堂时敏小学。为了办好新学堂，引进国外先进的教学与管理经验，外祖父于1906年9月获准赴日本考察，学校交给张彭年管理。时敏学堂后来争取到唐慰慈、华延仪等大户加入董事会，他们各捐银一百两，又向社会募捐，得银二千余两。这些钱都汇给我外祖父，在日本购置了电影机及各种教学仪器。"[③]

---

① 贵州省地方志编纂委员会：《贵州省志·教育志》，贵州人民出版社1990年版，第57页。
②〔民国〕蒋芷泽纂：《民国兴义县志》，民国37年稿本，第553页。
③ 向行端：《三代电影梦》，《电影评介》1995年第4期，第28页。

附：

自学和“践履”

熊洪斌

传统的书院教学方法主要有三种形式。

一是教师讲授，主讲学问要旨，经过整理、归纳、诠释，时称讲义，提举纲领，发挥要义，同时指点读书方法，并在道德和学问两方面树立师表形象，起到言传身教，潜移默化，启发诱导的作用。

二是学生自学，主要在于深研体会，唯真求是，而非浅尝辄止，不出窠臼。朱熹十分坦率地告诉学生：“某此间讲说时少，践履时多。事事都用你自己理会、自己体察、自己涵养，书用你自己去读，道理用你自己究索。某只是做得个引路的人，做得个证明的人。有疑难处，同商量而已。”

朱熹的这种书院教学方法堪称高明。其实真正的学习主要就是自学，这样的学问才能切身近道。笔山书院的教师们正是采用了这样的教学方法，所以才造就了最优秀的学生。据民国《兴义县志》记载：拿着年俸三四百金的教师“每月堂课二次，老生童生分题批阅，超等奖银一两二钱，特等八钱，一等六钱，童生减半，寒畯多资以为生。”教师们每个月也就上两次“堂课”，因为是发挥要义，指点迷津，所以要言不烦。笔山书院的老师注重的是学生的自学和“践履”，把自学的报告，心得笔记呈交批阅，然后按等次奖银予以鼓励，对贫寒而用功的学生则趁机多发钱以资其生计。民国《兴义县志》又载：“自绥阳雷廷珍（字玉峰）提倡经学、小学，住院生月呈笔记亦当堂课给奖。广置时务书报及经、史、子、集，以供涉猎，学风为之一变。甲辰，徐天叙主讲时，指阅经史，分呈笔记。每月会邑中人士举行讲演，风习又一变。”这段极简约的文字里传达出笔山书院诸多的教育文化信息。除了前述少讲多练、自学践履，奖学制度而外，雷廷珍山长为了开阔学生视野，“广置时务书报及经史子集以供涉猎”，其实就是要求学生既要立足于现实，又要阅读“时务书报”，学以致用，还要深入经典，广泛涉猎，厚积薄发。不要局限于某专业课的狭窄巷道而坐井观天，而要通识治学，获得更高远开阔的眼界！徐天叙堂长也是深得书院教学精义的一位导师，否则，他的13弟子怎么可能囊括全省1—13名呢？他分类指导学生阅读经史又分类批阅所呈交的读书笔记，可说是因材施教。最精彩的是，他还在每个月会同地方上有学问有文化的人士举行讲演会，让自己的学生转移多师，打开学路，解放思想，不囿于一派一学之门户。很了不起，正所谓名师者也。

徐堂长的这种做法，其实就是传统书院教学的第三种形式：叫作“问难辩驳”。而问难辩驳的主要表现就是书院的“讲会制度”。讲会制度由朱熹创立，是一种文化学术的辩论制度，以探讨辩难的方式进行的学术活动，或辩论发挥一派的学术精义，或辨析争议不同学派的主张，相互驳难，求同存异。遵循“君子以文会友，以友辅仁”的原则，在针锋相对的争论中，既坚守所学，通过辩难将自己的学旨要义深刻发挥，又不轻视他学，留意于诸家所长，作为对自己学问的弥补和启迪。以朱熹为代表的理学和以陆九渊为代表的心学在学术思想上大不相同，在淳熙八年（1181年）朱熹在白鹿洞主讲“君子喻于义，小人喻于利”时，就邀请陆九渊来同讲，并举行了隆重的讲学仪式，从此形成了良好的传统。

这种“问难辩驳”的“对话式”教学方式，对师资的要求更高，如果没有“独闻之听，独见之明”，没有个人独到的心得体会和学术创见，就很难与人问难辩驳，徒人云亦云耳。由是，我们再次想起孔夫子“从而游”以及古希腊苏格拉底的“对话”式教学与辩论，可谓精彩绝伦！一部《论语》和一部《柏拉图对话集》皆记录着当时的盛况。中西两位古圣皆以此而成就了伟大的教育事业。这不仅是教育者而同时是哲学家和思想家的成功。自夸美修斯以来的现代大教育固然有种种可圈可点的先进之处，但是，学校像大工厂产生成批次产品那样按固定的规范与模式培养学生，未必就有想象中的社会订货。

（熊洪斌《笔山书院的教育与书院文化初探》，《黔西南日报》2011年7月8日，第5版）

六、其他诸位山长行实

（一）周辅宸

周辅宸（生卒年待考），云南师宗举人，同治九年（1870 年）举人。[①]《民国禄劝县志》载，周辅宸，五经魁，师宗人，光绪七年（1881 年）任禄劝州教谕，重建教谕署。[②]《禄劝彝族苗族自治县志》载，教谕署，位于县署后，坐西向东。原为学正署。大堂 3 间，左右厢房各 1 间；大堂后上房 3 间，左右厢房各 1 间。清乾隆三十五年（1770 年），改为教谕署。光绪七年，知县孟丕荣请款率教谕周辅宸重修。宣统三年（1911 年）改为劝学所[③]。

周辅宸为师宗西华街人，至今西华街周氏宗祠还留有对联一副："祖宗训乃子乃孙春秋有祭，家族诫尔支尔系岁月无讼。"据《师宗县法院志》（1995 年印刷，第 168 页）载，清光绪年间，师宗县城西华街周姓家族内发生一起纠纷，诉到县衙，知县未分清是非即将纠纷处理结案，结果歪曲了事实。族中举人周辅宸砍了两枝刺放在县衙大堂上，表示进衙诉讼这条路要堵死，衙内的贪官污吏不可能坚持是非，公平断案。回家后写了此副对联，刻挂在周氏祠堂上。自此以后，周姓族中遇有纠纷即请族长或街邻公正老人进行调解，不再到衙门诉讼。

（二）庄南华

庄南华（生卒年待考），字寓斋，兴义府举人，后为刘显世岳父。《安龙名胜古迹》载，清代咸丰、同治年间，清军及地主武装团练拼死攻击驻守府城的起义军，先后进行了两次大规模的争夺战，其间死病不下千余人。光绪十年（1884 年），郡绅庄南华与宋杰、刘朝鼎等计人倡议城中人民收集死者骨骸合葬一墓，并捐资建祠，庄南华撰有墓志铭，刻碑记其事。[④]光绪十一年（1885 年），时任兴义府知府吴宗兰召集府城士绅商户等计划重修安龙县卡子河王公桥，郡人庄南华、宋杰、胡遇林等人积极筹措资金修复

---

① 师宗县编纂委员会办公室：《师宗史志资料》，师宗县印刷厂，1991 年，第 31 页。

② 〔民国〕许实纂修：《民国禄劝县志》，民国 14 年铅印本，第 118 页。

③ 禄劝彝族苗族自治县地方志编纂委员会：《禄劝彝族苗族自治县志》，云南人民出版社 1995 年版，第 374 页。

④ 贵州省安龙县志编纂委员会：《安龙县志》，贵州人民出版社 1992 年版，第 704 页。

王公桥。

王公桥，在城北普坪筏子河上游，距城约25千米。筏子河，又名卡子河，发源于兴仁县境。流至卡子隘下，河面渐宽。安龙至兴仁公路未修通以前，此为通省城必经之地，明朝初年即辟有驿道。雍正十二年（1734年），南笼府知府王元烈捐资修成三孔石拱桥一座，沟通两岸驿道，过河不再涉水。为纪念王元烈，后人名此桥为“王公桥”。道光九年（1829年）夏，连日暴雨，洪水猛涨，将桥冲毁。兴义府知府杜友李、安义镇总兵德印倡议文武各官及府城绅商捐款重修，仍为三孔石拱桥，经四月竣工，有碑记其事。光绪九年（1883年）夏，暴雨陡下，桥复被冲毁。十一年（1885年），知府吴宗兰召集府城士绅筹集经费，并函商府属各州县官捐廉，集银数百两，重修王公桥如旧。为方便过往行人休息，在桥南路边石壁下建一石亭，亭成，正值贵阳人赵以炯考中状元，声名贯全省，因命亭名“状元亭”，其事刻碑树于亭前。今王公桥完好，古驿道尚存。道光、光绪时两次复修此桥，石碑无损，“状元亭”于民国年间毁。1986年元月，黔西南州人民政府公布王公桥为州级文物保护单位。①

附：

重修王公桥记

吴宗兰

郡城北五十里许为卡子汛地，乃晋省之通衢，府治之要隘也。其卡有溪，广十丈有奇，水急滩险，不可以褰裳涉，溯流迂行十余里始达前途，行人苦之。前太守王公元烈伐石架桥，以利往来，郡人德之，名曰“王公桥”，载在郡志。道光九年桥圮，前太守杜公友李踵成之，郡人方之杜母。

光绪元年，余莅任斯土，前后凡十霜，愧乏善政。光绪九年，溪水大至，桥复圮。郡人庄南华、宋杰、胡遇林等筹款造舟，权为济渡。讵每雨后，溪涨洪波巨浪，行旅视为畏途。乙酉冬，余乃集郡人筹划，并函商州牧邑宰，得银数百两，鸠工重修。前工之善者，因之；不及者，增之，立亭桥南，为行人休息之所。五阅月而桥成。适胪传信到，贵阳赵君以炯大

① 贵州省安龙县志编纂委员会：《安龙县志》，贵州人民出版社1992年版，第707页。

魁天下，开黔中鼎甲之先；而斯桥之亭，以是日兴作，借以名亭纪盛也。

郡人曰："桥成不可无志。"余曰："除道成梁，乃分之宜。至山溪之险，前人言之备矣，余何言哉？"郡人曰："是役也，善与人同，有光于前多矣，不可无志。"爰乃记事直书，以弁于碑首云。

钦加盐运使衔简用道特授兴义府知府卓异加一级

纪录十次蜀南吴宗兰撰文并书

大清光绪十二年岁次丙戌荷月毂旦立

郡绅庄南华监修 郡民开住监工 石工余正发

（政协贵州省安龙县委员会文史资料研究委员会编：《安龙文史资料选辑》第 10 辑，1986 年，第 133 页）

（三）孙家璠

孙家璠（1877—？），字伯玙，铜仁举人，兼本邑学官。知兴化、永丰。

光绪二十四年（1898 年），孙家璠补福建兴化知府。《清代官员履历档案全编》（华东师范大学出版社 1997 年版，第 405 页）御览谨奏："光绪二十七六月，臣孙家璠，贵州铜仁人，祖籍湖南，年四十二岁。截取到班，光绪二十四年五月初二日引见，旨开复领衔以知府用，钦此。今签掣福建兴化府知府缺。"清光绪二十九（1903 年），孙家璠知永丰。《清光绪三十年秋》：清光绪二十九（1903 年）知永丰县。（见《清光绪三十年秋》，北京荣禄堂刊本，第 357 页）

（四）吴成熙

吴成熙（生卒年待考），字绎如，南昌人，光绪五年（1879 年）举人，光绪十二年（1886 年）进士，钦点翰林院庶吉士；光绪十六年（1890 年）署理遵义府；光绪二十五年（1898 年）复任[①]；光绪二十七年（1900 年）任江口县知县。[②]

---

①〔民国〕周恭寿修、赵恺纂：《民国续遵义府志》，民国 25 年刊本，第 1213 页。

② 贵州省江口县志编纂委员会：《江口县志》，贵州人民出版社 1994 年版，第 142 页。

图 3-1　晋授资政大夫先谅公像（榜名：吴成熙）（来源：《吴氏梧岗族谱》）

据《江西历代进士全传》（上海古籍出版社 2016 年版，第 115 页）载："吴成熙，字绎如，江西南昌梧桐冈人。进士，庶吉士，历兴义、遵义知县。"（见《民国南昌县志》卷二一，参见《民国遵义府志》卷二八）另据《吴氏梧岗族谱》"吴氏梧岗村起垣公承传示世图"载："曾叔祖先谅，榜名成熙，系光绪庚辰进士，钦点翰林院，曾任贵州省安顺府平安县知县及道台，政绩卓著，戊子调内帘阅卷官等职，其文之雄，威震山河，其书柔刚如花似朵，曾为慈禧皇太后六旬寿诞，赠书作贺及书写奏疏。又曾一度平服土匪军乱，建勋卓著，皇上鸿恩，加二品顶戴，尝戴花翎，谅公文才武略，乃国之幸，宗族之荣。"

（五）桂馥

桂馥（1824—1896），字筱芗、治臺，江西临川人，号筱芗太守，自称"珊琴外史"。清同治五年（1866 年）出任贵州大定府经历，光绪十八年（1892 年）任独山知州，二十年（1894 年）任广顺知州，二十六年（1900 年）任安南知县。同治九年（1870 年），他曾在贵阳南明河的浮玉桥上重建涵碧亭，并书楹联一副："银汉浮空星水过，玉虹拖雨雁横秋。"官广顺知州时，曾画《百苗图》(《黔南苗蛮图说》)行世。桂馥在黔著有《丁亥烬余录》四卷。[①]桂馥的《黔南苗蛮图说》完稿于光绪七年（1881），光绪十六年（1890）成书，对于研究贵州少数民族具有重要的史料价值、文献价值、艺术价值和文物价值。[②]

桂馥在贵州为官三十余年，自称黔中老吏。桂馥《黔南苗蛮图说》书前载有孙清彦的序文和史念祖的跋文。孙清彦的序文将桂馥图说比附为五经，认为图说"同易""近诗""化于礼""春秋垂警之义"，称桂馥是边疆治理"边政功臣"，"桂君之才密品重，不胥于是图见之哉"。孙清彦曾为兴义府知府，邀请桂馥出任笔山书院山长当为情理中事。

（六）汤中

汤中（生卒年待考），字子酉，贵阳举人。汤中行迹待考。

（七）喻鸿钧

喻鸿钧（生卒年待考），字济臣（济丞），湖北黄冈人，光绪十五年（1889年）进士；光绪二十三年（1897年）知遵义县；光绪二十八年（1902年）署水城通判；光绪三十年（1904年）任兴义知县。[③]其以书法见称。

（八）朱元谟

朱元谟（生卒年待考），字显卿（显钦），郎岱人。丙子（1876年）科举人。任文案，获五品蓝翎，学台考试名列第一。时人誉之为学问渊博，为南方之冠……曾为贵山书院学正堂，继委镇远、铜仁、安顺、兴义、贞丰、修文等府县学正堂。教学有方，成名弟子有刘显世兄弟、审判厅厅长徐露园、警察厅厅长李映雪等。[④]

《郎岱县志长编》载："朱元谟，字显钦，世居郎岱城，光绪丙子科第

---

① 侯清泉：《历代名人与贵州》，贵州人民出版社2004年版，第334页。

② 《贵州图史》编委会：《贵州图史600年贵州大事记》，贵州大学出版社2013年版，第57页。

③〔民国〕蒋芷泽纂：《民国兴义县志》，民国37年稿本1948年版，第447页。

④ 林建曾、肖先治等：《贵州著名历史人物传》，贵州人民出版社2001年版，第91页。

十五举人，出身赵营文案，任职清廉、谨慎，蒙赵公德昌保五晶蓝翎之职，后学台考试，月课投考者一千余人，公投考取列第一。后即委贵山书院学正堂，继委镇远、铜仁、安顺、兴义等府，贞丰、兴义、修文等县之学正堂。所教成名弟子，有前省长刘显世弟兄，前高等审判厅厅长徐露园，警察厅长李雪映，郎岱县长文端彦，南笼县长刘晴岩及地方校长刘百源等不下百余。公之学问渊博，为南方之冠。公一生忠厚，举凡地方善事，无一不做。后公年迈，犹任岱山书院学正堂，培植地方子弟，不数年终，享年八十余岁。公传家以忠厚，继世以诗书。公之学问、道德，久为人所钦仰。后世子孙尚能绵延于世者，是公之遗德也！”①

六盘水市六枝特区郎岱镇今有朱元谟故居，在郎岱镇木城社区胜利街。

（九）赵廷光

赵廷光（生卒年待考），字百容（伯容），贵州修文人，光绪八年（1882年）举人，光绪十二年（1886年）丙戌科进士，曾知湖南五陵、保靖、宜章等县。“赵廷光，字伯容，贵州修文人，字伯容。占籍贵阳，中丙戌科三甲一百四十一名，官湖南五陵知县，历署保靖、宜章等县。”②

（十）曾沛霖

曾沛霖（生卒年待考），字澍之（漱芝、漱之），四川巴县举人；光绪二十七年（1901年）任修文知县；③光绪二十八年（1902年）任遵义府知府。④《仁怀文史资料》第20辑记载：“时仁怀图书馆藏经史子集万卷，清季县令巴县举人曾沛霖所采购。曾氏学问渊博，与泸州万慎子等十八人齐名。⑤

《贵州通志·宦迹志》引《修文册报》⑥载，曾沛霖，字漱之，巴县举

① 李志高：《郎岱县志长编》，六枝特区政协郎岱县志长编编委会，1995年，第410页。

② 贵州修文人贵阳市地方志编纂委员会办公室：《贵阳市志·人物志》，方志出版社2011年版，第340页。

③〔民国〕顾枞纂：《民国息烽县志》，民国油印本，第218页。

④〔民国〕周恭寿修、赵恺纂：《民国续遵义府志》，民国15年刊本，第1233页。

⑤ 政协贵州省仁怀市委员会学习文卫委编：《仁怀文史资料（第20辑）》，政协贵州省仁怀市委员会学习文卫委2003年版，第41页。

⑥ 贵州省文史研究馆：《贵州通志·宦迹志》，贵州人民出版社2004年版，第493页。

人。光绪二十七年（1901 年）署修文县。是时宦场风气多视官如传舍，署任者更不待言。公到任，雷厉风行，振理一切，续成隔任王锡祉未竟之事，追赔经手人亏蚀公租存款。设学校局，清理先年李崇畯禀留兴学各产为学校公业，汇册通禀立案。其追赔之款，除王已追获五六百金，重修文昌武庙外，尚获银约二千金，培修龙冈书院，延聘名宿主讲。岁定四百金，为一月两课奖励生童之费。公业岁出大小两季租息，约值千金，委绅经理，按月榜示收支。又由公提款，修养济院以栖止孤贫，由署月给食米，虽皆地方官应尽天职，而风气所趋，难在以署任为之。去之日，士庶绅商制送万民衣伞，部民扶老携幼遮饯于道。公为步行二里许，乃揖别各界父老，并嘱以制钱百串，相其老弱贫苦分赐之而去。所惜嗣是而后，无知小民但遇前官临去，辄沿袭之以为邀赏之巧技，几习成风。继任如苏公桂芬、李公大森、杨公世祚、杨公泳棠、刘公郁辈皆有儒吏风，无贪污行，思欲禁止，而恐人议其悭吝，只合听之。直至宣统元年（1909 年），陈公介白卸任，先自捐钱若干，交绅代办慈善事业，不赏饯者，厥风乃息。

附：

谒阳明洞

曾沛霖

芹藻儒修歇，鸱枭恶俗张。
龙场今日吏，惭愧拜祠堂。

（李友学编著：《咏颂王阳明诗词联文选编》，贵州人民出版社 2014 年版，第 72 页）

（十一）熊范舆

熊范舆（1878—1920），字继先，号铁厓（铁岩），贵州贵阳人，光绪三十年（1904 年）甲辰恩科进士；后官费留学日本早稻田大学，回国后曾任北洋法政学堂监督、天津知县、云南知府、贵州都督府总务厅长等；译有笕克彦《国法学》、美浓部达吉《行政法总论》（1907 年天津丙午社出版）①。

① 李恭忠等：《末科进士与世纪风云：熊范舆传》，中国社会科学出版社 2013 年版。

据《辛亥革命·贵州事典》载，熊范舆，光绪二十三年（1897年）入贵州经世学堂学习，后中举人；光绪二十九年（1904年）中进士，分发湖南即用知县，未到任即赴日本学习法政。光绪三十三年（1907年），熊范舆加入梁启超创办的政闻社，主张改革政体，开设国会，以救中国。次年元月归国，任河南开封法政学堂教员。宣统元年（1909年），擢直隶知州、署理天津县知事。旋随云贵总督李经羲赴滇任总文案，补广西直隶州知州、云南顺宁知府等职。宣统三年（1911年）秋，熊参与策划云南起义，任都督府参议院议员，法制局局长兼秘书官。是年，由云南都督蔡锷派充贵州赴沪、鄂会议全权委员及南京临时参议院议员，遭到贵州方面的抵制。1913年，熊范舆回黔任护军使刘显世秘书长，参与策动贵州护国反袁运动。后兼任贵州中国银行行长，创办贵阳首家丝织厂。1917年3月，为首发起贵州商办电灯股份有限公司。[①]

熊范舆执教笔山书院的直接史料不易检寻，一些间接史料略可窥见。王伯群少年时就读于兴义县笔山书院，时姚华及熊范舆在该院任教，王伯群为其及门弟子。王伯群自小跟父亲研文习字、易书二经，兼学阳明学和四书等。及至少年，王伯群入兴义县城的笔山书院，随著名的书画文史大家姚茫父、熊范舆等专攻《孟子》《左传》和数理学，王伯群的国学功底、书画都是在笔山书院修炼习得。[②]王伯群夫人保志宁女士曾回忆说："先夫十岁以降，启元公（王伯群生父）自教以易、书二经，又为解读阳明学、四子书；十八岁以降，从姚茫父、熊范舆、徐叔彝三先生，专攻《孟子》《左传》兼及数理之学。"[③]

① 冯祖贻、曹维琼、敖以深：《辛亥革命·贵州事典》，贵州人民出版社2011年版，第257页。
② 汤涛、汤君逸：《和爱的颂歌》，上海三联书店2016年版，第192页。
③ 庞思纯、郑文丰：《明清之际的贵州书院》，贵州人民出版社2017年版，第156页。

卷四 堂 长

光绪二十九年（1903 年）十一月，清政府颁布《奏定高等小学堂章程》，明令设立高等小学堂，为初等小学堂毕业生升学之所。“以培养国民之善性，扩充国民之知识，强壮国民之气体为宗旨”；“以童年皆知作人之正理，皆有谋生之计虑为成效”。[①]高等小学堂修业四年，科目有修身、读经讲经、中国文学、算术、中国历史、地理、格致、图画、体操等，手工、农业、商业为随意科目。1912 年改名高等小学校，修业年限改为三年。

戊戌维新，废除科举，各省县书院都改设学堂。刘统之在教育改革上颇能触及时代脉搏，顺应潮流，深感“兴义设县晚，科名较稀，高瞻远瞩，为地方百年大计，锐意兴学，优礼厚币，敦聘省内外名儒，创办城乡小学”。首任高等小学堂堂长是贵阳有名举人张寿龄（号协陆，后留学日本，曾任贵州财政厅厅长），末任山长徐天叙与务川举人聂树楷（尊吾）等为教员，并于书院后山新建教室、图书室、仪器室、仓房等。所有博物、生理标本、图表以及物理、化学仪器等，都是由日本购来，足敷中等学校的应用[民国 5 年至 12 年（1916—1923 年），先后为过境军队所毁]。[②]

光绪三十一年（1905 年），刘官礼改笔山书院为高等小学堂，礼聘贵阳举人张寿龄（1905 年任）任首任高等小学堂堂长。“首任高等小学堂堂长是贵阳有名举人张协陆，第二任堂长系聂树楷，第三任是留日回乡的李映雪。辛亥革命后，其堂长均系当地人士。”[③]先后任过堂长的还有聂树楷（1908 年任）、李映雪、刘显慎、赵学坤、王文华等人。

清末，兴义高等小学堂的堂长、教习，多系向外延聘举人、贡生或留学生。初等小学堂的堂长、教习，则按当时学部规定，考选县属生员和塾

① 舒新城：《中国近代教育史资料》，人民教育出版社 1981 年版，第 427 页。

② 岑明英：《刘统之先生与兴义的教育》，《兴义刘王何三大家族》，中国文史出版社 1990 年版。

③ 政协贵州省委员会文史资料委员会：《文史资料存稿选编第 3 卷》，贵州人民出版社 2006 年版，第 205 页。

师担任。民国15年（1926年）后，学校校长由县政府委任，教员由校长聘请。[1]《民国兴义县志》[2]载，清末海禁大开，科举制度不足以得人才。戊戌维新，各省书院改设学堂，废八股试策论，旋又停止乡会试及岁科考试。数千年科举制度一旦废除，而代之以学堂。兴义设县晚，科名较稀。乡先辈高瞻远瞩，为地方百年大计，锐意兴学，优礼厚币敦聘省内外名儒，创办城乡小学二十余所，并设师范以储师资，更派遣公费生留学日本，以资深造，声誉之隆甲于全省。县令马桢以办学得传旨嘉奖。迨入民国，人文蔚起。在近则初高中相继成立，留学国内外者尤众。乡先辈提倡学校之功其可没乎。公立高等小学堂设笔山书院。清光绪三十一年邑人刘统之、刘如周父子，倡办聘贵阳张寿龄（字雪庐）为堂长，思南聂树楷（字尊吾）任教员，附设师范一班校舍除书院旧屋外，由左右侧及后面新建教室、仪器室，宿舍仓房共六十余楹。学堂管理员窦全曾，庶务员朱光宗（经修）。时全县只高小学一所肄业者极踊跃，毕业生尤众。民国15年（1926年），县中成立，划本校后院为县中校舍。民国18年（1929年），城中添设两级小学，本校改为县立第一两级小学。

表4-1　兴义高等小学堂历任堂长（校长）表[3]

姓　名	身份（出身）
张寿龄（字雪庐）	贵阳举人，光绪三十一年任
聂树楷（字尊吾）	思南举人，光绪三十二年至三十四年任
李映雪（字之白）	邑廪生，日本速成师范毕业，宣统元年至三年任
刘显慎（字如愚）	邑庠生，民国元年任、
赵学坤（字天如）	邑廪生，民国2年至3年任
吕声桐（字梧笙）	邑廪生，民国4年至民国5年任，时因滇护国军经过停办一年
魏正楷（字树身）	贵州优级师范选科毕业，民国6年至8年任。民国9年下期停办

① 贵州省兴义县史志编纂委员会：《兴义县志》，贵州人民出版社1988年版，第463页。
②〔民国〕蒋芷泽纂：《民国兴义县志》，民国37年稿本，第556-558页。
③〔民国〕蒋芷泽纂：《民国兴义县志》，民国37年稿本，第558页。

续表

姓　名	身份（出身）
唐开敬（字守一）	邑庠生，云南法政别科毕业，民国 10 年任
陈淮（字舜裔）	四川仁寿庠生，民国 11 年任
窦致祥（字希王）	本邑简易师范毕业，民国 12 年至 14 年任
赵元杰（字伯俊）	日本明治大学，民国 15 年至 16 年任
周元奎（字星聚）	本邑简易师范毕业，民国 17 年任

一、首任堂长：张寿龄

张寿龄（生卒年待考），字雪庐，号协陆，清末贵阳举人，后留学日本，曾任贵州财政厅厅长，贵州省教育会会长。光绪三十一年（1905 年）任兴义高等小学堂堂长，为首任兴义高等小学堂堂长。

《贵州通史简编》载："戊戌维新失败后，雷廷珍及其弟子姚华、徐天叙、熊范舆、张寿龄等相继赴兴义主持笔山书院讲席，继续按经世学堂模式传播新思想，新文化。"[①]聂树楷有诗《得容女辰溪书兼小影》回忆张寿龄就兴义教师之聘事："稚女难离乳，良人正督师。一身千里外，惆怅欲何之。音讯稀来日，容光损旧时。倚闻亲已老，归计莫迟迟。忆当兴义逢君日，十二人中最少年。一别倏逾三十载，君成颁白我华颠。勤搜文献惭无补，利导农桑竞说贤。"诗注云："贵阳陈筑山于清光绪末与张雪庐辈十二人，就兴义教师之聘，余适游幕其地，获定交焉。今筑山以省府委员职还贵阳，重晤于文献征辑馆，感成一律。"[②]

二、端正学风：赵学坤

赵学坤（1851—1935），字天如，邑廪生，民国 2 年至 3 年（1913—1914 年）任。

① 《贵州通史》编委会：《贵州通史简编》，当代中国出版社 2005 年版，第 171 页。
② 贵阳市志办：《贵阳五家诗钞》，贵州教育出版社 1985 年版，第 262 页。

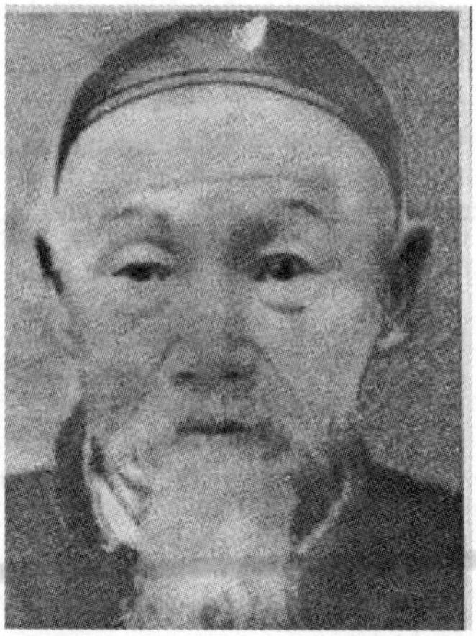

图 4-1　赵学坤像（来源：赵氏宗亲微信公众号）

赵学坤 1890 年被聘为笔山书院斋长。民国 2 年至 3 年（1913—1914 年）任兴义高等小学堂堂长。《民国兴义县志》载："赵学坤，字天如，安贞乡人。幼聪颖，丁回乱，未能按学龄就学，同治十一年乱敉平，其伯兄学鍌设馆双凤山，见学坤性敏而行笃，劝之续学。逾数年，学大进，乃至县城吕平山门下。光绪十二年，入泮，寻食廪饩，设馆授徒于双凤山、周壁，布衣蔬食，久无倦容。后任笔山书院斋长，经理学款，分文不苟。邑人之信仰自兹始。旋与刘统之办团防，排难解纷，一秉至公。讼风几息。时粮差苛索无厌，乡人以斗米尚不能完粮一升，于是痛惩斗箕无畏怯，刚直之名大噪。……民国四、五年，兼任县立高小校长。先端士习，次讲学艺，暇喜阅赫胥黎《天演论》，醉心适者生存之学说。民国九年以还，大军集县境，忍苦应付，悍将骄兵亦激发天良，化险为夷。年老退休。"①

另据赵学坤后人赵显璧介绍，她的祖父赵学坤出生于兴义双凤山。光绪十二年（1886 年），应府试中廪而入官学。光绪十六年（1890 年），赵学坤应聘为笔山书院斋长，与下五屯刘官礼重修和扩建笔山书院。在治校中，赵学坤布衣素食，锐意端正学风，对学款、经费廉洁奉公，分文不沾。教学质量由此大大提高，生源从云南、广西和兴仁、贞丰、安龙等周边省（县）涌来，书院为国家、社会培养和输送了一批批人才。许多人从书院走出兴

①〔民国〕蒋芷泽纂：《民国兴义县志》，民国 37 年稿本，第 693-694 页。

义，走向省城，走出国门，东渡日本留学回来后，继续挑起建设国家的大梁[①]。1935 年 4 月，赵学坤因病去世。

附：

先父学坤事略

赵伯俊

先父讳学坤，字天如，先王父本恭公之第五子也，生于前清咸丰辛亥年十二月二十一日。初，吾家籍隶闽之福清，明洪武时迁南京，有中道公者随沐国公英莅镇滇南，官明威指挥将军，奉命开辟马龙、思宗一带，遂家居焉。传六世至从仁公复迁于贵州兴义之双凤山，又五传而至先父。先父行年十岁，先王父母相继见背，幼年失依，茕茕在疚，虽有兄弟五人，然大伯父早逝，三伯父因咸同之变殉焉，存者仅三人耳。

先父性嗜学，当先王父母在时，虽读书二三载，终以家境贫苦半途而废。弱冠后，先堂伯父学鍌公设馆双凤山，先父暇时常至馆中，遇学子属对未就，辄为之捉刀。学鍌公习知之，嘉其聪颖力劝继续求学，遂执贽授业。甫年而学业大进。翌年学鍌公改馆家中，距吾家六里许，先父以处理家务之故不克追随，但治家事有暇，即勤勉自修，心有所疑，辄于夜间驰往求教，虽风雨无间也，如是者三年。

乙亥以复授业于吴朝珠、吕萍山两先生之门，业益进。岁丙子，应府试捷足芹宫，旋食廪饩。亲友交相称贺，先父泰然笑谢之。尝谓余之所以力学者，为求知，为明理，非为功名也，荣禄富贵于我何与焉?

迨先母来归后食指日增，乃于双凤山下寨及周壁两处先后设馆课徒，族中之受教化而能立志向学者，颇不乏人。庚寅任本邑笔山书院斋长，治事井然有条，对经费一项尤廉洁奉公，一介不苟，邑人以此贤之，故至乙未以后，应邑中先辈云南即补道刘公统之约而办理地方团务及教育事业者垂四十余年，其见信桑梓，洵非偶然也。

……

民国以还，地方多故，政变迭兴，吾邑当孔道，几酿战争，先父不避

---

① 《兴义赵氏 书香人家》，见赵氏宗亲微信公众号：zhaoshizongqin。

艰险代民请命，精诚所至终能化险为夷。事实俱在，邑之人多能道之。近因年逾古稀，退休林下，然每遇地方发生疑难问题，必毅然出而维持，非至事息人宁决不肯遽然归家。故先父年虽耄耋，顾念地方之热忱仍不稍逊于昔也。不孝兄弟幼承庭训，督责甚严，及年事稍长，始先后出就外传，然犹时以进德当主诚敬，读书须知法戒为训。盖先父早年已服膺陈文恭、吕新吾诸先哲之遗教，故对不孝等每谆谆言之。

民六之秋，先父遣不孝元杰负笈东瀛。吾家境况此时较先前虽稍裕但以留学费用所需颇难，而先父恒能于拮据之中预为筹措，使不孝元杰专心致志得以卒业日本明治大学。不孝元佐亦得自本邑初级师范毕业，服务地方有年，然后改行经商。不孝等之有所树立，何莫非先父心血之结晶也。不孝元杰之返国也，先父头童齿豁，不忍远离，下乃服务桑梓，主持教育，与邑中人士创办初级中学。先父见之而心喜，精神日益旺健，至民国十八年应友人之召，出而报效党国。迨二十二年归家，骤睹先父容颜憔悴，异之。询之家人，始悉二十一年秋不孝元佐二三两子因患喉症，不二旬相继夭亡，先父含饴爱笃，伤感过度，虽经不孝等力为宽慰，终为释然。去年秋忽患咯血症，多方医治亦不过短时期之痊可，每间二三月复发，斯诚年事高迈，血气枯竭，重以伤感不堪，国历四月二十七日乃由捧乍言归，午夜九时抵家。顾病已沉重，不孝等惶恐万分，手足无措，祈祷乏效，先父竟于二十八日晨八时舍不孝兄弟姊妹而长逝矣！呜呼哀哉！呜呼痛哉！

（兴义市文化体育旅游和广播电影电视局编：《兴义文史资料解读》，贵州科技出版社 2014 年版，第 160 页）

三、聱园居士：聂树楷

聂树楷（1864—1942），字尊吾，一字得庵，晚号聱园居士，贵州务川县人，仡佬族。光绪三十二年至三十四年（1906—1908 年）任兴义高等小学堂堂长。

光绪初年聂树楷游学贵阳，应府试，取第一名。光绪甲午科（1894 年）中举。次年春，入京会试，时值甲午战败，与日本签订丧权辱国的《马关条约》，与同科 600 多名举人联衔上书光绪。光绪二十四年（1898 年）回到贵州，在思南坐馆教书，后应黎平府聘请，到该地办学，光绪三十四年（1908年）受聘任笔山书院高等小学堂堂长。1915年，改任毕节县知事，后任省公署秘书。晚年在贵州省法政学堂、省立高中、南明中学、导文中学、贵阳女师等，任专职教员。聂树楷著有《鳌园诗剩》两卷、《词剩》一卷、《诗种》等，参编《黔贤事略》《民国贵州通志》《兴义县志》等。[①]

1912年，贵州军政府委任聂树楷为兴义府知府。1913年废兴义府改设南笼县，聂树楷任县知事。聂树楷20世纪30年代初在《窦钟祥墓志铭》写道："清季朝议变法令，各行省兴办学堂，黔属各县多观望，君（窦居仁之父）知为要图，亟与绅旧筹款兴学，城乡校舍以次数十所。以故，兴义虽僻处西南，而文化进步独早于各县，且为之冠。改革之初，出任艰巨者，亦以兴义人士为最多。"[②]这是聂树楷对清末兴义教育的中肯评价。今兴义市穿云洞公园涵虚阁，尚存聂树楷书"登临揽胜，三面山光一面水；凭虚结构，二分人力八分天"楹联一副。

附：

百字令·自题小像

聂树楷

彼何人者，是鳌园居士，镜中留印。百岁光阴如转烛，白尽疏髯短鬓。耳鼓殷雷，牙车脱毂，目力凭双镜。夕阳无限，黄昏只是将近。壮岁角逐名场，浮沉宦海，精力销磨尽。问水寻山空结想，无具那能济胜。米汁餐禅，苜盘款客，聊遣闲居兴。偶留形影，渊明自答自问。

（贵阳市志办编：《金筑丛书·贵阳五家诗钞》，贵州教育出版社1995年版）

四、其他诸位堂长行实

（一）李映雪

李映雪（生卒年待考），字知柏（之白、芝柏、知白），邑廪生，贵州

① 顾明远：《教育大辞典》，上海教育出版社1992年版，第157页。
②〔民国〕蒋芷泽纂：《民国兴义县志》，民国37年稿本，第771页。

兴义人。宣统元年至三年（1909—1911 年）任兴义高等小学堂堂长。

李映雪曾留学日本大冢师范学校，曾任贵定县县长、贵州军警局局长、贵州警察厅长。1905 年，李映雪“以诸生学于日本，还乡教小学及师范，号为‘得人’。后李映雪应黔抚召入省，以李综幕务，民国二年（1913 年）出知贵定县；三年（1914 年）调省城警察厅长。时称其治事勤恳，悃愊无华。去职后，居省城竹子市”。[①]

（二）刘显慎

刘显慎（？—1914），号如愚，邑庠生，贵州兴义人，刘官礼侄儿。民国元年（1912 年）任兴义高等小学堂堂长。《民国兴义县志》载：“刘显慎，字如愚，下五屯人，县增生，性和易，好公益。清光绪初从叔父统之倡修笔山书院。院落成，所聘山长主讲。宣统三年，任县立初级师范学校监督，积劳至民国三年病殁。”[②]

1905 年，兴义高等小学堂内附设“师范讲习班”。教学业务由高等小学堂堂长张协陆、教员聂树楷兼管，招秀才和私塾先生就读。次年，“师范讲习班”更名为“师范传习所”，但仍然附设于高等小学堂内。前后两期共招生 40 人，肄业后，视其成绩优劣，录用于小学堂任堂长或教员。清光绪三十四年（1908 年）年，“师范传习所”经县劝学所调整充实后，易名为“初级简易师范学堂”。堂址设于高等小学堂的旧书院内，由刘显慎任监督，教员有留日回乡学生赵显彬和省名儒解伯莹等人，毕业生有卢远龙等 20 人。[③]

（三）吕声桐

吕声桐（生卒年待考），字梧笙，邑廪生，兴义人。民国 4 年至民国 5 年（1916—1917 年）任兴义高等小学堂堂长。时因滇护国军经过停办一年任。[④]《民国兴义县志》载：“吕声桐，字梧笙，县城人。幼随父官游滇，雅好诗文，入泮后屡试乡闱，不售，遂弃时文，钻研《昭明文选》，举凡子史精华，《佩

① 独山县政协文史资料研究委员会：《独山文史资料选辑第 5 辑》，1986 年，第 82 页。
②〔民国〕蒋芷泽纂：《民国兴义县志》，民国 37 年稿本，第 777 页。
③ 黔西南州委员会文史资料研究委员会：《黔西南州文史资料选辑第 6 辑》，1987 年，第 163 页。
④ 贵州省兴义县史志编纂委员会：《兴义县志》，贵州人民出版社 1988 年版，第 521 页。

文韵府》《事类统编》等，故实嗜之尤笃。晚年授徒，每以幼学故事琼林为常课，文尚骈俪，诗清晰可诵。殁后稿散佚不传。”①

附：

花桥河月夜闻笛

吕声桐

玉宇沉沉万籁清，天街徙倚夜凉生。
月移花影当窗暗，风送笛音隔院惊。
几处离人悲远道，谁家嫠妇怨长征。
愁心莫漫吹将去，直到榆关古戍城。

（蒋芷泽纂：《民国兴义县志》，民国 37 年稿本第十三章，第 818 页）

（四）魏正楷

魏正楷（生卒年待考），字树身（树生），贵州优级师范选科毕业，民国 6 年至 8 年（1917—1919 年）任兴义高等小学堂堂长。《民国兴义县志》载：“简易师范。民国八年劝学所筹办。附设于高等小学堂。校长魏正楷，职教员陈舜裔、龙雨苍诸人。一年毕业。前后两班。毕业生吴应懋、吴启良、吴忠仪、赵元佐、蓝明政、龙国忠等约七、八十人。”②辛亥革命之后，由于政局尚在稳定和重建之中，简易师范被迫停办了七年之久才得以恢复，由高等小学校校长魏正楷兼任校长。招收高等小学毕业生，学制两年。与辛亥革命前的不同之点是除国文外，还加强了数理和文体美学的内容。第一、二期毕业生共八十人左右。③

（五）唐开敬

唐开敬（1887—1951），字守一，邑庠生，云南法政学堂别科毕业，民国 10 年（1921 年）任兴义高等小学堂堂长。光绪三十一年（1905 年）毕业于兴义师范讲习班。民国 10 年（1921 年）任县中校长。民国 2 年（1913

①〔民国〕蒋芷泽纂：《民国兴义县志》，民国 37 年稿本，第 719 页。
②〔民国〕蒋芷泽纂：《民国兴义县志》，民国 37 年稿本，第 562 页。
③ 黔西南州委员会文史资料研究委员会：《黔西南州文史资料选辑第 6 辑》，1987 年，第 164 页。

年），兴义县设教育局，唐开敬民国 7 年（1918 年）任教育局局长。[①]民国 20 年（1931 年）兴义乡村师范开办，唐开敬任校长。唐开敬抗战时期任贵州文献征辑馆专任编审。《黔贵文化》记载：“贵州文献征辑馆是抗战前夕由续修贵州通志局改组成立。任可澄任馆长，王蔬农任副馆长兼专任编审，代理馆务。陈衡山、聂尊吾、杨覃生为专任编审。聂承轩、唐开敬、李独清等为名誉采访。成员都是当时贵州学者和文化名人。”[②]

（六）陈淮

陈淮（生卒年待考），字舜裔，四川仁寿庠生，民国 11 年（1922 年）任兴义高等小学堂堂长。

（七）窦致祥

窦致祥（生卒年待考），字希王，本邑简易师范毕业，民国 12 年至 14 年（1923—1925 年）任兴义高等小学堂堂长。窦全曾第二子，曾先后任麻江县县长、德江县县长、兴义县参议会参议长等职。民国 33 年（1944 年）当选第一届兴义县参议员[③]。兴义乌沙镇现有窦氏民居尚存。

兴义乌沙窦家第十七世窦全曾系光绪末廪生，为兴义县第一个拔贡。第十八世窦致祥民国时期曾任兴义高等小学堂堂长、麻江县县长，德江县县长等职；窦景祥民国时期曾任贵州省路政局局长、高等法院院长、大厦大学教授兼总务长等职；第十九世窦居敬民国时期曾任过贵阳南明中学校长、贵州省政务厅厅长，山东青岛电报局局长，河南开封公路局局长等职；窦居仁曾任黔军第一混成旅旅长，省政府委员兼建设厅厅长等职。

（八）赵元杰

赵元杰（1896—1951），字伯俊，兴义桔山乡人。笔山书院毕业后留学日本，日本明治大学政治经济系毕业；回国后，于民国 15 年（1926 年）创办兴义县初级中学（兴义一中前身），并出任校长，次年调任县教育局局长兼中学校长；1928 年，参与教育局黄济周争取教育经费独立；1944

---

①〔民国〕蒋芷泽纂：《民国兴义县志》，民国 37 年稿本，第 457 页。
② 黄涤明：《黔贵文化》，辽宁教育出版社 1998 年版，第 298 页。
③〔民国〕蒋芷泽纂：《民国兴义县志》，民国 37 年稿本，第 474 页。

年起，先后任县临时参议会副议长、县参议会议长；1950 年被选为兴义县各族各界人民代表会议常务委员会专职副主任；1951 年病逝。赵元杰为兴义地区的教育发展做出了极大的贡献。[①]

图 4-2 赵元杰像（来源：赵氏宗亲微信公众号）

（九）周元奎

周元奎（生卒年待考），字星聚，本邑简易师范毕业，民国 17 年（1928 年）任兴义高等小学堂堂长。辛亥革命第二年，唐继尧为贵州都督，创办高等警察学校，选各县优秀生进省学习，李芳芝、周元奎受选送。两人毕业后，因兴义尚无警察机关，遂留省安排。后周元奎曾任贵阳警察厅任督察长。

附：

刘显世神经失常

周元奎

蔡岳、号衡武，贵阳人。原在贵阳“经世学堂”学习，师从绥阳雷廷珍（玉峰）。经世学堂停办，雷应兴义县笔山书院聘任山长。蔡岳从师来兴

① 林建曾、肖先治：《贵州著名历史人物传》，贵州人民出版社 2001 年版，第 396 页。

义游，因得礼拜刘官礼，与官礼子刘显世、显治，侄显潜等结为知交。

辛亥革命，贵州起义，组织贵州军政府，蔡岳任财政部长。事前，清政府命刘显世率领经过训练的徒手兵五百人晋省装备，捍卫省城。甫及安平境（今平坝）而贵州起义独立，显世进退维谷。王文华（电轮、显世甥）晋省与军政府当局关说，又以知交蔡岳之解析与担保，显世得以入省参加军政府组织。由是而逐步膺取贵州军、政大权。可见刘、蔡之交，并非泛泛。

袁世凯称帝，云南首义护国。那时，刘显世任贵州护军使，纳宪政党、耆老会诸人议，首先投靠袁世凯，接受男爵封号。旋为内外形势所迫，不能不勉强起义。在酝酿起义时，刘显世召集省议会议长张彭年、政务厅长何麟书、财政厅长张协陆、护军使署秘书长熊范舆、耆老会长郭重光等开会集议。诸人都认为袁世凯根深势大，滇黔两省军力有限，实难抗衡北洋大军。目前形势，又非起义不可，将来肯定失败。败后，只有出亡海外，第一步先到香港，再作计较。经诸人商定，由财政厅提出银元来，作逃亡费用，着人先驮运兴义。一面电告北京，坚决服从中央（袁），准备出兵云南，牵制蔡锷，但因饷械两缺，尚难即日行动，请求接济补充。袁世凯复电奖勉，并由中国银行电汇大洋二十万元交刘显世接收，饬令迅速进兵。这时刘显世已暗地认为二十万元系袁世凯送其私人的活动费。刘显世收袁款后，又着人再运兴义，连前共银元三十万元，一并转运昆明。另电蔡岳由上海到昆明接收这批款项代为保管。蔡到昆明接款后，由法国东方汇理银行汇交蔡在上海所办的群明社收取。刘显世于接收袁款后之次日，即通电拥护共和，反对帝制（通电前，王文华已率黔军三团出湖南，在途）。

蔡岳原已具有相当资本，现突然增加银元三十万，更成较大商贾。在上海广租房屋，扩大营业，采办纱布、百货运到贵阳由其弟蔡广武经理的群明百货店销售，又在贵州收购水银、蚕丝、银耳、五蓓子等货运上海外销，营业日愈发展，场面日愈阔绰。但是蔡岳胃口日大，不安于微利寸积，时上海交易所买空卖空的投机风盛行，蔡岳见猎心喜，想成更大富翁，由染指而逐步陷入旋涡。不久，把大部分资金输光。

民九事变后，刘显世到上海向蔡岳索取向日存款，蔡匿不见面。嗣后派其子之祚向刘说："从前所交三十万银元，尽管是用你的名义交账，但这是贵州全省公款，并非你个人财产。目前分文也不能支付，俟将来贵州政局澄清，再如数交还地方公用。"义正词严，铿锵有声，刘竟无言以对。刘显世退而自思：主黔近十年，经济上不曾作过后退打算。除贵阳白沙井有一幢砖木结构的中式房屋（与“刘统之祠”相连）和兴义老家原有谷租二百石（显世、显洽共有田租四百石左右）外，别无其他产业和存款。现在“定黔”“靖黔”都已大失所望。费用浩繁，蓄积已罄，指望这笔存款养老送终，今在失势之余，生平好友，竟翻脸赖账，前途茫茫，后果难测。一时神经过度紧张，顿失常态，以后逐渐加重，一九二七年冬，病死于昆明。次年春，其子燧昌（刚吾）移梌兴义，葬于鸡场附近之回龙寺。

蔡岳经管之三十万银元，除以千余元作黔籍留学生的旅费补助外，别无其他支付，以后虽有人提出，但无结果。不久，蔡氏父子相继死亡，黔局混乱，这笔账就不了了之。

（兴义市委员会文史资料委员会编：《兴义市文史资料》第 2 辑，1990 年，第 40 页）

卷五　教　务

一般而言，书院会设置主持教学的教习职位，主要包括主讲（主持讲学的人）、教习（书院教职之一，掌管教学）、主盟（书院中的主盟，指的是讲会或会讲活动中的主持人）、教主（主持书院会讲的人）等。

一、师　资

人才是立学之本。从光绪十六年（1890 年）至二十八年（1902 年）期间，刘官礼花重金（年俸三四百两）聘请了省内外一批名师。省内外教育界名流一时云集兴义。其中进士出身的有桂馥、吴成熙、喻鸿钧、姚华、熊范舆等；举人出身的有程光祖、周辅宸、庄南华、孙家璠、汤中、朱元谟、赵廷光、雷廷珍、曾沛霖、徐天叙、桂运恒等。窦全曾、唐宗等为兴义本地教育人士。

刘官礼延聘省内名家前来任教。书院设山长一名，俸银年三四百两，超过当时知府的年俸。设斋长二人，由廪生中轮流选任，年得“友学谷”四石。民国《兴义县志》载，仅 1890 年至 1902 年间，就有赵廷光、雷廷珍等十一位举人，姚华、熊范舆等四位进士先后受聘。刘官礼对这些名流礼遇有加，有些甚至结为姻亲之好。其中，来自兴义府城的庄南华山长之女，嫁与刘官礼长子刘显世为妻；贵阳进士熊范舆长女熊楚芳适配刘显治长子刘公亮，为刘官礼孙媳。[①]

据《兴义县志》载：“笔山书院建成后，地方多方筹资，开始从全国各地重金礼聘著名学者到院掌院、执教。据记载，从书院建成到 1902 年的十多年间，受聘到笔山书院任山长和教习的进士、举人达十多人，其中，有当时名冠江南的贵州籍经史学家和作家雷廷珍（字玉峰，绥阳人），湖北籍进士喻鸿钧，江西籍进士吴成熙，云南举人陈光祖、周辅宸，四川巴县举

① 庞思纯、郑文丰：《明清之际的贵州书院》，贵州人民出版社 2017 年版，第 149 页。

人曾沛霖等。雷廷珍掌院三年，顺应历史潮流，改变八股学风，提倡经学与现代教育的结合，引导学生广泛阅读书报与史籍，指导学生写笔记、作文，使学风为之一变。”[①]雷廷珍离开笔山书院后，刘官礼又厚薪聘请贵阳名流徐天叙、姚华、熊继光等到笔山书院执教和掌院。徐天叙掌院期间，分类指导学生阅读经史，组织学生和各界人士讲演，使书院学务达到顶峰。

表 5-1 笔山书院聘请名师一览

姓名	籍贯	身份
桂馥	江西临川人	进士
吴成熙	江西南昌人	进士
喻鸿钧	湖北黄州人	进士
姚华	贵州贵阳人	进士
熊范舆	贵州贵阳人	进士
程光祖	云南曲靖人	举人
周辅宸	云南师宗人	举人
庄南华	贵州兴义人	举人
孙家璠	贵州铜仁人	举人
汤中	贵州贵筑人	举人
朱元谟	贵州郎岱人	举人
赵延光	贵州贵阳人	举人
雷廷珍	贵州绥阳人	举人
曾沛霖	四川巴县人	举人
徐天叙	江西抚州人	举人
桂运恒	贵州贵阳人	举人

程光祖、周辅宸、庄南华、桂馥、吴成熙、喻鸿钧、姚华、熊范舆、孙家璠、汤中、朱元谟、赵廷光、雷廷珍、曾沛霖、徐天叙等已在卷五、卷六中考述，此卷不赘言。下面仅就史料中述及的窦全曾、唐宗、桂运恒等名

① 兴义市史志编纂委员会:《兴义市志（1978—2006）》，贵州人民出版社 2008 年版，第 1396 页。

师略作考述。

窦全曾（生卒年待考），字纯庵（莼庵），贵州兴义人，光绪末廪生，曾先后任兴义笔山书院斋长、劝学所所长；后任都匀县知事，任内修纂成《都匀县志稿》。《民国兴义县志》载："窦全曾，字纯庵，邑仁里人。聚族而居西乡，素称极盛。清咸同之乱，转徙避难。叔侄弟昆犹读书不辍。乱敉平，赴县小试，纯庵与侄焕然、宝三同年入泮，咸以为奇遇。纯庵旋食廪饩，愈刻苦于制艺。学行纯洁，邑笔山书院选充斋长，学子私淑者日众，及清廷罢科举，乃与劝学总董刘如周创办高等小学堂，暨师范传习所，一时学风丕变。宣统三年（1911 年），继任邑劝学所长。民国初年，奉省令委邑厘局委员，未几，调任瓮安县知事，逾年擢都匀县知事，历三年完成该县志乘。后致仕，卒于筑垣寓所，享年六十有八。"[①]当年，凡遇上在笔山书院求学的贫困学子，窦全曾总会想办法资助，或免除学费，或给予生活费补助。

唐宗（？—1920），字绍庵，兴义北乡大龙井人也。《民国兴义县志》载："清咸丰初，绍庵家频播迁，犹读书不辍。年二十一入泮，旋食廪饩，为学，主朱子穷理以致知，反躬以实践……乃约集友人捐赀，刻小学集解及训蒙诗歌等书。春秋祀孔庙，先沐浴而后与祭。适清政不纲，胥吏枉法，征收粮赋无厌。与至友锺祥慷慨赴省，条陈时弊，大吏多所采纳。秉性端严，而意态慈祥。待人接物，蔼然可亲。历任邑笔山书院斋长及劝学所长，襄办县团防局，一秉至公邑之人。生平痛绝烟酒、樗蒲诸嗜好。卒于民国九年，享年六十有八。"[②]

桂运恒（生卒年待考），字光廷，号悟余轩主人，贵州贵阳人。清光绪十一年（1885 年）举人、画家，现代画家桂伯铸之伯父，清光绪十一年（1885 年）举人。隐居不仕，著书自娱。能诗文，擅画山水，得元、明画家笔意，清朝末年有声于京沪间。有大幅山水横轴传世，笔力扛鼎，墨沈淋漓，开卷气势磅礴，咄咄逼人。在贵州清代山水画中，为不可多得之画。著有《悟余轩集》[③]。桂运恒"性孤洁，博学多能，尤擅书画，直造四王之室"。(《贵

① 〔民国〕蒋芷泽纂：《民国兴义县志》，民国 37 年稿本，第 744 页。
② 〔民国〕蒋芷泽纂：《民国兴义县志》，民国 37 年稿本，第 761 页。
③ 侯清泉：《贵州近现代人物资料续集》，中国近现代史史料学学会贵阳市会员联络处，2001 年，第 212 页。

州通志·人物志五》）可算晚清贵州承袭四王画风的山水画家。他的画曾在京、沪一带有些影响，一生以著述及书画自娱，没有走上仕途，曾先后在兴义笔山书院、清镇凤梧书院讲学，留有《悟余轩集》八卷。

据兴义市图书馆“兴义记事”[①]专栏提供资料显示，1904年笔山书院改为兴义高等小学堂后，刘官礼命其长子刘显世总管学堂事务。刘显世又聘请省内外名教师如陈树藩、端晓江、董北平、刘炽昌、李兴甫、阮文光、任显清、梁秘香、董荫北、解伯莹、谢正初（湖南）、尤远春（湖南）等担任各科教学。“清光绪三十一年（1905年），兴义高等小学堂先后聘进贵州知名举人张寿龄、徐天叙、聂树楷、姚华，本省著名教师陈树藩、端映江、董北平、刘炽昌、李兴甫、阮文光、任显清、梁秋香、董荫北、解伯莹、谢正初、尤远春和日本留学回国的本籍知识分子李映雪、赵显彬等到高等小学堂和部分城乡初等小学堂长校和执教。”[②]

陈树藩（1885—1949），字柏森，陕西安康人，民国皖系军阀。民国成立后，任独立混成第四旅旅长。《兴义刘、王、何三大家族》记载：“刘官礼将笔山书院改成高等小学堂后，向外地聘请了陈树藩、端晓江等名流来堂任教。”[③]陈树藩作为皖系军阀是否到过贵州兴义还有待考证。

端晓江（生卒年待考），贵州贵阳人，曾任兴义高等小学堂、贵阳师范学校教员。《黔馆文集》记载，1925年年初，贵阳师范学生王文祥（遵义人）、模范中学（后改一中）学生李德祖（遵义人）、刘祖纯（石阡人）、张汝弼（贵阳人）等经常在一起复习功课，课余将历史教员端晓江所教中国光辉历史课程，针对我国目前情况，结合讨论。当时我国贫弱，外受列强压迫，内则军阀割据，战乱不息，民不聊生。大家讨论之余愤慨万分，一致认为天下兴亡，匹夫有责，青年责任尤重，遂春游东山，四人歃血为盟，相约团结互助，共同救亡。[④]

董北平（生卒年待考），为姚华青年时贵阳友人。姚华有《答董大北平

① 资料来源：http：//www.xylib.gov.cn/Content/details/id/707.html.

② 兴义市史志编纂委员会：《兴义市志（1978—2006）》，贵州人民出版社2008年版，第1398页。

③ 贵州省政协文史资料委员会：《兴义刘、王、何三大家族》，中国文史出版社1990年版，第8页。

④ 贵州省文史研究馆：《黔馆文集》，贵州省文史研究馆编印2002年版，第649页。

见赠之作》[①]：“蓦地驰来一简诗，殷勤相赠复相期。过为洒洒大言赋，不作凄凄临别辞。腹笥惭为贤者读，舌澜难与世人辞。笔山此去多踌躇，碌碌何因答故知。”董北平殷切希望姚华在教学和治学上做出成绩，当年曾激励过姚华年轻的心。《贵阳历史研究》记载：清光绪二十九年（1903 年），贵阳算学馆黄干夫与张彭年、董北平、顾以仁、周渭文、杨伯钊、严仲贤、史瀛海、夏润民、杨明甫、陈秀升、卢以庄、胡履初等组成达德书社。[②]《贵阳文史（第 6 辑）》收有周否村《贵阳私立达德学校史略》，该文记载，1904 年，达德书社（最初是算学馆，后来逐步扩大成为书社）在黄干夫、凌秋鹗、张彭年、贾一民、董北平等的成员协议下诞生。

光绪三十一年（1905 年），张协陆留学日本，徐天叙继任兴义县高等小学堂堂长。刚从日本留学回来的徐天叙向新任贵州巡抚林绍年建议，办新政必须储备人才，培养人才要办学校，而办学校必须有教师。为解决师资问题，建议办一个师范传习所，每期由各府、州、县派一两名举贡生员前来学习，通过这批人把全省的教育支撑起来。林绍年接受了这一建议，同年向清廷上改进师范传习所折。

附：

光绪三十一年十月林绍年会同贵州学政朱福诜改设师范传习所片

林绍年

再现奉谕旨，停止科举。亟应钦遵办理，遍设蒙、小学堂，广开民智。出洋师范无多，既必不敷用，亦势难悬待。据在籍内阁中书唐尔镛、任可澄、举人徐天叙等呈请，查照直隶督臣袁世凯等原奏，就省城贡院改设师范传习所。臣当即会商学臣，意见相同。因即延聘教习，遴委监督各员，咨请学臣总理其事。于各属举、贡生员中，择其品行端方，文理通畅，考取送所肄习。教授管理诸法，一以奏定章程为准。定额一百廿名，先教一班。于十月初三日开办。卒业时，试验合格，给予凭照，派充省城及各属

① 姚华：《姚华诗选》，贵州人民出版社 2000 年版，第 2 页。按：《姚华诗选》选自其《弗堂类稿》《五言飞鸟集》及姚华手书诗稿。今藏于北京图书馆的《姚茫父先生诗札精册》为姚华手书有关诗稿和诗札。

② 何静梧：《贵阳历史研究》，贵州人民出版社 1996 年版，第 320 页。

蒙小学堂教习。仍当接教二班，期以广储师资，善厥基础。一俟出洋之速成、完全两等师范，次第回黔，则办理更可不难，人才益当辈出。庶可以仰副朝廷劝学作人之至意。

据布政司会详请奏前来，除咨学务大臣外，谨会同贵州学政臣朱福诜，附片陈明。伏乞圣鉴。谨奏。

（贵州省文史研究馆点校：《贵州通志·学校选举志》，贵州人民出版社2008年版，第184页）

1905年7月，林绍年又上选派学生出洋折。王伯群、保衡等获得留日资格，成为贵州第一批留日学生。辛亥革命前后，笔山书院（包括更名后的“兴义县立高等小学堂”）送去留学的人数达三十多人。[①]

附：

光绪三十一年十二月林绍年黔省秋冬两季咨送学生出洋片

林绍年

再本年春、夏前赴日本游学各生六十四名。又派知府吴嘉瑞等十四名，前往考察学务诸事。均经臣先后具奏在案。

窃维黔省学务，至难整理。不惟款项支绌，人才尤匮乏异常。各属奉饬选派，既苦学费无出，且称地偏俗陋，应选无人。盖风气未开，较难措手。迨劝勉交至，又令有款无人与有人无款者通融合办。而先后申送，又止认解一人一年学费。虽富庶之区间亦多送数人，然学生究以师范为多，学费亦以速成为限。其认习专门实业者，寥寥数人而已。其富商贵族自备学费遣送子弟，亦多意见游移，请到日本后再行认习科学。

臣但期游学之风渐开，则进化之机日启。一县得师范一人，诚不足资教育。一县有开通一人随时演说，有志者可以奋兴，有资者将谋继往。故不敢以费绌才难自阻，亦不敢以见小欲速责人。其卒未选送数属，悉皆苗疆烟瘴，人费俱乏，则亦惟有宽假时日，以俟徐图。

至省城高等学堂，经臣奏改为预备科。所有二、三期学生，资质尚多可造。臣复与司、道筹商，竭力挪拨考选，得年少质美者十二人，以四人习速成师范，

① 庞思纯、郑文丰：《明清之际的贵州书院》，贵州人民出版社2017年版，第149页。

以八人习完全师范。俾五年预备科卒业后，不患无师。且可匀赴学堂较盛地方，以开风气。其各属留学实业生，彼时亦将回归，共尽义务。完全科学，或即以此为之嚆矢。

近自停止科举后，士之愿往者又日增多；而已往之求增学费愿学数年者，更不一而足；皆无以应，臣所最为歉然，实限于地方财力无可如何者也。以后但有可挪之款，即酌量加派，以期教育普及，用副朝廷广学甄微之至意。

兹计秋、冬两季续派赴东习完全师范者，有黄宝森、吴绪华、杨灿、陈玉润、梁天桂、邓光济、龚荫槐、胡肇安八名；习专门科学者，有傅良弼、解江、杜源贵、薛尚铭、陈学钊五名；习速成师范者，有傅师闵、萧万举、文大炎、易尚濂、张陞涛、刘光烈、赵本晋、杨光明、胡祖同、邓复、罗崑琦、陈毓善、周正仪、赵金声、徐志源、唐化溥、童汇源、张鸿藻、刘湘、杨成铸、黄行恒、陈钟溶、牟琳、宋光沛、高煌、王懋德、黄先桢、萧士杰、方承恩、李懋森、黄德馨、黄承恩、王锡恩、熊继飞、徐炳仁、谢绍苍、张行健三十七名；又随宦子弟及绅商自费生刘崇朴、吴祖信、刘慎铨、刘庆銮、安其光、袁汝谦、李锦忠、李鉴忠、李炜忠、周启滨、黄锦江、阮德炳、陶文林、武荣熙、赵显彬、李映雪、卢德璃、周承荣、刘应镛、蔡之韶、陈琚、袁汝楫、胡登铨二十三名；共七十三名。通共全年由黔咨送者，一百五十一员名。

除咨学务处、学部、礼部查照外，谨会同云贵总督臣丁振铎、贵州学政臣朱福诜，附片陈明。伏乞圣鉴。谨奏。

（贵州省文史研究馆点校：《贵州通志·学校选举志》，贵州人民出版社2008年版，第185页）

二、教　学

时代不同，书院教学内容也随之而变。据民国《兴义县志稿》《兴义县志》载，书院的教学内容初为八股试帖及诗赋，光绪二十四年（1898年）戊戌维新期间，绥阳雷廷珍提倡经学、小学，住院生月呈笔记亦当课堂给奖。广置时务书报及经、史、子、集，以供涉猎，学风为之一变；以后曾澍之、姚华等任山长时皆循其良规并有改进；甲辰（1904年）徐天叙主讲时，指阅经史，分呈笔记，每月会邑中人士举行讲演，风气又一变。①

戊戌变法（1898 年）后，清廷逐渐废除科举制度。光绪二十八年（1902 年）八月，清廷颁布《壬寅学制》，倡导“中学为体，西学为用”。刘官礼顺应潮流于 1904 年将笔山书院更名为“兴义县立高等小学堂”，于后山新建教室、图书室、仪器室、仓库等。所有博物、生理标本、图表以及理化仪器，皆从日本进口，足堪中等学校之用。此外，还从省内外重金礼聘名流到书院任教。课程上则削减了四书五经课程，新开数理课程。②

清宣统二年（1910 年），高等小学堂学董刘显世又聘请了王文华、窦居仁、魏树楷、袁祖铭、王慎一等具有革新意识的知识分子进入高等小学堂和体育学校执教和管校。兴义刘显世削减四书五经课程，新开数理科学，以及体育、美术等，普遍采用白话文课本。③当时的高等小学堂一年级开设了国文、算学、修身、历史、体操等课程，较泥凼私塾所教的内容丰富多了，而且把跑、跳、打拳之类的玩耍也列为功课。④王健安《我所知道的王电轮先生》中记载：“清宣统二年（1910 年）我在兴义高等小学堂读书，教师中除原有的几位秀才、举人外；有由贵阳优级师范选科毕业回籍的王电轮（即王文华）、窦简之（名居敬）、魏树生（即魏正楷）诸先生。其中王电轮先生最为同学们所敬仰。”⑤

王文华、窦居仁、魏树生等革命知识分子执教兴义高等小学堂后，这所学校的面貌更是焕然一新。他们在高等小学堂内创办体操学会，组织学生练习军事体操，广泛传播孙中山的“三民主义”和民主革命思想。他们把在贵阳读书时带回的俄国革命作家的小说、同盟会的《国粹字报》和邹容所著《革命军》《陈天华蹈海记》等革命书籍交给学生阅读，并经常向学生讲述文天祥、岳飞的故事，讲述同盟会和孙中山领导革命的奋斗历程，以启发学生爱国、民主、革命热情。1911 年 9 月，武昌即将发动起义的消息传来，高等小学堂群情激昂，在王文华等组织下，高小师生准备利用从团防局借来进行军事训练的枪支发动起义，因机密泄漏而放弃。10 月初，

① 庞思纯、郑文丰：《明清之际的贵州书院》，贵州人民出版社 2017 年版，第 146 页。
② 庞思纯、郑文丰：《明清之际的贵州书院》，贵州人民出版社 2017 年版，第 149 页。
③ 卢惠龙：《笔山书院，一片神奇的沃壤》，《文史天地》2017 年第 7 期，第 67-71 页。
④ 熊宗仁：《何应钦全传》，团结出版社 2016 年版，第 14 页。
⑤ 中国人民政治协商会议贵州省兴义市委员会文史资料委员会：《兴义市文史资料第 1 辑》，1960 年，第 10 页。

王文华等率高等小学堂体操学会的学生和体育学校的师生 100 多人随刘显世进入贵阳，参加贵州民主革命。[①]

院长徐天叙认真指导学生。院长雷玉峰提倡经学、小学，订置时务报给学生阅读，规定学生每月两次呈送笔记批改，发还时当堂讲评发奖。以后曾澍之、姚茫父（华）等院长皆循其良规，并有改进。光绪三十年（1904年），院长徐天叙认真指导学生阅读经历，研习算数批改作业，每月还亲率学生参加邑中人士举办的演讲会，进步激励学生学习的积极性。全院好学成风，成绩日进。[②]

刘官礼对留学生要求极严。其子刘显治留学日本期间，其母肖氏病故。刘官礼担心儿子因母丧回国致废学业，于是改为百日后方写信告知曰："以学业为重，节哀苦读，以报亲恩，即为至孝。母暌既毕，幸勿回国。致废所学，尤为不孝。"以示告勉。刘官礼以公费派遣留学生之举，有巩固家族势力的考衡，因留学名单中的刘显治、王文华等人是刘官礼的子侄孙辈，以及有姻亲关系的子弟。清光绪三十二年（1906 年）年初，贵州通省公立中学面向全省招生。徐天叙带领兴义县立高等小学堂的王文华、魏正楷、窦居敬等十三人赴考，囊括全省前十三名。兴义县立高等小学堂一考成名，震惊贵州教育界。[③]

三、学 制

1905 年兴义高等小学堂创立，共招生三十多人，有的是笔山书院的学生，有的是全县私塾的学生。1909 年实际毕业二十二人，根据成绩分了等次，照了毕业照。解炯所撰《兴义高等小学堂第一次毕业记》[④]记录了毕业典礼盛况：

宣统元年冬十二月廿五日，兴邑高等小学毕业之第一纪念日也。先是，

---

① 兴义市史志编纂委员会：《兴义市志（1978—2006）》，贵州人民出版社 2008 年版，第 1398 页。

② 转引自张伯龄、郑正西：《方志记事技巧》，黄山书社 1988 年版，第 66 页。

③ 庞思纯、郑文丰：《明清之际的贵州书院》，贵州人民出版社 2017 年版，第 150 页。

④ 转引自王仕学：《梳理清末兴义教育那段历史》，《黔西南日报》2018 年 11 月 10 日，第 5 版。又见王仕学：《土地乡愁》，云南美术出版社 2018 年版，第 254 页。

科举时代邑人曾建置书院于治城孔庙之北右旁，岁延院长课业其中，然限于地，斋舍隘甚，能容学子实鲜，人多陋之。

光绪中，郡人士集议，乃择城北地而迁焉，即今小学校地也。高其堂，廓其宇，未逾年，遂观厥成，乃不惜重聘，求四方通儒硕学来为之师，有志之士就学弗辍。骎骎乎有出匣脱颖之势。如是者十有余年，卒不果。居顷之，朝廷诏天下改设学堂，吸收泰东西文明，教育广布维新之化。

吾黔僻在山国，风气锢蔽，惟省会萌芽小学数所，其他郡县寂无闻焉。兴邑三省交衢，影响特早。当光绪之三十年，学界士绅锐意开办，首先传习师资。

越明年，小学成，招收民间俊秀子弟三十人有奇，是为甲班生。后遂年增一班，其额亦见广于甲，或过半之，或倍加，日进无已。而甲班生得气之先，收效自速。计自创办之年，迄宣统之始年，学期凡八，年凡四，适当卒业年限，乃请邑令上之学使委任。视学莅堂典试，得最优程度者一人，优者三人，中十二人，下六人，各给奖有差。揭晓之明日，举行毕业式，彬彬雅度，一时称盛事焉。且是班学子不规于小就，未几，升中学，入法政，入陆军，入实业师范，争自濯磨，前途正未可量。

于戏吾读菁菁者莪之诗古序，以为君子能长育人材故，天下喜乐。夫山川磅礴，郁结之气必蓄久而后发，君子涵儒，培养之泽亦必积久而始光。兴邑造士作人，几经惨淡经营之苦，虽前老生宿学困于科目者久之，几以养士无效为憾，岂知新学大明，卒为吾黔四十余州县冠。伊谁之力哉！伊谁之力哉！姑记之，以为不知兴学者劝。

首届甲班毕业生照像时，解炯先生异常兴奋，题诗曰："岁在乙酉，惟月之冬。草香池畔，人在镜中。笑指虞廷，孰异孰同。彼其之子，郁郁葱葱。"解炯先生为高等小学堂内的鱼池写有一诗："盈盈一水，匪潭匪渊。矩为其方，规为其圆。有鱼济济，在池之北。大者游泳，小者争食。母曰泮沼，渺乎小哉。跃入大水，沧溟为开。饱以实萍，肥以莲蕊。破浪有时，敢告渔子。"这两首诗表达了先生对兴义学子的殷切期待。[①]

① 转引自王仕学：《梳理清末兴义教育那段历史》，《黔西南日报》2018 年 11 月 10 日，第 5 版。

附：

省立兴义中学三周年校庆题词[①]

王伯群

教育为文化之源，一乡一国之盛衰，恒视人才之兴替，又恒视教育之发达与否。惟我兴义，僻处黔西，地接滇桂，交通四达，堪称形胜，三省之商旅多聚散于此，三省之边防多筹策于此，不仅文化交流之要已也。逊清末叶兴义之留学东瀛者竟达十数人，居全省第二，足征前辈兴学之盛。民国改元后于党于政于军，凡我兴义籍者，莫不头角峥嵘，蔚为时望。溯厥源流皆属教育之功。

殊民国十年后，地方教育不振，社会风尚日下，闻至十五年始创办县立中学，其成绩又远不如他县，人才因之寥落，内外邦人怵于时代之激流前进，吾乡不容落后，乃要求改县中为省立完全中学，冀合省县之力充实内容，恢宏校规，以副时代之需求革新，以还三年于兹矣!赖历任负责者之努力，已有相当进展。然距内外理想之境地犹远，尚需省县教育当局及全校师生百尺竿头，更进一步，奠百年树人之基，应抗建需才之急，乡国前途实利赖之。

兹届三周年，谭校长永年不遗在远，来书嘱题，聊志所感藉留念。三十三年。

（蒋芷泽纂:《民国兴义县志》，民国 37 年稿本，第 805 页）

① 按：这是王伯群临终前抱病为省立兴义中学的题词，题词仅数百字，阐述了教育对一个地方政治、经济发展的极端重要性，深情地回顾了清末以来兴义教育发展的曲折历程。最后对省立兴义中学寄予殷切的期望，表达了伯群先生爱家乡、爱教育的情怀，是研究兴义教育史的一篇重要的资料（见兴义市文化体育旅游和广播电影电视局:《兴义文史资料解读》，贵州科技出版社 2014 年版，第 182 页）。

卷六 生 员

笔山书院良好的教育，吸引了县内和周边县的大批学子进入笔山书院就读。从清朝末年到民国初年的20世纪二三十年代，兴义教育曾一度辉煌，教育质量冠于贵州，造就了大批人才。[①]光绪三十一年（1905年），笔山书院改办高等小学堂，堂长徐天叙带领书院学生王文华、魏正楷、窦简之等13人赴省会贵阳报考贵州通省公立中学，囊括录取前13名，名震贵州学界。[②]清末民初，兴义多有留学生赴日、美、欧深造。这一时期，兴义的留学生之多，声誉之隆，甲于全省。[③]

表6-1 兴义高等小学堂首批考入贵州通省公立中学学生名单（缺5人）

姓 名	里 籍
王文华（1889—1921）	兴义景家屯人
窦居仁（1889—1952）	兴义乌沙革里人
窦居敬（1887—1948）	兴义乌沙革里人
窦致祥（1888—1949）	兴义乌沙革里人
魏正楷（生卒年待考）	兴义黄草坝人
高致祥（生卒年待考）	兴义人
何陶雄（1886—1962）	兴义马岭枫塘人
熊凤阶（生卒年待考）	兴义人

一、留学生

百年来，兴义笔山书院生员有考取过举人、秀才的，也有许多考取民

① 兴义市史志编纂委员会:《兴义市志（1978—2006）》，贵州人民出版社2008年版，第1398页。

② 贵州省兴义县史志编纂委员会：《兴义县志》，贵州人民出版社1988年版，第446页。

③ 兴义市史志编纂委员会：《兴义市志（1978-2006）》，贵州人民出版社2008年版，第1396页。

国时期的师范和高校的，还有一部分留学生。

辛亥革命前后，为寻求救国救民的真理，全国很多青年学生远渡重洋，到欧、美、日等国家留学，兴义也掀起了留学热潮。据《民国兴义县志》记载，从光绪三十一年（1905 年）到辛亥革命爆发的 1911 年，兴义通过官费考选保送、地方公费、自费等多种形式被选派到日本留学的学生多达近 20 人。民国成立后，又选送 30 多名学生赴日、美、欧深造。

图 6-1 日本留学生合影（前排右三为赵显彬，右四为王伯群）

1905 年至 1920 年间，笔山书院学生东渡日本留学多达 30 余人，有刘显治、赵显彬、保衡、王伯群、李培先、李培藩、李映雪、吴爵一、刘志道、刘儆民、刘治民、刘燧昌、刘懿昌、刘言昌、郭光泽、刘煊昌、赵显国、赵元奎、赵元杰、赵元佩、张贞瑞、吕紫卿、何应钦、李毓华、窦景祥、王聘贤、刘启民、黄承尧、黄承业、李绍阳等。他们分别进入日本的中央大学、帝国大学、早稻田大学、明治大学、讲武学校、士官学校等学校学习。

留学美国的较少，有何纵炎、何绍虞、刘达人、刘汉东、何绍周、赵发林、何丽珠、何绍穆、刘达琴、刘达邃、王聘贤等 11 人。

留学意大利的仅有蒋镇澜 1 人。

这些留学生归国后与笔山书院的其他学生一起，积极参与社会和国家建设，在各界都产生了较大的影响[①]。

二、政军界

走出笔山书院到日本留学期间参加同盟会的有保衡、赵显彬、李培先、王伯群等人。保衡在日本受同盟会委派回奉天进行革命活动时，被清廷抓捕后慷慨就义。笔山书院的学生中，后来任过省长的有刘显世、刘显潜，代理过省长一职者有李映雪、刘刚吾。刘显世虽然比较保守，在辛亥革命、护国护法运动的大是大非问题上态度暧昧，但在其左右的推动下，仍然顺应了历史潮流的发展，支持了运动。刘刚吾在日本完成学业后，被政府委派为中国留日学生监督，回国后曾任河南省政府秘书长、代省长和国家内政部民政司长等职。除此之外，刘显治由日本留学回归以后，曾任国会议员，常驻北京。[②]

早年在笔山书院攻读，后来投入军界又具有较大影响力者有李儒清、王文华、何应钦、王文彦、窦居仁等人。李儒清在武昌首义中总司令部被迫移驻十里铺时，被任命为临时督战指挥官，但因革命军寡不敌众，粮食被焚，李只身冲入敌阵而中弹阵亡。王文华是辛亥革命的积极拥护者，曾任黔军总司令，在护国、护法运动中率部迭挫北军，累建战功，颇受孙中山器重，被委任为国民革命军事委员会常务委员，1921 年在上海被刺后，于 1940 年被国民政府追认为陆军上将。王文彦衔至兵四副司令，早年在抗日战争中较为积极，后被人民解放军击败而逃往海外。何应钦于 1900 年进入笔山书院，由于本分而被推举入贵阳陆军小学，尔后入武汉陆军中学、日本士官学校，回国后曾先后任旅长、军长、军政部长、陆军总司令、国防部长、中国驻联大代表和行政院长等职。[③]

---

① 卢惠龙:《笔山书院，一片神奇的沃壤》,《文史天地》2017 年第 7 期，第 67-71 页。

② 辛梓:《兴义笔山书院》，见《黔西南州文史资料选辑第 6 辑》，黔西南州委员会文史资料研究委员会，1987 年。

③ 辛梓:《兴义笔山书院》，见《黔西南州文史资料选辑第 6 辑》，黔西南州委员会文史资料研究委员会，1987 年。

三、教育界

早年在笔山书院学习，后来进入其他学校深造后从事教育者颇多。仅在兴义就有吴炯心、赵伯俊、唐守一、赵显彬、窦居仁、窦觉苍、蒋国屏、蒋效蔚等名师，他们不仅在兴义极有名望，而且在贵州省内也颇有名气。在外地办学出名者，首推王伯群。他由日本回国后，不但积极拥护孙中山的主张，参与护国、护法运动，担任国民政府交通部第一任部长，而且于1924年捐资和集资创办了大夏大学（今华东师范大学）。他主持大夏大学工作18年，直至1941年病故为止，所培养的弟子遍布国内外。[①]

图 6-2　王伯群像

王伯群（1885—1944），名文选，又名荫泰，字伯群，贵州兴义人，刘显世外甥；清光绪三十二年（1906年）从兴义笔山书院毕业，后留学日本；回国后参与发动护国运动，任广州军政府交通部部长、军政府交通部部长等职；1924年，王伯群在上海创办大夏大学。从20世纪30年代开始，

① 辛梓：《兴义笔山书院》，见《黔西南州文史资料选辑第6辑》，黔西南州委员会文史资料研究委员会，1987年。

王伯群逐渐淡出政坛，转向“教育救国”。《民国兴义县志》载：“王伯群，名文选，以字行，邑景家屯人。聪颖缜密，以孝悌闻。童子时，受教于蒋晋侯、刘以诚两先生，及长从姚华（字茫父，庚子子丑并科举人）、熊范舆（字铁岩，癸卯科举人）。清光绪乙巳，负笈东瀛，入大塚弘文学院及中央大学，习政治经济。宣统二年（1910 年）毕业，再入日本中央大学研究院。时清政不纲，青年有为之士多游学彼邦，倡导革命，储为他日光复之用。辛亥武昌起义即返国，参与革命工作，组织中华民国联合会，创办《大共和日报》。民国三年，以黔代表赴北平参加政治会议。……民国十六年，国民政府定都南京，任中央政治会议委员及交通部部长、交通大学校长。……民国二十一年卸交通部部长职，任国民政府委员兼大夏大学校长。时大夏创办之初，规模未具，如奠校基建校舍，充实各项设备，延揽师资，无不躬自处理，蔚为沪上私立学校之冠。”①

赵伯俊（？—1951），笔山书院毕业后留学日本。回国后，于 1926 年创办兴义县初级中学（兴义一中前身），并出任校长。据赵伯俊后人赵显璧老人介绍，赵伯俊对兴义的教育发展也如父亲赵学坤，一生鞠躬尽瘁。他不仅创办了兴义第一所中学，还对治校很有研究，尤其重视校风和教学质量，除抓学生德育、智育外，还提倡体育活动；对贫苦优秀学生实行减、免费入学制度。在调任县教育局局长兼中学校长后，赵伯俊于任内争取了教育经费独立，在全县大力发展教育，建立各类区乡学校。为解决建校各种困难，赵伯俊不舍昼夜，长期劳累，以至于积劳成疾，于 1951 年 5 月病逝。

赵显彬（1876—1911），兴义人，光绪二十八年（1902 年）乡试中副榜，在双凤山设馆教书；光绪三十二年（1906 年）东渡日本习师范兼考察实业、政治，毕业回县在师范学堂任教习，贵州名中医王聘贤、大夏大学教授窦景祥皆出其门下。1909 年，赵显彬赴北京朝考，分发四川任职，因受民主思潮和教育救国思想激励而未赴任，仍回县从事教育。1910 年，赵显彬撰写《为兴义学界致县议会书》，公开揭露龙秉钧贪赃枉法，县议会迫于民忿，报经贵州省巡按署撤去龙秉钧的知县职务。赵显彬终身不仕，专心致

①〔民国〕蒋芷泽纂：《民国兴义县志》，民国 37 年稿本，第 746-749 页。

志于教育事业。1911 年病逝。[①]《民国兴义县志》载："赵显彬，字协中。清光绪甲午文庠，学政严修所取高材生也。至壬寅癸卯并科中副车，世居双凤山。……丙午停科举，遂留学日本习师范兼考察实业政治。回籍任师范学堂教员，后入都朝考，分发成都。适各省光复，仍回里服务学校。时邑令枉法虐民，乡人公推以书质问。书稿见艺文志。义正辞严，凛若冰霜，致令罢去。乡人至今称之。年三十六而殁，无子，以仲氏子发仲嗣。发仲后留学南京不返。"[②]

窦居仁（1889—1952），号以庄，贵州兴义人；幼从叔祖纯庵及父宝山在家塾习读四书五经，后入邑中笔山书院学习，系姚华、徐叔彝、熊铁岩等门下弟子。清光绪三十二年（1906 年），窦居仁到云南讲武堂学习，毕业后回兴义与王文华创办体育委员会。民国 16 年（1927 年），窦居仁被贵州省省长周西成聘为省政府高级顾问；民国 18 年（1929 年），任贵州省政府委员兼省建设厅厅长。窦居仁对家乡教育事业非常关心，在贵阳为兴义中学聘请校长如车筱舟、赵万帮、刘质赅、蔡济民、邵竹波、花文卿、王润苍等。窦居仁常以地方的光荣教育史鼓励省内学生。他说：清末数十年间，兴义"笔山书院"办得很有起色。"刘统老"（指刘统之）常以重金聘请省内外有名气的学者去长院和办理高等小学堂。远的不说，晚近如绥阳雷廷珍、贵阳姚华、徐天叙、熊范舆、张协陆等，都是有名的学者，是贵阳"经世学堂"（对贵州很有影响的"改良主义"学堂）的人。那时学风淳朴，学习空气浓厚，成绩提高"为全省之冠"[③]。

窦觉苍（1890—1946），原名景祥，贵州兴义人。窦觉苍清末入贵州法政学堂；1913 年，留学日本，入早稻田大学政治经济系，1920 年毕业，游日本北海道及朝鲜等地，考察地方自治；返黔后，主持地方自治筹备处，创办《自治周刊》，开办地方自治讲习所；后筹备处改名市政公所，增设图书馆阅览室、通俗讲习所等；1926 年，任贵州高等审判厅厅长、首任贵州高等法院院长；1928 年，任交通部总务司长，兼职工事务委员会委员长；1932 年，回贵州任省府委员兼定番自治实验县县长；1935 年，改任第一区行政督察专员、第二区行政督察专员；1937 年抗日战争爆发后改任迁入贵

① 林建曾、肖先治：《贵州著名历史人物传》，贵州人民出版社 2001 年版，第 398 页。
②〔民国〕蒋芷泽纂：《民国兴义县志》，民国 37 年稿本，第 720 页。
③ 高雪：《历史烟云中的窦氏名人》，http://www.xyw.gz.cn/a/20130726/15608.html.

阳的大夏大学总务长。抗战胜利后，大夏大学迁回上海，窦觉苍因积劳成疾留黔，1946 年在贵阳逝世。[①]

图 6-3　窦觉苍像（来源：赵氏宗亲微信公众号）

唐守一（1887—1951），名开敬，兴义马岭乡龙井村人；16 岁府考中秀才；民国 3 年（1914 年）入云南省法政学堂。唐守一曾任兴义劝学所长、高等小学校长、简易师范校长、教育会会长。民国 20 年（1931 年）任兴义县立中学校长、《贵州通志》采访员、县立中学教导主任；民国 28 年（1939 年）任戈壁中心学校校长，以"吃苦耐劳"为校训教育学生；民国 36 年（1947 年）秋，在县城主持教育会期间，兼任城区私立复兴小学教务主任，后又任马岭中心学校校长；1951 年春病逝于龙井[②]。

蒋国屏，字介人，兴义木贾人。《民国兴义县志》载，蒋国屏，木贾人，"天资聪敏，受学于从叔金奎馆中，以其年少列幼童班，久之与年长高材班并读。命之文，粗能成篇，旋至城。笔山书院肄业，光绪癸巳入文庠。未几食廪饩。所作诗文亦犀利。清季改书院为学校，聘任高小校国文教员，十余年不倦，又喜研岐黄。寄托于教育医术二者，人称为儒医云"[③]。

① 侯清泉:《贵州近现代人物资料续集》，中国近现代史史料学学会贵阳市会员联络处，2001 年，第 288 页。

② 林建曾、肖先治：《贵州著名历史人物传》，贵州人民出版社 2001 年版，第 431 页。

③〔民国〕蒋芷泽纂：《民国兴义县志》，民国 37 年稿本，第 720 页。

蒋效蔚，字豹文，兴义县城人。气宇轩昂，美须髯，庄严中现慈祥意清。“道光丁酉入泮。值咸同之变避兵平彝，旋设馆捧鲊聚徒讲学。边鄙枭黠多被德化。晚年返里栽花莳竹，诗酒自娱。高风亮节，楷模儒林。时人比之关西夫子。光绪丁酉重游泮水，有《纪事诗》十首。年八十九卒。著有《南谷斋诗文集》《易经变卦歌解》《易经摘句解》等书。绥阳雷玉峰掌教笔山书院，得睹摘句解尤，心折促付梓未果。”[①]

四、工商界

笔山书院毕业的工商界学生中，影响最大者当推刘若遗、蔡衡武。

刘若遗（1880—1939），名志道，贵州省兴义县老城水井坡人，家业农兼小贩。父母早逝，与兄竹青同为姑母赵氏携至偏头山（今双凤山）村抚养。壬寅学制颁布，兴义笔山书院改为兴义高等小学堂，附设师范传习所。刘若遗入所学习。所内教员如姚华、徐天叙、熊范舆、张协陆均系省内“新学”名士。刘若遗益勤奋，以优异成绩毕业，任城关初等小学堂教员。贵阳创办陆军小学，刘若遗考入，后肄业。1907 年，兴义团防局劝学所以完全公费再次派遣留日学生，刘若遗得选，舍贵阳陆军小学而东渡学习，先入日本弘文学院，补习日语和各科基础知识，后考入明治大学经济学系。刘若遗出身苦寒，异常勤奋[②]，以优异成绩毕业，进入日本银行工作，后擢升股长职务；从日本毕业回国后从商，在云南开办汽车运输公司，创云南汽车运输公司先河；又在云南先后开办“同森木行”“裕华砖瓦厂”“呈贡果园”“殖边银行”“富滇银行”“盐隆公司”等商号。特别是“富滇银行”，在西南三省影响甚大，刘若遗成为一时能够左右云南经济的金融家和实业家[③]。

蔡衡武，名岳，贵州贵阳人，教育家兼实业家。清光绪二十二年（1896年），贵州学政严修创办经世学堂，以贵州学者雷玉峰任山长，蔡衡武入经世学堂，严修离任，该校撤销，雷玉峰主讲兴义笔山书院，蔡从师往兴

① 〔民国〕蒋芷泽纂：《民国兴义县志》，民国 37 年稿本，第 575 页。

② 政协贵州省委员会文史资料委员会：《文史资料存稿选编第 3 卷》，贵州人民出版社 2006 年版，第 17 页。

③ 中国人民政治协商会议贵州省兴义市委员会文史资料委员会：《兴义市文史资料（第 4 辑）》，1985 年。

义学。后来，贵阳办新学之风盛行，蔡衡武与徐天叙、张协陆、张彭年创办时敏学堂。蔡衡武曾到日本留学，学习桑蚕，回国后在贵阳烂泥沟办蚕桑学校；辛亥革命后，增加印刷部，1914 年又成立群明百货交易处[①]。

由笔山书院出去的学生中，从事医药业者虽不多，但仍有王聘贤医生名扬各界。

王聘贤，曾在日本早稻田大学修中医，回国后，长期在贵州行医，由于技术精湛，医德高尚，深受各界好评；中华人民共和国成立后，曾任省卫生厅副厅长兼中医研究所所长等职。[②]

附：

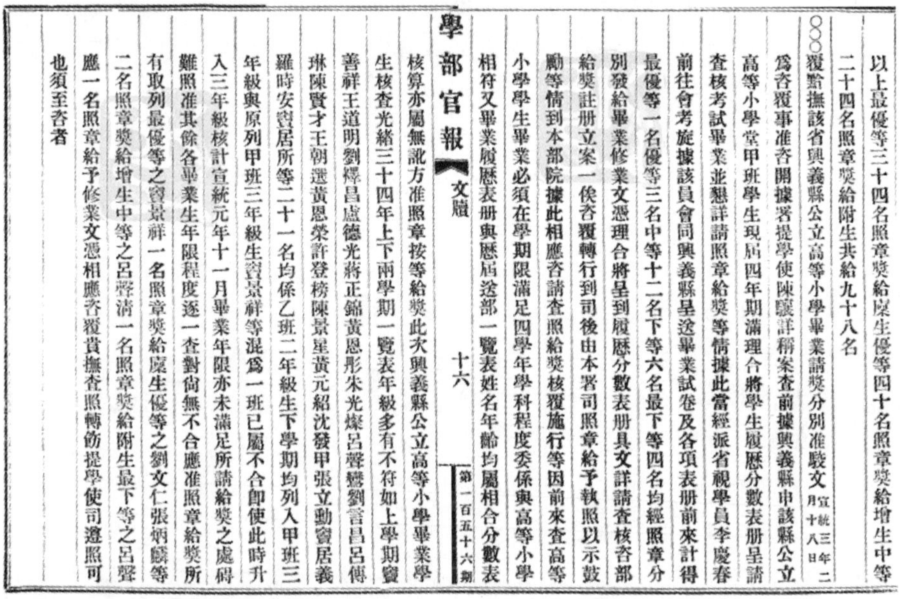

以上最優等三十四名照章獎給廪生優等四十名照章獎給增生中等
二十四名照章獎給附生共給九十八名
○○○覆黔撫該省興義縣公立高等小學畢業請獎分別准駁文（宣統三年二月十八日）
爲咨覆事准咨開據署提學使陳𥶇詳稱案查前據興義縣申該縣公立
高等小學堂甲班學生現屆四年期滿理合將學生履歷分數表册呈請
查核考試畢業並懇詳請照章給獎等情據此當經派省視學員李慶春
前往會考旋據該員會同興義縣呈送畢業試卷及各項表册前來計得
最優等一名優等三名中等十二名下等六名最下等四名均經照章分
別發給畢業修業文憑理合將呈到履歷分數表册具文詳請查核咨部
給獎註册立案一俟咨覆轉行到司後由本署司照章給予執照以示鼓
勵等情到本部院據此相應咨請查照給獎核覆施行等因前來查高等
小學學生畢業必須在學期限滿足四學年學科程度委係與高等小學
相符又畢業履歷表册與歷屆送部一覽表姓名年齡均屬相合分數表
學部官報　文牘　十六　第一百五十六期
核算亦屬無訛方准照章按等給獎此次興義縣公立高等小學畢業學
生核查光緒三十四年上下兩學期一覽表年級多有不符如上學期竇
善祥王道明劉燡昌盧德光蔣正錦黃恩彤朱光燦呂聲鑾劉言昌呂傳
琳陳賢才王朝選黃恩榮許登榜陳景星黃元紹沈發甲張立勳竇居義
羅時安竇居所等二十一名均係乙班二年級生下學期均列入甲班三
年級與原列甲班三年級生竇景祥等混爲一班已屬不合即使此時升
入三年級核計宣統元年十一月畢業年限亦未滿足所請給獎之處碍
難照准其餘各畢業生年限程度逐一查對尚無不合應准照章給獎所
有取列最優等之竇景祥一名照章獎給廪生優等之劉文仁張炳麟等
二名照章獎給增生中等之呂聲清一名照章獎給附生最下等之呂聲
應一名照章給予修業文憑相應咨覆貴撫查照轉飭提學使司遵照可
也須至咨者

图 6-4 《覆黔抚该省兴义县公立高等小学毕业请奖分别准驳文》
（《学部官报》1911 年第 156 期）

---

① 侯清泉:《贵州近现代人物资料续集》，中国近现代史史料学学会贵阳市会员联络处，2001 年，第 290 页。

② 辛梓:《兴义笔山书院》，见《黔西南州文史资料选辑第 6 辑》，黔西南州委员会文史资料研究委员会，1987 年。

实业家刘若遗

岑明英

刘若遗（1880—1939 年），名志道，贵州省兴义县老城水井坡人，家业农兼小贩。父母早逝，与兄竹青同为姑母赵氏携至偏头山（今双凤山）村抚养。

若遗幼年勤奋好学，与竹青偕赵氏叔侄就学，“表兄赵协中授以四书、左传、算学……”等课。旋又携若遗到滥田堡赵氏家塾、龙井唐氏私塾和城里读书。若遗“精进愈同学”。数年后值府考，若遗得入泮，称秀才。

壬寅学制颁布，兴义笔山书院改为兴义高等小学堂，附设师范传习所。若遗人所学习。所内教员如姚华、徐天叙、熊范舆、张协陆均系省内“新学”名士。若遗益勤奋，以优异成绩毕业，任城关初等小学堂教员。贵阳创办陆军小学，若遗赴省考入，肄业。

1907 年，兴义团防局——劝学所以完全公费再次派遣留日学生，若遗得选，舍陆小而东渡学习。先入日本弘文学院，补习日语和各科基础知识；后考入明治大学经济学系，若遗出身苦寒，异常勤奋，成绩优越。

兴义留日学生的费用，县级补助已足够支付。那时省有补助，国有补助，勤俭学生如刘若遗者，除学膳费外，已有结余。后来滇、黔留日学生补助费的保管和分发，也委托若遗办理，又酌给酬劳若干两。

若遗以优异成绩毕业于明治大学，进入日本银行工作，后擢升股长职务。论现实，可算是富足有佳了。惟若遗认为依人作嫁，无所发挥；国内实业，亟待开发。于民国初，毅然回国。

在昆明停留时期，滇籍朋友劝其暂时合伙经营工商业。若遗出其历年积蓄为资本，初试即告成功。自此更增集资本，连做几次贸易，都有盈余。资金日益雄厚，信用日益卓著，社会地位随之增高。这时，若遗也明知兴义市场狭小，不够施展长才；况自幼孤苦，原籍并无资产和家属可以依托，就安心在滇发展。

若遗看到滇越铁路初通（1910 年全线通车），工商业必日渐发展，住房、商店、工厂必日见增多，建筑事业必见发达，预计地皮、建材和其他事业必有较大发展。

若遗注意到滇越铁路车站（今南站）附近德胜桥一带，便以低价购入大量土地，进行交易，若遗除对经济有专业知识外，对营造房屋也有一定的知识和经验。为了发展地产经营，他利用火车站的低价地皮，绘制图案，用自己的木材、砖瓦，先后雇工修建了多幢西式房屋。这些房屋外形美观，屋内屋外，布置恰当，设备齐全。这时若遗发柬请客。故叹资金周转不灵，拟出售房屋还债等等，这样既出售了屋，又出售了地皮。

仅巡津街、火车站北向一带，有多处房屋和地皮出售，有的出租，抗战时期，成为“中国”、“中央”两航空公司昆明站和铁路饭店的房屋。

木材是建筑的主要材料。刘若遗购入盘龙江附近城内的地皮一片，开办同森木行。由嵩明、寻甸、安宁各县搜购大量木材，进行加工和垄断。采取“人贵我廉，人廉我收，人收我与”的资本主义经营方法；更对邻县林木山场，事先订立合同预购。还成立了伐木队，做到自砍、自运、自销。使别的木行难于插手。后来同森木行这条街，人们就称为木行街（和平路）。

清末民初，昆明是法国的势力范围，所有新式建筑的房屋，都采用“法式洋房”，多用红砖红瓦建造。若遗适应当时需要，成立丽华砖瓦厂，地址设在距昆明八公里的跑马山，架设铁轨直运昆明站。砖瓦系用机器制作，规格一致，质量、产量都高，也制造中式砖瓦，垄断了整个昆明市的砖瓦业，获利丰厚。

1923 年，国内虽然已有汽车行驶，但昆明还没有这项营运。若遗为了运输砖瓦、木材的方便，自到越南购获柴油汽车一辆，由滇越路运抵昆明。试车之日，真个万人空巷，观者塞途，人人称羡，轰动了整个昆明市和云南全省。这是云南用汽车作运输工具的第一部，促进了丽华砖瓦厂和同森木行的发展。

若遗为了用户的方便，减少运输成本，在“糯珠”地方，成立“糯珠木厂”，应用机器把木料锯成各种规格，加工刨光，运到各地出售，这在当时历史条件下，是不易办到的。

若遗与云南上层人士，如黄子衡、张西林、庾晋侯等组织“志合”、“茂合”两商行，进行国内外贸易。经营皮革、锡、五蓓子、红土、水银等出口物资；把（棉）纱、布匹、百货、水火油（煤油）、西药等货进口销售国内。由于若遗擅长日本语言，拉拢日本领事和日商为股东；其友黄子衡系留法学生，长于法国语言，拉拢法国领事和法商为股东。出口物资，多销日、法和英国；进口物资也多是上述 3 国工业产品。除云南省较大市场外，还在河内、西贡、海防、香港等地设分号，总号设昆明。

为了垄断食盐的运销，若遗组织云南边岸盐隆公司，后决定把公司更名为“隆兴公司”，扩大公司组织和经营范围。以昆明为据点，在蒙自、下关、保山、腾冲、昭通、曲靖、宜良、平彝、安顺、盘县、兴义、重庆、洪江、汉口、上海、广州、香港、百色、河内、西贡等地设置分公司。初步垄断西南几省贸易，逐渐向长江以南各省和南洋（今东南亚）一带发展。

这时，若遗虽已摒去日、法殖民势力，拒绝外商股本，但又拉拢滇、黔军阀唐继尧、刘显世作政治靠山。唐、刘都各得名誉股若干。更招集与唐、刘有关的军政人员和社会上层人士为股东（兴义也有股东）。每股银元五元，共筹股金几十万元。若遗自任隆兴公司总办。以法国东方汇理银行副总经理黄子衡为副总办。江竹一为昆明经理。搜罗大批留日留法学生和知识分子为分行经理和办事员。在兴义：如留日学生赵竞生、赵伯俊，知识分子唐守一等分别为汉口、兴义、重庆经理；张宜安、夏辉洲、徐荣奶、赵发轫、蒋徵祺等为文牍、出纳、办事员、练习生等职务。

隆兴公司经营项目，除仍垄断云贵边岸食盐的运销和上述的皮革、锡、五蓓子、红土、水银、朱砂的出口外，还垄断大烟、猪鬃、铜锭、中药材的外销。进口货物，仍为洋纱、布匹、水火油（煤油）、百货、西药等，兼办汇兑业务。

为了开发滇黔实业，若遗特招某股东，开办“殖边银行”，协调开发资金。若遗自任该行行长。

第一次世界大战爆发，锑价猛涨。若遗特合资开发贵州安南（今晴隆）锑矿，运出外销。第一批获利很厚；第二批获利更多；第三批装运特多，但船运到红海，大战已停。锑价暴跌到不够运费开支，甚至无人收购。因将全部锑料倾诸海中，该矿就停止开采。

为了供应滇越铁路和昆明各工厂和家庭用煤，若遗开办希查村煤矿公司，自任经理。开办“阿的河水银矿”，创办“云南耀龙电力公司”。

昆明的电力开发和应用，约在 1918 年。若遗为了昆明市的照明和工业用电，经商得滇督唐继尧的支持，组织云南耀龙电力公司。采取官商合办

（公私合营）形式，用火力蒸汽发电。电量足够全市所用，是为云南利用电力的创始。解放后，仍为云南电力网的主要电源之一。

唐继尧垮台不久，刘若遗被龙云关押，若遗出狱后，不能再在昆明居住。1936 年春回籍（其爱人先期回籍；妾二，早在若遗被押后各回四川和苏州）。这是他从留学日本后第一次回兴义。他观察到兴义的商业行、号有两个问题：

（1）规章零乱，或无规章，知识贫乏，有章不依，行帮不团结，不能和其他大帮竞争；对盈余、亏损、功过、赏罚不能作适当的处理，不能发挥积极性。因此，若遗为各行号草拟示范规章，办事细则等。既详尽，又切实可行。对信息、函电、票据、账册、交际，也作了一些规划。

（2）各行号所用账簿，都是直式旧账，属流水日记形式，庞杂紊乱，又无记账凭证和表报，不易查核。懂得现代簿记和会计的人很少。为此，若遗创办簿记、会计训练班 3 期，培养约 100 人。若遗自任教师，教以横式簿记以及账册、单据的处理和设计。

兴义商业经营从此才走上了较正规的路子，经理人员有法可依，股东有合法权益，从业人员能发挥积极作用，商业日渐发展，这算是若遗对地方的酬答，至今工商界人士还对他念念不忘。

1935 年秋，滇军鲁道源旅（抗日时期的五十八军）进驻兴义县城。次年春，鲁旅原军需处长易海门与刘若遗串通，成立黔西盐务公司。由易出具大部分资本（实际是鲁道源等人的资本）。易任总经理，若遗任副总经理。垄断今黔西南州各食盐的专销，居然派出武装缉拿私盐，显然与当时国民党的盐政有抵触（蒋介石势力还未达到兴义）。原定每半斤盐价 3 角，已较原来私商的议价 0.26～0.28 元高出 2 到 4 分。3 个月后，该公司又自行提价每斤半提为 0.35 元，较其原定价高出 5 分。

那时，兴义户口约为 4 万户。以每户每月吃盐 3 斤计，每户每月要多付盐价 0.15 元。加上原提价 2~4 分，兴义全县要增加负担银币 11 万多元，盘江 8 县合计那就多了。

1938 年，兴义商人罗维汉等邀请刘若遗组织“乾元丰”商号，经营大烟、食盐、桐油、棉纱、布匹等贸易。推刘若遗为总经理，不出股金，给干股若干，并规定总经理享有优厚待遇，负责业务上的策划和指导。所有经理、会计、出纳、记账、行帮经理等实权，概由几个主要股东分任掌握。

若遗以全部精力，应付业务，吃住都在商号，绝少回家，生意很有前途。那时币价波动不大。两年间获利若干倍。若遗认为继续经营，可以更上一层楼。可是几个重要股东，人称为“五毒”者，目光短浅，只图近利，纯粹市侩气习，毫无信诺、道德之可言。这些人既架空了总经理，又借故闹意见，不到商号碰头，要求分伙。对若遗计划，或提出否决，或阴行抵制。若遗处此情境，刺激很深，整天不言不语，合衣蒙头睡觉，1939 年血压上升，在回家途中，失足倾跌，以脑溢血致死，时年 59 岁。

（政协贵州省委员会文史资料委员会编：《文史资料存稿选编》第 3 卷，贵州人民出版社，2006 年）

卷七 遗 迹

笔山书院共有四个办学地址，前两所由于年代久远已无迹可寻。第三所笔山书院遗址和第四所笔山书院遗址在今天的兴义一中和兴义民族师范学院继续文脉传承。

笔山书院留存下来的书院建筑和文物不多，但根据史料记载，笔山书院院内形胜甚多，今依据史料略作勾稽，一窥当年笔山书院之盛况。

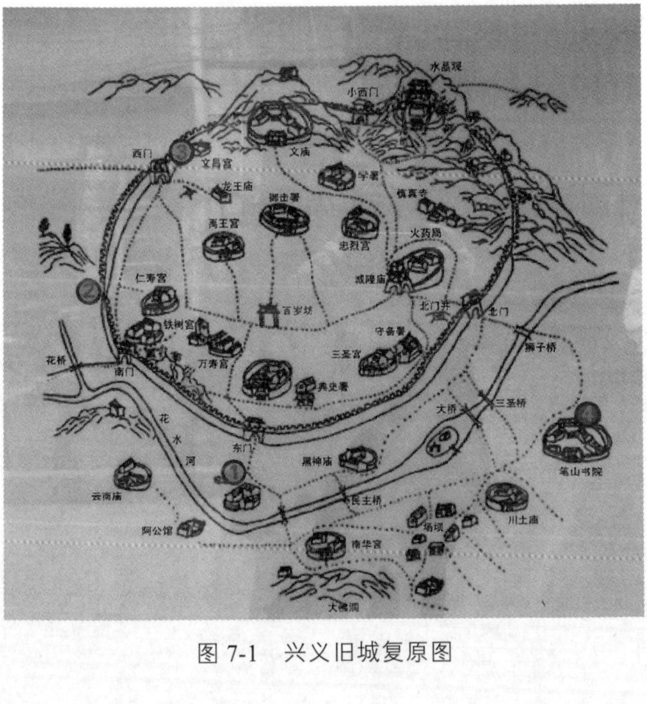

图 7-1 兴义旧城复原图

一、书院遗址

（一）第一所笔山书院遗址

笔山书院百余历经四次兴替。第一所笔山书院（建于乾隆四十九年即

1784年）地址在兴义黄草坝老城西南隅的水井坡山麓（即今兴义市民政局宿舍一带）。

据陈应秋先生考察，沿着老城街往兴义市原公安局背后那条路，一直爬坡而上，到山顶后，往南一看，山脚下花水河环绕，河对面是开阔的田野，直接通向坝美、洒金等小盆地。东南面与西南面，各有一条山岗连绵对峙，苍翠葱绿，风景优美。特别是左侧临近的一座山，三峰耸立，形似笔架，山脚龙潭（今已改建成自来水公司汲水站）似盘，方井像砚，故而命名为笔山书院，既取意地形特征，又适合读书人的理想。据《兴义府志》记载：清乾隆三十一年（1766年），后来中过举人的王赞武、王奭武兄弟，就是在这所书院读书的。[①]

（二）第二所笔山书院遗址

第二所笔山书院（建于嘉庆十八年即1813年）地址在兴义东门外的铁树宫（吉安会馆）旧址。吉安会馆旧址已被毁坏。

图7-2　1948年拍摄昭忠祠所在地（陈应秋供图）

① 陈应秋：《探寻笔山书院旧址》，《黔西南日报》2020年2月26日，第5版。

陈应秋经详细考证，兴义老城的东门（吉安会馆）的准确位置在今天兴义八一公园。2019 年 10 月陈应秋与刘坤跃前往实地考证，走访了健在的李世雄老人。李世雄在其著作《风云贵州》中这样写道："……老城有两条街，一条是皮匠街，皮匠街是老城街出东门的主要通道，长约两百米。另一条是从南门内弯曲过来连接东门的螺丝弯街……"皮匠街，即今天兴义市红星路小学斜对面，一条宽度不过几米的小巷，但它的另外一个出口，就是在 1748 年修建的老城东门。那么，第二座笔山书院的准确位置即在今天兴义市政府西侧，原来的市政府宿舍位置，即因棚户区改造被拆迁的房屋区域，人们所说的皮匠街出口，对面即新修的八一公园，原来的昭忠祠位置，后为兴义军分区招待所。1986 年《兴义县教育志》送审稿记载：吉安会馆，即军分区招待所。[①]

（三）第三所笔山书院遗址

图 7-3　1983 年拍摄的棂星门（陈应秋供图）

---

① 陈应秋：《探寻笔山书院旧址》，《黔西南日报》2020 年 2 月 26 日，第 5 版。

第三所笔山书院（建于嘉庆二十三年即 1818 年）地址在兴义老城大街文庙右侧文昌宫（即今兴义市一中所在地）。文庙位于兴义县衙之北，周围是县参议院、法院、驻军。

据陈应秋考察，第三座笔山书院在老城后山文昌宫，即今文昌园至兴义一中棂星门往上至后山一带。清光绪元年（1875 年）以后，战乱虽然结束，但读书人没有聆听老师讲学的处所，缺乏相互切磋的地点。当时的斋长李辉垣以恢复地方文化为己任，将他自己位于文庙右侧的地基慨然捐出，创修文昌宫。落成之后，学生就读于其中。月课八股和试帖诗二次，分内痒、外痒两组，由老师批改，分甲乙榜示，成为当时兴义的读书人求取科第的阶梯。人们习惯上将这里称为老书院。清光绪十五年（1889 年）新书院建成后，此处废置。对于这座书院的范围，史料上只提了个大概。[①]《兴义一中史话》载，兴义一中前身是 1813 年重建的笔山书院，1905 年更名为兴义高等小学堂，1926 年升格更名为兴义中学，1940 年升格为省立中学，中华人民共和国成立后，省中和县中合并，定名为贵州省兴义中学，1960 年 7 月更名为兴义第一中学[②]。

（四）第四所笔山书院遗址

图 7-4　第四所笔山书院遗址（来源：中国金州网）

---

① 陈应秋：《探寻笔山书院旧址》，《黔西南日报》2020 年 2 月 26 日，第 5 版。

② 王甫尤、王必盛：《兴义一中史话》，社会科学文献出版社 2014 年版。

第四所笔山书院（建于光绪九年即 1883 年）地址在兴义老城东的老鹳坟（今兴义民族师范学院本部），现仅存四方圆角鱼池，1987 年被列为市级文物保护单位。今兴义民族师范学院建有“笔山文化长廊”，罗列系列笔山书院走出来的历史人物照片和实物图片。

据陈应秋考察，第四座笔山书院在老鹳坟。清光绪九年（1883 年），时局平靖，地方官绅创设培文局后，多渠道筹集办学基金，劝导“官民捐资兴学”，并强行没收“匪产”“绝产”田地和会馆、寺庙租谷若干，积累了大量“学田”和“学谷”。又鉴于老书院地势高峻狭窄，不利于扩建兴学，地方士绅刘官礼等商得兴义知府孙清彦（字竹雅）同意并支持，择址于县城东北隅老鹳坟（今兴义民族师范学院老校址处）建新院，由刘官礼、赵天如、林子亨等主持建院，动用团防总局历年库存白银十万两，加上地方百姓捐工献料建成，共建院舍二十六楹，分三进院落，设礼堂、山斗堂、讲堂、膳堂、斋房、教员憩息室、山长室、庶务室、教员室等。因资金充裕，建筑规模宏伟，配置了大量图书。院门北向文笔山，此山垒石如文笔，故书院仍以山取名。门额正书“笔山书院”四字。[①]书院规模三进三院五楹，购经、史、子、集四部书万卷供阅览，笔山书院成为藏书最丰、设施齐备、宏伟壮观的黔西南最高学府。[②]

图 7-5　今兴义民族师范学院图书馆上悬挂有熊洪斌书“笔山书院”四字匾额

① 陈应秋：《探寻笔山书院旧址》，《黔西南日报》2020 年 2 月 26 日，第 5 版。
② 庞思纯、郑文丰：《明清之际的贵州书院》，贵州人民出版社 2017 年版，第 145 页。

图 7-6　今兴义民族师范学院建有“笔山文化长廊”

二、书院形胜

据岑明英先生《刘统之先生与兴义的教育》[①]回忆描述：清光绪九年（1883 年），刘统之于培文局（与团防局合设于昭忠祠）召集绅耆计议重修“笔山书院”，因择院址于新城东之“老官（鹳音）坟”（今师专所在地）。在兴义知府孙清彦（号浊雅、又竹雅）支持下，除草莱、榛莽，纠工二年余，修建房屋百十间，有礼堂、山斗堂、讲堂（教堂）、善堂、斋房（宿舍）、教员憩息室（办公室）、教职员寝室（山长室、庶务室、教员室）等，于光绪十三年（1887）全部完成。大门横匾写着“笔山书院”四个金字。大门内建一水池，按圣宫泮池的形式修筑，终年绿波沉璧；“山斗堂”三字金光闪耀，其柱联是“通今致用，修辞立诚”。上两联刻于四条石柱，字体遒劲，

① 贵州省政协文史资料委员会：《兴义刘、王、何三大家族》，中国文史出版社 1990 年版，第 5-8 页。

惜被拆毁。礼堂宽敞明亮，与山斗堂相连，可容千人集会；礼堂后壁左右有石碑四方。左侧二方，叙述修建笔山书院经过史实；右侧二方，系孙竹雅自书有关书法的规范，用以教育学生学习书写的法楷典范。笔锋秀丽凤舞龙腾，省内外来院拓印者络绎不绝。后概为师专所拆毁。据说，有一块先被家属作洗衣板，后为县文化馆运去，意在保存。后该馆建设新馆时，又被工人作为石料砌压于基脚。这个“笔山书院”全部地址，都归师专使用。现在大部分被拆除改建，一部分留作员工家属住房。

这是目前所见对笔山书院整体建筑风貌描述最为详至的一段描述。

兴义县立高等小学堂时期的整体建筑风貌：兴义高等小学堂的规模在当时的贵州不多见，前后三进，共有斋舍二十六间，操场、花园、鱼池俱全，连劝学所也设在里面。院门北向文笔山，门额上依然保留着楷书的“笔山书院”四字，大门两侧有石刻对联一副：“平地起楼台，看万间麟次，五月鸠工，喜多士情殷梓里；斯文无畛域，况榜挂天开，笔排山耸，愿诸生迹接蓬瀛。”右联旁边挂着“兴义县立高等小学堂”的木漆校牌。登上九级台阶，步入山门，有青石围护的泮池，池畔边有金桂两株，虽不是花开季节，却给人以清芬四溢的感觉。[①]

《兴义一中史话》描述笔山书院“建设规模颇为宏伟，院舍 3 进共有房 26 楹，房屋百十间，有礼堂、山斗堂、讲堂、缮堂、斋房（宿舍）、教员憩息室（办公室）、教职员寝室、山长室（山长指院长、相当于校长）、庶务室、教员室等”[②]。

（一）院内建筑

书院大门：大门石额横匾题有“笔山书院”四个金字；两旁石柱刻行楷对联一副：“平地起楼台，看万间鳞次，五月鸠工，喜多士情殷梓里；斯文无畛域，况榜挂天开，笔山排耸，愿诸生迹接蓬瀛。”款署“楚靖邹元吉题并书”。邹元吉，字迪仁，湖南靖州人，举人；清光绪八年（1882 年）任贵州都匀知府。后被都匀士子修南皋书院聘去主讲，为都匀培养了陈尚象等大批人才。光绪十四年（1888 年），邹元吉任兴义知府；十

① 熊宗仁：《何应钦全传》，团结出版社 2016 年版，第 14 页。
② 王甫尤、王必盛：《兴义一中史话》，社会科学文献出版社 2014 年版。

五年（1889 年）建议修复兴义府试院，府属各州县等集银一万六千多两，重新建造房舍亭阁，将要恢复旧观时，因科举停废，未能竣工。同年，官绅刘官礼等在兴义土城东北隅的老鹳坟处重新建成笔山书院。邹元吉为其题书门额。①

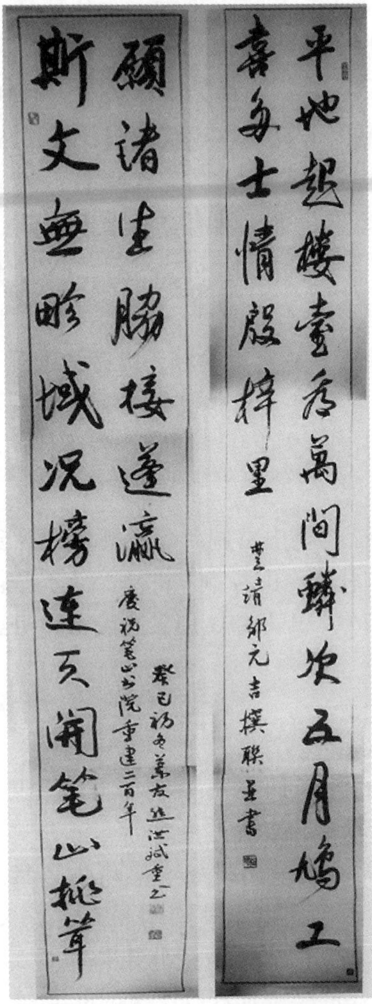

图 7-7 楚靖邹元吉题并书笔山书院对联（熊洪斌书）

① 侯清泉：《历代名人与贵州》，贵州人民出版社 2004 年版，第 344 页。

四方圆角鱼池：院内入门可见，按圣宫泮池的形式修筑，通以小溪，围以石栏，终年绿波沉璧。

两厢有房舍十间：左为山长室，右为图书馆，三间为茶室。

山斗堂：为山长（亦称院长）讲学之处。悬红底金字“山斗堂”匾，柱排题联刘官礼手书“通经效用，修辞立诚”。

礼堂：与山斗堂相连，可容千人集会。礼堂后壁左右有石碑四方，中供孔子牌位。左侧二方，叙述修建笔山书院经过史实；右侧为晚清名书家孙清彦撰书《学书枝言》石刻三块，附记一块。

图 7-8　四方圆角鱼池（今存兴义民族师范学院院内）

（二）碑志

与山斗堂相连的礼堂，宽敞明亮，可容千人集会。礼堂后壁左右有石碑数方，左侧石碑叙述修建璧山书院经过史实；右侧石碑为孙清彦自书的学习书法的法楷典范《学书枝言碑》，此碑集书法、书论于一体，接续孙过庭《书谱》，有唐人遗风，省内外为此前来拓印者络绎不绝。[①]

① 庞思纯、郑文丰：《明清之际的贵州书院》，贵州人民出版社 2017 年版，第 149 页。

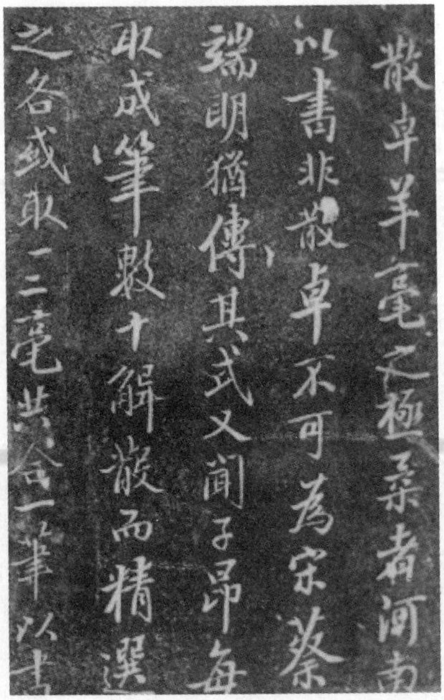

图 7-9 《学书枝言碑》拓片一览（来源：熊洪斌《学书枝言碑解说》）

经熊洪斌多年潜心挖掘整理，《学书枝言碑》部分残碑尚存；《学书枝言碑》散佚民间的民国拓片也被复原。①

《黔西南布依族苗族自治州志·文物志》载：

孙清彦“学书枝言”碑②

“学书枝言”碑系清兴义知府孙清彦（字竹雅）于清同治元年（1862年）所书，原碑立于兴义县笔山书院（今黔西南州民族师专）。“学书枝言”全文分上、下两卷，计五千三百六十余字。1950年后此碑被毁，残件存在兴义县文化馆。孙清彦博采历代书家之长，精研书艺，讲求体势，所临《皇甫君碑》，人多宝之，清末碑学兴起后，孙清彦书艺尤著，并以自身实践所得，撰成“学书枝言”一文，勒石传世。

① 熊洪斌：《学书枝言碑解说》，贵州人民出版社2017年版。
② 贵州省自治州史征集编纂委员会：《黔西南布依族苗族自治州志·文物志》，贵州民族出版社1987年版，第149页。

此碑拓片，由人民出版社古典文学编辑室盛永祜（兴义籍人）保存，摄成胶卷一套赠黔西南州史志办公室，兴义县文化馆存有拓片影印件。

《兴义县志》载：

学书枝言碑①

晚清名书法家孙清彦（字竹雅）于同治元年（1862 年）所书，原碑立于笔山书院。《学书枝言》全文上下两卷，五千六百余字，分镌于三块碑石上。孙清彦博采历代书家之长，精研书艺，讲求体势，所临《皇甫君碑》，识者多作珍品收藏。清末碑学兴起后，孙清彦书艺尤著，并以自身实践所得，撰成《学书枝言》一文，勒石传世，其娴熟流畅，雄浑苍劲，自成一体的行草，清雅绝俗，尤显晚年功力不凡，是不可多得的书法艺术品。

2012 年，在原县文化馆的一住户门槛下发现学书枝言碑残碑四块。碑面完好，字迹清晰，一千多言，现收藏于兴义刘氏庄园陈列馆。

2017 年，熊洪斌《学书枝言碑解说》（贵州人民出版社）对学书枝言碑拓片资料进行了全面搜集，校勘疏通，全文复原，并详细解读。据熊洪斌介绍，学书枝言碑书刻俱佳，中国当代著名书画家、教育家、古典文献学家启功先生曾掌眼该民国拓片，认为该碑属于“全国第一流的刻石”，它的文字内容包括书法的起源、毛笔执使转用、笔法、字法、章法、墨法，选笔择帖、评述书史，开示门庭，涉及书道人品等，文笔优美、妙语连珠，具有重要的书法理论价值和技法指导意义，在某种程度上填补了贵州近代书法理论史的一段空白。学书枝言碑是兴义笔山书院最后的文化遗存，也是黔西南有史以来绝无仅有的一套文化品位最高的石刻。

三、周边建筑

兴义历史悠久，山川秀丽，古迹、景胜和古旧建筑众多。笔山书院周边古迹、景胜和古旧建筑主要有先农坛、文昌宫、节孝祠、文笔峰等。笔山书院稍远处古迹、景胜和古旧建筑主要有水晶观、跛浪亭、阳明洞（大

① 朱士奇：《兴义县志》，贵州人民出版社 1988 年版，第 584 页。

佛洞)、文庙、连云寺、铁树宫、禹王宫、穿云洞、川主庙等，其中水晶观、跋浪亭、阳明洞、文庙（棂星门）现在依然保存或已复原。

表 7-1 兴义古迹、景胜和古旧建筑一览

名称	文献记载
先农坛	《咸丰兴义府志》载：先农坛，在东门外。按：先农坛（社稷坛）旧皆在城东。道光四年，知县张中阳建。咸丰元年，知县胡霖澍因旧坛窄狭改建于笔山书院左侧。现已无存
文昌宫	《咸丰兴义府志》载：文昌宫，在东门外。按：文昌宫，在东门外笔山书院内。文昌阁，在东门外大桥，咸丰二年（1852 年）知县胡霖澍建。现已无存
节孝祠	《咸丰兴义府志》载：节孝祠，在城外笔山书院左。按：节孝祠，旧在城内水昌观。今在笔山书院左，咸丰三年（1853 年）知县胡霖澍修。现已无存
文笔峰	《兴义市志（1978—2006）》载：刘官礼在复建笔山书院的同时，在书院对面的狮子山上建起“风水”设施，并把狮子山改名为“文笔峰”。现已无存
水晶观	水晶观，始建于明代，在兴义县老城北固山上。后毁于战火。乾隆四十一年（1776 年），黄草坝理苗州判程焜复修，改名水晶观。同治年间毁于战火。光绪十八年（1892 年），刘官礼倡议培修。1992 年水晶观重建
阳明洞（大佛洞）	阳明洞（现为穿云洞公园）位于兴义市中心，现为市级文物保护单位。穿云洞古建筑始建于明代，后毁于兵燹，清光绪二十一年（1895 年）重建。1981 年大规模维修，始复旧观
文庙	清嘉庆年间始建，现尚存泮池、棂星门、大成门抬梁式殿宇。在今兴义一中原址
连云寺	原址在老城北固山下，清嘉庆时建，大雄宝殿 1 栋 5 楹，气势宏大。1966 年后寺宇被毁，庙址被私人占用
万寿宫	原在老城大街，清嘉庆（1796 年）初建，两进三院，山门临街，牌楼式三重檐翼角斗拱饰木雕。1953 年拆除，现为城关一小校舍

续表

名称	文献记载
仁寿宫	原在老城螺蛳弯，清道光初年（1821 年）建，正殿 3 楹，厢各 2 楹。195 年拆除，改建城关一小校舍
禹王宫（两湖会馆）	乾隆二十五年（1750 年）建，嘉庆十五年（1810 年）重修戏楼，咸丰三年（1853 年）增建宝善堂、观花楼、李公祠等。1953 年后，县种子公司内。现存禹王宫侧院僧房、宝善学各 1 栋 3 楹。余已拆除
老川主庙	在老城水井坡，清嘉庆（1796—1820 年）时建，原为正殿 5 楹，前有香堂，山门为戏楼，厢楼各 5 楹。今为老残院，旧宇经改修，两殿主体结构未变
新川主庙	在今县城宣化街，清咸丰（1851—1861 年）时建，原为正殿、前殿各 5 楹，厢各 2 楹，前院为戏楼，两侧跨街各有厢楼 7 楹，规模较大。现已全拆除改建
跋浪亭	《民国兴义县志》载：跋浪亭，在县城大桥上方左侧。1982 年重修跋浪亭公园。现为兴义市八一公园
铁树宫（抚州会馆）	据民国《兴义县志》载，为清康熙（1662—1722 年）抚州人廖旭芳始建。乾隆间，黄泰清等增建戏楼及前殿。道光二年（1822 年）增修廖公祠、观音堂二院。1950 年后，县公安局设内，现已全部改建
东岳庙	嘉庆十八年（1813 年）乡人艾登相等建，大殿 3 楹，书、橱各 1 楹，两廊为 10 殿，后又补建戏楼。殿宇已全部拆除改建，现为县人民法院住址
武庙	原在县城场坝中心，俗称“关帝庙”，清嘉庆初（1796 年）建，有三重檐四角阁楼 1 座，三面为半月形鱼池，前殿楼房一栋 7 楹，系典型清代建筑。1984 年列入县级文保单位，1985 年 3 月兴建街心花园时被拆除
南华宫	原在城内铁匠街，清嘉庆元年（1796 年）始建，道光十六年（1836 年）增修，有正殿 3 楹、左厢 7 楹、右厢 5 楹，殿宇均施木雕彩绘。现已无存
云南庙	清嘉庆时建，正殿、戏楼、左右厢各 5 楹，侧院 1 栋，泥塑工艺极佳。民国后期，私立复兴小学设此。现为城关二小，庙宇已全部拆除改建校舍

（一）书院周边

1. 先农坛

远古时人们称神农为田祖、先啬，汉代始称其“先农”，故所设祭祀之坛称“先农坛”。汉、魏、晋、南北朝时期皆在京都设坛祭祀先农，形成了规制。唐宋时将祭祀及设施规模予以扩大。元统一中国后，在大都城东藉田建先农、先蚕二坛，隆重祭祀。明清两代均在北京建先农坛，而全国各地祭祀炎帝神农氏的先农坛却如凤毛麟角。

兴义先农坛在城东笔山书院左侧。《咸丰兴义府志》载：“先农坛，在东门外……按：先农坛、社稷坛，旧皆在城东。道光四年，知县张中阳建。咸丰元年，知县胡霖澍因旧坛窄狭，改建于笔山书院左侧。”①《民国兴义县志》载：“先农坛，昔在东门外。今无。按：《兴义府志》云：“社稷坛（先农坛）旧皆在城东。道光四年，知县张宗阳建。咸丰元年，知县胡霖澍因旧坛窄狭，改建于笔山书院左侧。年久，遗址已末由察考。”②

2. 文昌宫

文昌原是天上六星之总称，即文昌宫。六星各有星名，称上将、次将、贵相、司命、司中、司禄等。文昌封为帝君，并且又称梓潼帝君，当是元仁宗时之事。元明以后，随着科举制度的规模化和制度化，对于文昌帝君的奉祀也逐渐普遍。各地都建有文昌宫、文昌阁或文昌祠。一些乡间书院和私塾也都供奉文昌神像或神位，其间虽时有兴废，一直奉祀不衰。旧时每年二月初三日为文昌帝君神诞之日，官府和当地文人学士都要到供奉文昌帝君的庙宇奉祀，或吟诗作文，举行文昌会。

兴义文昌宫在东门外笔山书院内。《咸丰兴义府志》载：“文昌宫，在东门外。按：文昌宫在东门外笔山书院内……文昌阁，在东门外大桥，咸丰二年知县胡霖澍建。”③《民国兴义县志》载：“文昌宫，最初在东门

---

①〔清〕张锳修，邹汉勋、朱逢甲纂：《咸丰兴义府志》，清咸丰四年刻本，第 646 页。
②〔民国〕蒋芷泽纂：《民国兴义县志》，民国 37 年稿本，第 401 页。
③〔清〕张锳修，邹汉勋、朱逢甲纂：《咸丰兴义府志》，清咸丰四年刻本，第 647 页。

外笔山书院内。光绪初年，训导邬子超、邑人李南星等，以规模狭隘，另于后山文庙右侧辟地建，五楹，春秋祭祀。岁久，日渐倾圮。今已夷为平地。”①

附：

文昌阁记②

胡霖澍

兴邑，旧为普安州地，山重水绕，士秀而文。前此掇巍科登显仕者，代著伟人。自嘉庆二年苗变后，大吏以其地紧要，奏请析普安州之左里、右里、黄坪、布雄、捧鲊三营地，益以府属之花阁等五屯地，改设县治。十四年改隶于州，十六年复隶于府。自后，纡青曳紫，虽不乏人，而科名稍寥落焉。

道光庚戌初秋，余出宰是邦，召绅耆告之曰：振兴文教，邑宰责也。予不敢辞，因为进士子而月课之，文风蒸蒸日上。暇日，访邑东门大桥旧有邑人赵君创建文昌阁遗址，余以为宜重建，并造文峰。谋之绅耆，佥称善。乃偕邑人捐金，选佳士董其事，杰阁文峰，秀耸天表，五阅月而工竣。将来人文蔚起，科第蝉联，可预卜也。但冀后之君子以次修培，有基勿坏，此则余之志也。

咸丰兴义知县胡霖澍　黄冈人

[〔清〕张锳修，邹汉勋、朱逢甲纂：《咸丰兴义府志》，清咸丰四年刻本，第647页]

3. 节孝祠

旧时封建统治阶级为旌表节孝妇女，为其设立祠堂，称为节孝祠。清代在各省、府、州、县各建节孝祠一所，祠外建大坊，凡节孝妇女由官府奏准旌表的都入祀其中，春秋致祭。

兴义节孝祠在城外笔山书院左。《咸丰兴义府志》载：“节孝祠，在城

①〔民国〕蒋芷泽纂：《民国兴义县志》，民国37年稿本，第403页。
②〔清〕张锳修，邹汉勋、朱逢甲纂：《咸丰兴义府志》，清咸丰四年刻本，第647页。

外笔山书院左。按：节孝祠，旧在城内水昌观。今在笔山书院左，咸丰三年知县胡霖澍修。”[①]《咸丰兴义府志》载：“节孝祠，昔建今废。按：《兴义府志》云：旧在城内水晶观山麓后，在笔山书院左侧。咸丰三年，知县胡霖澍修。今二处均夷为茂草，不可考。’”[②]

4. 文笔峰

兴义文笔峰在笔山书院对面狮子山上。古人信“风水”，兴义恢复建县以来无人科考及第，人才不济，阴阳学老者认为是黄草坝“风水”不好所致。于是，刘官礼在复建笔山书院的同时，在书院对面的狮子山上建起“风水”设施，并把狮子山改名为“文笔峰”。后因兴义城连遭火灾，连建在跋浪亭前桥上主管风水的奎星阁也被焚毁，又有堪舆者认定是“文峰”克“风水”，于是，当时的县政府下令拆除狮子山上的“风水”设施。“风水”设施的建拆，也从侧面反映了当时地方官绅和民众对教育的重视。[③]

（二）书院稍远处

《民国兴义县志》纂修于 1947 年，由民国兴义县长卢杰邀集地方人士组成兴义县文献委员会，推举县人蒋芷泽主持编修。《民国兴义县志》共十四章三十三万字，不仅记录了兴义历史、地理、大事、人民、营造、政治、经济，而且记录了兴义民族风俗、文化教育、社会生活等，对于我们认识西南边陲历史文化具有重要价值。《民国兴义县志》于序例后附录了兴义名胜风景如阳明洞、跋浪亭、水晶观、天榜山等 4 幅锌版照片。民国时期的文献对阳明洞、跋浪亭、水晶观多有记载。

1. 跋浪亭

跋浪亭，在贵州省兴义县城中花桥河上，光绪二十六年（1900 年）由乡绅刘显潜捐资倡修，取杜甫“豫章翻风白日动，鲸鱼跋浪沧溟开”之意，名“跋浪亭”。亭周花木繁茂，流水萦洄，亭影倒映，景颇秀丽，现

①〔清〕张锳修，邹汉勋、朱逢甲纂：《咸丰兴义府志》，清咸丰四年刻本，第 664 页。
②〔民国〕蒋芷泽纂：《民国兴义县志》，民国 37 年稿本，第 414 页。
③ 兴义市史志编纂委员会：《兴义市志（1978—2006）》，贵州人民出版社 2008 年版，第 1396 页。

为市级文物保护单位。[①]《民国兴义县志》载：“跋浪亭，在县城大桥上流左侧。”[②]“城东护城花水至此分流，中成一诗渚，附近昭忠祠左侧。清光绪庚子靖边营务处驻祠内。邑绅刘如渊（刘显潜）就诗渚筑堤，沿边砌花砖墙，中建亭名曰跋浪。盖取杜诗鲸鱼跋浪开沧溟之意。花水潆洄，林木蓊郁，回廊掩映，游目骋怀，洵可乐也。婺川名宿聂尊吾为题联云：‘小拓数弓，具曼叟石，鱼湖之胜。中分二水，比金陵白鹭洲何如？’描写惟妙惟肖。”[③]1982 年政府投资 14.5 万元重修跋浪亭公园。园内设置了醒目的跋浪亭、观水台、画廊长坊、画阁、茶厅、长凉棚、鱼池、花卉园和水泥拱桥等 15 项建筑设施。1991 年兴义市政府投资 500 万元，对湾塘河从兴义市文化馆前起至跋浪亭公园段进行全面改造，规划建成苏州式古典房屋建筑群，现为兴义市八一公园。

图 7-10　兴义名胜之一——跋浪亭（照片来源：《民国兴义县志》）

2. 阳明洞

阳明洞（现为穿云洞公园）位于兴义市中心，现为市级文物保护单位。穿云洞古建筑始建于明代，后毁于兵燹，清光绪二十一年（1895 年）重建。

① 贵州省文物管理委员会：《贵州省名人名胜录稿》，贵州省文化出版厅 1984 年版，第 104 页。

②〔民国〕蒋芷泽纂：《民国兴义县志》，民国 37 年稿本，第 742 页。

③〔民国〕蒋芷泽纂：《民国兴义县志》，民国 37 年稿本，第 162 页。

《民国兴义县志》载："阳明洞，兴义府志名穿心洞（从俗名），一作穿云洞。在新旧两城中间，东连牛场坡新城主山，山形如牛眠。穿云洞，即牛首也。二面洞开石壁，穹窿极轩敞，极窔窈。邑绅刘如渊以天然形胜，倡议培修，乃倚洞建阁，凡五层。光绪乙未兴工，次年工竣。每当春秋佳日，游人甚盛。洞中塑阳明先生像，取阳明讲学修文，开贵州文化之先，改名阳明洞。至抗战期间，倭寇空军回旋，轰炸各城市，无虚日。国军驻此，即藏械弹于洞中。盖平时可供游玩，战时可避空袭，一举而数善备焉。"①1953 年、1981 年政府先后投资进行大规模维修，始复旧观。洞外的函虚阁，中华人民共和国成立前夕被国民党驻军毁破，1952 年人民政府拨款重修，洞内设施复原，洞口五层楼阁金碧辉煌，洞顶六角凉亭屹立山顶，洞旁古树参天。②1991 年增设附属建筑。穿云洞公园为现兴义市名胜之一，园内古建筑群雄伟多姿。

图 7-11　兴义名胜之一——阳明洞（照片来源：《民国兴义县志》）

3. 水晶观

水晶观，始建于明代，在兴义县老城北固山上，最早被称作白帝祠，后毁于战火。乾隆四十一年（1776 年），黄草坝理苗州判程焜复修，改名水

①〔民国〕蒋芷泽纂：《民国兴义县志》，民国 37 年稿本，第 151 页。
② 储传亨：《市长与城市第 1 卷》，中国建筑工业出版社 1992 年版，第 563 页。

晶观。同治年间毁于战火。光绪十八年（1892 年），刘官礼倡议培修。北固山奇石耸立，山势雄峻，林木蓊郁，石径迂回，依山建有五大殿，其势巍峨壮观。[①]“水晶观，在北门内，一名北固山。山势雄峻，俯瞰全城，远及河外诸山，乔柯掩映，类百年物，为邑中胜景。凡五层，首层祀王灵官像，楼上祀魁星像，名灵官殿。二层为三霄殿，祀云霄灵霄碧霄及眼光像。三层机仙殿，祀机仙像及关帝木主。四层雷祖殿，祀雷神（商仲），闻有厢房二，上有宝塔，相传为镇小白龙之塔。五层为玉皇阁，祀帝释天尊，两旁祀四大天王。此全山之大概也。”[②]1936 年，水晶观还保存完好，据薛绍铭《黔川滇旅行记》描述，兴义“旧城城垣依山建筑，十余里外即可望见，城内有水晶观。庙在山峰上，登之可望数十里外”[③]。1938 年，为避空袭，水晶观被拆毁，仅存北门直上水晶观经大西门迄后山一段。1992 年水晶观重建了大雄宝殿，1994 年又重建寺院斋房，1997 年更名为水晶寺。复原后的水晶寺首重殿宇为灵宫殿，殿前有百年银杏树，楼上有魁星阁。次为大士殿，又称三霄殿或观音堂。再上山为乩仙殿。四重为雷神殿。最上重为玉皇阁。两侧建有厢房，院内有砖石结构平形化纸塔一座，为观中焚香处。

图 7-12　兴义名胜之一——水晶观（照片来源：《民国兴义县志》）

① 贵州省文物管理委员会：《贵州省名人名胜录稿》，贵州省文化出版厅 1984 年，第 92 页。
②〔民国〕蒋芷泽纂：《民国兴义县志》，民国 37 年稿本，第 410 页。
③ 薛绍铭：《黔川滇旅行记》，中华书局 1936 年版，第 54 页。

4. 文庙

清嘉庆年间（1796—1820 年），兴义知县陈达庄始建大成殿。道光六年（1826 年），知县张宗阳、乡人刘弼清等补建启圣宫、棂星门、乡贤祠、名宦祠等，在兴义老城大街建成文庙。兴义文庙原占地约 6670 平方米，庙宇五进，沿纵深 200 余米的中轴线逐渐升高。临街为砖砌泥塑九龙影壁“万仞宫墙”。经礼门、义路登桥过半月形泮池，为石雕牌坊棂星门。三进为大成门，抬梁式一栋五楹，左右乡贤祠各五楹。四进大成殿，前有天子台，周设石雕栏板，垂带踏道，左右厢为名宦祠。三四两进明间均为彩塑蟠龙合抱檐柱，院中植桂花、紫荆。大成殿侧为钟鼓楼，沿石阶而上，即达启圣祠。文庙周筑护院红墙，殿宇轩敞宏伟。民国 30 年（1941 年）县立中学设于此，乡贤、名宦祠为教室。中华人民共和国成立后，改设兴义第一中学。现仅存棂星门牌坊 1 座及其 5 段 48 级踏跺、原石栏板 3 块、望柱 6 根等部分原建筑物构件。1987 年 12 月，兴义县人民政府公布文庙为县级文物保护单位。①

① 兴义市文化体育旅游和广播电影电视局：《石头记忆》，贵州科技出版社 2014 年版，第 158 页。

卷八 藏 书

袁枚《随园随笔》中有记："书院之名，起于唐玄宗时，丽正书院，集贤书院皆建于唐朝。为修书之地，非士子肄业之地也。"由此可见，藏书才是书院的首要功能，"士子肄业"，书院最初没有这项业务。

一、书院藏书

藏书是书院的有机组成部分。书院藏书来源大致有以下几种：皇帝赏赐、官府购置、官私捐赠、捐资刊刻、书院自抄等。

清代，贵州书院藏书多为官吏捐赠或官府公款购置。"清康熙年间曹申吉任贵州巡抚，捐资重建阳明书院，并置买书籍数千卷藏书院中。"（《古今图书集成·贵阳府学校考》）清雍正年间，冯光裕任贵州布政使，"喜读书，好礼士大夫，笃交谊，葺贵山书院，取诸生之优者肄业其中，僻远无从得书，遣官之江南购经史群籍数百卷，俾众读之"(《贵州碑传集》卷七十《冯公墓志铭》)。清道光年间，"贵阳府学藏书的《圣谕广训》《书经传说》等64部书籍，为朝廷所颁发，占书院藏书大部分"(道光《贵阳府志》)。由此可见，当时贵阳府书院藏书超过64部。至清光绪年间，书院藏书不只是经、史、子、集四部书籍，还入藏报纸，供阅览。《民国兴义县志》记载："按今书院（笔山书院）系光绪十六年（1890年）刘统之倡修，地址在土城北之老官埂……自戊戌……广置《时务报》及经、史、子、集，以供涉猎，学风为之一变。"[①]

从已知文献中，只能找到笔山书院的藏书主要来源为官府购置和捐资刊刻。

① 贵州省地方志编纂委员会：《贵州省志·文化志》，贵州人民出版社 1999 年版，第 240 页。

二、官府购置

官府购置是指奉文置书和地方政府运用公款在其职权范围内为书院置书，如“乾隆元年议准，各督抚于省会书院，应将《十三经》《二十一史》诸书，购置颁发，令士子熟习讲览。其动用存公银两，仍报部查核”（《光绪安徽通志》卷九十二）。统治者从加强其统治需要出发，大力提倡书院制度，分拨学田，书院以经营“学田”支持自身的文化活动，并购置刻印相关书籍。“院有田则士集，而讲道者千载一时；院无田则士难久集，院而愈盛。”[①]

笔山书院迭遭兵燹后，公私藏书，毁失无遗。第四所笔山书院改建后，刘官礼派侄子刘显慎前往两湖一带，购进大量经史子集书目，以及各类时务书报，供笔山书院学生阅读。“由于战乱，老书院的古籍文献遭毁，刘官礼与县府商定，从地方公款中拨出 1200 两白银，委其侄刘显慎赴湖南长沙购来《二十史》《十三经》《三通》等众多书籍，供学生阅读。”[②]刘官礼从地方公款项下，划拨票银一万二千两，由雷廷珍开列书目，令其侄子显慎赴长沙购买各种典籍，如《十三经注疏》《二十四史》《三通》等。《兴义府志》：“典籍无存，文献莫微。先生（统之）乃命从侄显慎，于地方公款项下，拨票银一万二千两，由雷廷珍开列书目，赴长沙购办各种典籍：如《十三经》（注疏）、《二十四史》《三通》等，无不应有尽有。”[③]《民国兴义县志》载：“光绪十五年（1889 年）……笔山书院购经、史、子、集四部书万卷供览，延通讲学，士风为之一变。”[④]之后陆续又在武昌、长沙等地购置了《学海堂重刊·湖北丛书》《汉魏六朝百三家集》《皇清经解》正续篇、《汉魏六朝百三家集》《时务报》等经、史、子、集文献供师生阅览。[⑤]书院一时藏书居全省各县之冠。

兴义高等小学堂的设备图书也很丰富。高等小学堂在改制的当年就新

---

① 梅莉：《古代书院藏书的利用与管理》，《江苏图书馆学报》1997 年第 6 期，第 41-41 页。
② 兴义市史志编纂委员会：《兴义市志（1978—2006）》，贵州人民出版社 2008 年版，第 1397 页。
③ 贵州省政协文史资料委员会：《兴义刘、王、何三大家族》，中国文史出版社 1990 年版，第 5-8 页。
④ 卢杰：《兴义县志》，贵州省图书馆油印本 1966 年版，第 446 页。
⑤ 贵州省地方志编纂委员会：《贵州省志·教育志》，贵州人民出版社 1990 年版。

建了实验室、图书室、操场,《皇清经解》《学海堂重刻》《湖北丛书》《汉魏六朝百三家集》经、史、子、集等全由武汉、长沙等地购进供学生阅览。除此外，还从日本购进物理、化学仪器，从国内采购大量图书、图表、人体模型等供教学使用。[①]清光绪二十五年（1898 年），戊戌维新后，院长雷玉峰提供经学、小学，订置时务书报供学生阅读。

时任兴义中学校长的吴炯心[②]先生回忆当时的高等小学堂的设备图书情况时说："校舍在以前的笔山书院（现在兴义师范），共有房屋近百间，实验仪器不少，如声、光、电、热等仪器俱全；化学器械、药品也不少；人体剖解图有三十多件，还有蜡人一个，动、植物标本和挂图甚多，各种参考书籍两千多册。学校经费每年学租收入是一千二百多石，还有其他地方税捐，合计约二万元。"[③]光绪三十一年（1905 年），兴义高等小学堂向上海商务印书馆订购供师生参考书刊数千册，为兴义学校有图书设备之始。刘官礼还从日本购进各种与近代科学相关的图表、书籍、仪器等，供学生学习使用。刘官礼于书院后山新建教室、图书室、仪器室、库房等，派人赴上海、日本购生物标本、图表及物理和化学仪器、实验药物等，以适应学校改革之需[④] 。

三、捐资刊刻

在书院经费充足的情况下，清代刻印了为数众多的高质量的典籍。山长及名师硕儒对于著述和刻书倾注了大量精力。王先谦《自定年谱》曾提到，光绪十二年（1886 年）正月《奏报岁试五属情形及设局刊书事宜》中奏言："臣昔于阮元所刊经解外，搜采说经之书，为数颇多。儒门旧族，留心搜访，时有采获，共得近二百种，都一千数百卷。类皆发明经义，为学者亟应研究之书。稔知宁、苏两书局，近来经费不甚充裕，未能刊此巨帙，

① 兴义市史志编纂委员会:《兴义市志（1978—2006）》，贵州人民出版社 2008 年版，第 1396 页。

② 吴炯心（1897—1971），名启良，布依族，兴义安章乡纳具村人。从教 30 余年，曾任兴义女子师范学校校长，长期担任县立中学（兴义一中）校长，为兴义的教育事业作出了卓越贡献，有"布依乡贤"之美誉。

③ 中国人民政治协商会议贵州省兴义市委员会文史资料委员会:《兴义市文史资料第 1 辑》，中国人民政治协商会议贵州省兴义市委员会文史资料委员会 1960 年版，第 120 页。

④ 刘达瑀:《清末民初贵州教育先驱刘统之》，《文史天地》2003 年第 9 期，第 18-21 页。

因就近于江阴南菁书院设局汇刊，曾函知督抚臣在案。臣已捐银一千两，鸠工缮写。”清书院刻书量大质优，所刻之书不但充实其馆藏，而且还畅销全国。书院抄写书籍，也是扩大其藏量的一种有效方法，其量虽不算太大，但也是一种拾遗补阙之法，不可忽略。[①]

书院刊刻经、史、子、集的有关典籍，以充实重点藏书。笔山书院有乡人唐续宗、李映雪捐资刊刻图书。“有乡人唐续宗、李映雪捐资刊刻朱子《小学》《训蒙诗歌》《史鉴节要》等存于其中。”[②]民国 18 年（1929 年），兴义中学（原高等小学堂）建立兴义中学图书馆，当时学校尚无图书购置费，是借助兴义旅滇学生会赠送的书刊和零星购置的 500 余册图书整理建成。[③]

清末，部分书院藏书管理制度逐渐建立，桐梓县鼎山书院于道光二十年（1840 年）由知县甘雨施所建，至光绪五年（1879 年）辟设图书室，对藏书管理有简单规定：一、管理图书室的人选由每年二月县考（由本县县官主持的考试）获得第一名的人（简称案首）担任。如果更换，照单点交图书；二、读者借还，由管理人员启闭书柜，如有遗失损坏，要负责赔偿；三、管理人员每年可得到 300 斤米的报酬。这些简要的规定，保证了图书室的管理有章可循、书籍有借有还，对以后图书室的管理产生了一定的影响。[④]

---

① 梅莉：《古代书院藏书的利用与管理》，《江苏图书馆学报》1997 年第 6 期，第 41-41 页。
② 吴洪成：《中国西南古代教育史》，西南师范大学出版社 1998 年版，第 230 页。
③ 贵州省兴义县史志编纂委员会：《兴义县志》，贵州人民出版社 1988 年版，第 443 页。
④ 贵州省地方志编纂委员会：《贵州省志·文化志》，贵州人民出版社 1999 年版，第 240 页。

下篇

兴义中学的前身[①]

吴炯心[②]

“兴义中学”的创办，我曾参与其事，略有所知。回忆过去，展望将来，新旧对比，昔不如今，每一念及，令人兴奋。特将本人记忆所及追述如下，以供文史资料参考。

一、创办时期

本来“兴义中学”在民国初年就有条件创办。兴义城区早于清末就设有高等小学一所，进入民国又有捧鲊高小一所，两个高小共有学生百多人。每年毕业六十余人。城区高小的设备并不简单：校舍在以前为笔山书院（现在兴义师范），共有房屋近百间，实验仪器不少，如声、光、电、热等仪器俱全，化学器械、药品也不少，人体剖解图有三十多件，还有蜡人一个，动、植物标本和挂图甚多，各种参考书籍两千多册。学校经费每年学租收入是一千二百多石，还有其他地方税捐，合计约二万元。从学生来源、学校设备、教育经费各方面，都有创办中学的条件。

由于当时统治者忙于争权夺利，兴义中学在一九二六年以前是“难产”时期。一九二六年，兴义县长舒为龙（湖南人）到任后，尚能重视教育。到任不久，接见教育界人士如黄济舟、赵伯俊等人，知道兴义有了创办中学的条件，就催促黄济舟（教育局长）、赵伯俊立即准备当年秋季就成立（当

① 吴炯心：《兴义中学的前身》《兴义市文史资料第 1 辑》，兴义市委员会文史资料委员会，1960 年。

② 吴炯心（1897—1971），名启良，布依族，兴义县安章纳具人，毕业于兴义简易师范，中华人民共和国成立前历任兴义县小学、中学、师范学校校长，教育会理事之职。吴炯心惠嘉桑梓文教，深受师生爱重。中华人民共和国成立后，吴炯心先被聘为兴义县中学整编委员会委员后出任中学校长，1952 年调县文化馆，先后当选为县人民代表、人民委员会委员、县政治协商委员会副主席。

时赵伯俊任城区两级小学校长，全体教师也认为机不可失，极力赞助。是年秋季筹备就绪后，“兴义中学”就在一九二六年七月初宣布成立）。

把两级小学高三（高小是三年毕业）优等学生全部提升，又由校外招收一部分学生，共有六十多人。校长暂委赵伯俊兼任，我与吴仲威兼任“学监”，教师由当时军政界官员兼任：杨素平任体操，县府科长任历史，税局总办张某任地理，公安局长王明武任图画，一个广东人任英文，其他由高小教师兼任，如蒋芷衡、高用之、吴仲威、李介白等都是创办中学时的教师。如岑明英、周元椿、王在贤、陈立亮、吴照恩、陈一伦、熊酞远、任应珍、余国溥、余国汉等都是第一期学生。

二、立案过程

安龙权绅袁干臣得知兴义成立中学，认为会妨碍安中的发展（主要是学生来源），影响其家族势力的膨胀，函电纷呈省主席周西成和教育厅长周公寿，认为盘八既有了安中，兴义何必再办中学。由于其子袁祖钻是周西成的顶头上司，周竟允其请求，勒令兴义停办中学，对县长舒为龙给予撤职处分。初生的兴义中学虽受摧残，幸未撤销，仅县长舒为龙含恨去职。舒为龙卸任时，曾给兴中作一首诗：“作宰黎峨五月兹，斯民愚直耐侬思。西风一剑又飞去，独留纪念在于斯。”诉说他为创办兴义中学受惩离职的情怀。他离县这天，兴义各校师生整齐队伍，手执角旗，欢送出城，团防局诸公，则大不以为然，斥责赵伯俊不听招呼，而欢送他们的仇人舒为龙。赵亦因此大为气忿，一九二七年冬就辞职离县。一九二七年初，袁祖铭死，袁干臣失其凭借，亦准立案问题，就不了了之。同时兴中已成事实，也不好坚持撤销。唐希泽（贵阳人）继任县长后，与教育局长黄济舟磋商，才请准正式立案。一九二八年春，赵伯俊去职由县长唐希泽暂代校长，由省聘请教师邵竹波、车小舟、钱文鹄等来兴中任课。旋改车小舟任校长，从此兴中才得奠定基础，正常发展下去。

三、发展情况

一九二八年起，兴中年年招收新生，由一班两班扩大到三班、四班，再扩大到五、六班，邻县如贞丰、兴仁、普安、晴隆甚至安龙和邻省云南的罗平、富源，广西的隆林等县，都有学生来兴义就学。十年之间，学生人数逐年增加到只百多人。一九四〇年增设高中部成为完全中学。经费开支，省有补助。这时如黄德燊、吴尚章等四十多人，就是高中第一届学生。

一九三〇年，城区女校办有三个师范班，第一期学生有黄景惠、黄德瑛、朱德贵、王克勤等二十多人，扩充到三班时，兴仁、贞丰、盘县等都有女生来就学，共有一百五十多人。我担任校长，教师多数是女小教员兼任，如方德勋、王焕文、盛秀夫、叶茂生、岑新治、刘秉衡等。一九三二年，罗心则任县中校长时，将女师三班改为兴义中学女中部，名义上与男中合并，但女中部校舍在参议会，仍是我负责主持，经费分开，教师合用。一九三八年曾毓嵩任校长时，男女中才正式合并为一校，行政教学才统一起来，开兴义男女合校的新纪元。

四、县中分家

一九四二年，高中部经费由省款开支，初中部仍由县款开支。高中部扩充到三班，初中部增加到九班，共十二班，学生五六百人，校舍不能容纳。一九四四年时，经县教育会建议，申请教育厅核准：把县款开支的一部分学生划分出来，除省中一所外，增设县中一所。校舍在老城内圣庙（现在的一中）。县教育会公推罗心则任校长，从此兴义就有了两所中学——省立中学和县立中学。

罗心则复任县中校长，是从一九四四年到一九四六年，罗重民任教务主任，聂庆棠任训育主任，蒋国玺任事务主任。教师是罗重民、张光耀和我，学生由三班扩大到五班。一九四六年春，省中校长刘悝被诬告，国民党将其逮捕解省，罗心则调任省中校长，我继任县中校长。从一九四七年直到一九四九年，教务主任（那时设教导主任的不设训育主任，设训育主任，就称教务主任）由罗重民、张仁良，何怀祖等先后继任，训育主任由何恒书担任，事务主任由刘剑钊、查宇梁先后继任，教师是由唐鸣周、吕伯翔、张立安、刘秉衡、唐守一、郭启忠、赵广义、蒋重、蒋国玺、杨汗文、孙西墀等担任，刘崇富、赖奕斌等省中教师也到县中兼课，学生由五班扩大到十二班。一九四九年，增设师范一班，学生人数达四百多人，比省中人数多出三分之一。

省中每学期收学杂费比县中高一倍，如县中收白米二斗，省中就收四斗（米折价入银行），因此农村学生多进县中，城区学生多进省中。因学杂费问题，形成省、县中对立情况。省中在一九四八年黄治民任校长，教学措施与行政计划日愈松懈，学校信誉逐年降低，县中则一切较为正常。所以，当时兴义虽是一种性质的两所中学，而实质是大有区别。

五、历届校长姓名录

赵伯俊（兴义人）、唐希泽（县长兼）、车小舟（贵阳人）、赵卓夫（思南人）、刘质阶（贵阳人）、唐守一（兴义人）、罗心则（兴义人）、曾毓嵩（兴义人）、陈群镇（赤水人）、谭永年（江西人）、花寿泉（江苏淮阴人）、张捷先（徐州人）、刘惺（湖北人）、罗心则（复任）、卢兆麟（贵州人）、黄治民（黔西人）、吴炯心（兴义人）先后共一十七人。

从一九二六年起，到一九四九年止，县中的创立和发展过程中，二十三年就换了一十七个校长，变动很大。任期最长的是罗心则（约十年）、唐守一（一年半）、吴炯心（三年）、曾毓嵩（两年），其余的都是半年、一年不等，平均每人约一年三个月，可以说明在旧中国各级学校的教师、校长是没有保障的。历届校长的任免不根据本人成绩如何，完全是以统治者和地方绅誉的意志为进退的。教职员的聘任，其权力又完全操之于校长，所谓“一朝天子一朝臣”。历届毕业生每年平均六十人（包括高初中），二十三年中，毕业生共计一千三百多人。由资本主义教育本质决定，毕业青年，大多是从个人主义出发，寻求个人“事业”。但其中也有不少青年，能寻求真理，走向进步的、革命的道路，为祖国贡献自己的力量。

刘统之先生与兴义的教育①

岑明英②（整理）

笔者出生于清朝覆亡前两年（1910 年），也是刘统之（名官礼）死亡的那一年，对于清末时期的兴义教育与刘统之的关系，当然一无所知。及年长与世接触，聆教于本县前辈：如窦以庄（居仁）、黄济舟（名恩溥）、周农风、唐守一（名开敬）、王聘贤（名国佐）、窦简之（名居敬）、周星聚（名元奎）、李芳芝等，得知梗概，特综述之，以就教识者！

（一）清咸（丰）、同（治）年间，刘统之弟兄效法曾（国藩）、左（宗棠）故伎，在兴义大办团练，以扑灭回民起义军，抵抗广西游勇，维持其封建统治，邀好清王朝；深得清廷嘉奖：赏赐三品顶戴，先后开缺兴义知府、滇西候补道、实授靖边营团管带等要职。回、游事变，先后平定。刘统之锐意兴办地方各项事业，诸如加紧训练团防、兴修两个昭忠祠（城区与下五屯）、修筑道路、赈济贫民等，尤侧重于兴办教育。一八八三年创设“培文局”于昭忠祠，主管全县教育行政。在刘统之的主持、筹划下，团防总局积攒了白银达十万两。同时他又筹集办学基金：

1. 劝导“官民捐资兴学”，不论多少，统收于团防总局账内；

2. 强行没收“匪产”、绝产田地若干亩，又划拨会馆、寺庙租谷若干石，概称“学田”“学谷”，总数达一千二百多石，合三十多万斤；

3. 自一九〇二年至一九二六年，又先后划拨屠宰税附加、斗息捐、称捐、牲牙捐、摊捐（限于棉纱等大摊贩）、公房租等做教育经费，指定为城区高等小学堂及中一、中二、中三、女学的开支（乡村初小经费见后）。这就为他和他儿子显世（约后二十年）兴办和改革兴义教育走出了第一步。

---

① 岑明英：《刘统之先生与兴义的教育》，《兴义刘王何三大家族》，中国文史出版社 1990 年版。

② 岑明英，字伯飞，贵州兴义市鱼龙寨人。贵州省公立优级师范学校毕业。曾做过黔军第一混成旅旅长，昆明军政部第八军需处处长。

（二）刘统之和兴义一些士绅，认为嘉庆三年（1798 年）设县之时起到废除科举时止，除咸丰二年（1852 年）“邑人胡尔昌中乡试十六名，为兴义设县后唯一举人”外，以后再没有考中一个举人了；仅赵显彬（协中）应乡试中副榜，人称“半边举人”。当然就说不上进京“会试”“殿试”而被取录为进士、翰林了。就是做过大小京官和各省藩、臬、司道的人也没有一个，更无论朝廷宰辅和封疆大吏了。就是对经、史、诗、赋较有研究，或对书、画、金石和特殊技艺方面有突出成就的，也没有一人。刘统之每与本县明达的人谈及其事，常常引以为耻，慨叹兴义“文风”的衰靡，希图有所更张。

（三）有阴阳家者说：兴义的“风水”不好，所以不出“人才”，因为“地灵人杰”嘛！为此，当地不惜劳民伤财，在新城东北的“那坡”高山上，修建了一个“文笔峰”，培补风水，但也并没有出过人才（未考中一个举人）。后来，兴义迭遭特大火灾，最后一次，连“主管文风”的“奎星”阁（在踱浪亭前桥上）也被烧毁。又有另一个堪舆者建议：因为“文笔峰”对兴义县城有所“克制”，所以县城才几次遭到火灾。因于 1906 年拆除了这个“文笔峰”。

（四）刘统之是一个务实派的人，他对问题的看待，都从实际出发。那时，全国各省、府、州、县都纷纷成立书院讲学。他毅然顺应潮流，积极创立书院。兴义“笔山书院”原建于嘉庆十八年（1813 年），经两次改建扩修，“规模相当宏大，因咸、同军事，县城三失，兵燹迭经，残碑遗址，杳不可寻。据传：地址在老城西南隅水井坡，即老四川庙地址（今敬老院），嗣迁于老城后山文昌宫……沿称老书院”。

清光绪九年（1883 年），刘统之于培文局（与团防局合设于昭忠祠）召集绅耆计议：重修“笔山书院”，因择院址于新城东之“老官（罐音）坟”（今师专所在地）。在兴义知府孙清彦（号浊雅，又竹雅）支持下，除草莱、榛莽，纠工二年余，修建房屋百十间：有礼堂、山斗堂、讲堂（教堂）、善堂、斋房（宿舍）、教员憩息室（办公室）、教职员寝室（山长室、庶务室、教员室）等，于光绪十三年（1887）全部完成。大门横匾写着“笔山书院”四个金字；两旁写着楚靖邹元吉撰书的门联：“平地起楼台，看万间鳞次，五月鸠工，喜多士情殷梓里；斯文无畛域，况榜连天开，笔山排耸，愿诸生胁接蓬瀛。”大门内建一水池，供圣宫泮池的形式修筑，终年绿波沉璧；“山斗堂”三字金光闪耀，其柱联是“通今致用，修辞立诚”。上两联刻于四条石柱，字体遒劲，惜被拆毁。礼堂宽敞明亮，与山斗堂相连，可容千人集会；礼堂后壁左右有石碑四方。左侧二方，叙述修建笔山书院经过史实；右侧二方，系孙竹雅自书有关书法的规范，用以教育学生学习书写的法楷典范。笔锋秀丽凤舞龙腾，省内外来院拓印者络绎不绝。概为师专所拆毁。据说，有一块先被家属作洗衣板，后为县文化馆运去—— 意在保存。后该馆建设新馆时，又被工人作为石料砌压于基脚。这个“笔山书院”全部地址，都归师专使用。现在大部分被拆除改建，一部分留作员工家属住房。

（五）书院修好后，刘统之认为要办好教育，主要是师资问题，没有好教师，是不会造就出人才的。从 1887 年创办新书院起至 1902 年改为高等小学堂止，刘统之以年俸三四百金（两）聘请省内外有名进士、举人来县作山长者十五六人。其中有江西、湖北、四川、云南籍的进士、举人，而以绥阳举人雷廷珍（玉峰）和贵定举人徐天叙（叔彝）长院时间较长，成效显著。

雷廷珍其人在那时的黔北、贵州，甚至在南方各省都算得有数的经史学家和小学（说文）家，曾主讲于贵阳“经世学堂”。刘统之想尽种种方法，不惜以重金迎聘兴义，长理笔山书院。“书院向习八股诗赋，自戊戌，雷廷珍提倡经学、小学，住院生月呈笔记，亦当堂课给奖，广置时务书报及经、史、子、集，以供涉猎，学风为之一变。”廷珍长理笔山书院约三年，为山长中任期最长之一人。教学效果良好，师生感情笃厚。那时的学生如刘显世（后任贵州督军兼省长）、刘显治（希陶，国会议员）、刘显潜（后任滇黔边务督办）、刘显慎、刘显用、赵学坤、窦纯巷、魏盘溪、蒋兰台、袁廷泰（安龙人，袁祖铭之父）、蔡岳（贵阳人，号衡式，贵州军政府财政部长）等都是雷在兴义书院时的门下桃李。

时，张之洞督制湖广，连电邀促雷廷珍前往武汉长理两湖书院。显潜、显世等以师生谊重，不忍遽然别离，特护送雷廷珍到贵阳，才挥泪话别。雷廷珍在赴武汉途中死去，寄柩于重庆。越年，刘显潜出游京沪，道出重庆，得知雷柩寄渝，便独力护送雷柩回遵义营葬。雷之师道感人如此！

雷廷珍离开兴义笔山书院后，刘统之又以厚币礼聘贵阳名流姚华、徐天叙、熊继光（又名范舆，号铁岩）继长笔山书院。《兴义县志稿》载：“甲辰（1904）徐天叙主讲时，指阅经史，分呈笔记，每月会邑中人士举行讲演，风气又一变。”这时，笔山书院学务，蒸蒸日上，已达顶峰。

所有受聘到兴义讲学诸名儒，刘统之无不优礼有加，待为上宾，结为世好，如安龙举人庄南华竟以其女嫁与显世为媳；贵阳熊铁岩以其女楚芳为其孙媳，即刘公亮之妇也。

（六）笔山书院已具规模，本县及邻县负笈来学者众，院址几不堪容纳。惟迭遭兵燹后，公私藏书，毁失无遗，“典籍无存，文献莫微。先生（统之）乃命从侄显慎，于地方公款项下，拨票银一万二千两，由雷廷珍开列书目，赴长沙购办各种典籍：如《十三经》（注疏）、《二十四史》《三通》等，无不应有尽有。”藏书之富为各县冠。邑中生员（秀才、廪生、拔贡）及院中学士，都可借读博览。

（七）戊戌维新，废除科举，各省县书院都改设学堂。刘统之在教育改革上颇能触及时代脉搏，顺应潮流。深感“兴义设县晚，科名较稀，高瞻远瞩，为地方百年大计，锐意兴学，优礼厚币，敦聘省内外名儒，创办城乡小学”。首任高等小学堂长是贵阳有名举人张寿龄（号协陆，后留学日本，任贵州财政厅长），末任山长徐天叙与务川举人聂树楷（尊吾）等为教员，并于书院后山新建教室、图书室、仪器室、仓房等。所有博物、生理标本、图表以及物理、化学仪器等，都是由日本购来，足敷中等学校的应用（民国 5 年至 12 年，先后为过境军队所毁）。

以后的高等小学堂长是徐天叙、聂树楷、李映雪（知柏、兴义人，日本速成师范毕业，任过贵州警察厅长）、王文华（兴义人）等。

1902 年后，刘统之年事已高，时培文局改称劝学所，命其长子刘显世任劝学所总董，在他指导之下掌握全县教育行政。又聘请省内外名教师如陈树藩、端映江、董北平、刘炽昌、李兴甫、阮文光、任显清、梁秘香、董荫北、解伯莹、谢正初（湖南）、尤远春（湖南）等担任各科教学，有的分在各乡重点初小。这时仅有城区高等小学一所，城乡学生蜂拥来学，几致不能容纳。有的报考多次，未被录取，要求旁听。每至黎明夜静，琅琅读书声达于校外。互相竞争，惟恐后人，学风淳朴，成绩普遍提高。这里有两则趣闻，足证当时学风鼎盛概况。

1. 贵阳陆军小学堂要兴义派三人到该校学习，两名已由李毓华（蕴奇）、李清儒报名参加，另一名还没有确定，须由高小在校学生遴选。那时大家学习的兴趣很高，都不愿离开学堂，可何应钦正读高小，他大哥应祯（耀之），二哥应禄（升之）都读附设的师范讲习所，弟兄三人同在一堂（校），为人也较忠厚。同学们就以这为词，建议学堂当局派他们弟兄中一人去抵补。于是就轮到了何应钦，何也没有推辞，就和李毓华、李清儒同到贵阳陆小学习。进而汉口陆军中学、日本士官学校、走上军人道路，后来成为国民党长期显赫人物（黄济舟语）。

2. 贵阳成立通省公立中学（即后来的南明中学），兴义前往投考的共十三人，由徐天叙先生率领，以照应考生的生活、复习、报名和应考事宜。考试结果：不仅十三名概被录取，而且十三名是顺序的前列。其中有魏正楷（树生）、王文华（电轮）、窦居敬（简之）、高志强（用之）、熊璜典（凤阶）等人。后来，他们又大多转入优级师范选科学习，毕业后，都在教育、政治、军事上有所贡献（窦居仁谈话）。

因此，“县令马桢以办学成绩优异得清政府传令嘉奖”。辛亥前后，“文人蔚起，自光复、而护国、护法、而革命军北伐，以至抗日战争，功在国家，名闻国内外者均有人在”。可见兴义教育的蓬勃兴起与高度发展，实归于刘统之的远见卓识与经营。

（八）帝国主义入侵，还嚷着要瓜分我中华，导致各种爱国运动和寻找救国救民真理的兴起。无论是康梁领导的改良主义、孙中山领导的资产阶级民主主义还是以李鸿章为首的“洋务运动”，在中国教育史上都掀起了很大的变革。兴义也不可避免地受到这些进步思想的冲击和影响。

清政府颁布了“中学为体，西学为用”的教育方针，又颁布了《壬寅学制》，其中：初等小学堂五年，高等小学堂四年，中学五年，大学七年。刘统之看准了这个教育方针和制度比较原来的书院制度，尤其是私塾制度优越，在他主持之下，积极推行，着重在发展小学教育。初等小学堂由乡村主办，高等小学堂由县级主办。他在改组笔山书院为县立高等小学堂附设师范传习所的同时，大力创办各乡初等小学堂。尽管遭到一些科举余孽——廪生、庠生、拔贡以及塾师的强烈反对，他仍毅然地坚决执行。

他派他的长子刘显世任劝学所总董，分赴四乡，劝令各村创立初等小学堂。显世辛勤地奔赴各乡，往返发动当地乡绅和闾里保董，筹办初等小学。劝导富有的地主绅商捐资、捐谷、捐木、捐桌凳……掀起了全县人民的办学高潮。各乡各村互相竞赛，唯恐后人。仅在壬寅、癸卯年（1902—1903）中，各乡就创办了初等小学堂七十所。或改修祠堂庙宇，或兴建校舍。同时又筹措基金，以求巩固。其经费来源：多是夫客谷、庙租、学田土（伙头田、祭祀田、绝产等）以及当地市场的斗息、牲捐、摊捐……连同劝导户的捐资捐谷等划为学校基金。自筹、自给、自理，由村众推举，劝学所加聘的学董（后称学务员）负责经管，由劝学所派“视学员”监督，各乡村小学堂（初等）就得以巩固下来。中华人民共和国成立前兴义全县共有初小完小一百三十多所，文化较为普及，这同刘统之父子的锐意经营、坚毅信心和热忱努力是分不开的。

（九）兴义城区除办有高等小学堂外，也办初等小学。中一初小据邑人王聘贤谈：城区创办中一（中区第一初小）初小时，受过许多阻挠和曲折。刘统之在圣庙与两湖会馆之间，即老书院（文昌宫）旧址之前，倡修了校舍几十间作讲堂（教室）、教员憩息室（办公会议室）、教员寝室、学生宿舍（斋房）、善堂之用，另建宝善堂、明伦堂等，并把左右两侧与两湖会馆和圣庙沟通，校后修了个大操场作学生操游场所。他手书一联：“小学是做人样子，乐育得天下英才。”概括了小学的重要意义。用木刻油漆，悬在学校大门上，字体行书，飞跃流走，纵横遒丽，1949年后不见了。

刘统之自任中一初小监督（校长），可是，学期开始，没有一个学生报名。一些老学究起劲反对，明里暗里宣传鼓动：“读洋书，就是灭祖宗（指不供家神，挂耶稣像），谁不是父母所生呢？能做无父无君的人吗？无父无君，就是禽兽！”（引用孟子语）。又宣扬“读洋书，就要说洋话，装洋人，装洋人，就要挖眼、割鼻！换上山羊眼珠，培起高鼻子，那就成了假洋鬼子”等等谣言，恐吓家长和学生，企图起到阻挠破坏新学的作用。做家长的，生怕孩子读了洋书不认父母和祖宗，当孩子的怕挖眼割鼻做假洋鬼子。

刘统之了解这些情况后，坐上轿子，从自己家族、亲戚和有世谊关系的，有应该上学的人家起劝说。先说服家长，保证上了学不信洋教，不灭祖宗，照常供奉家神。再说服学生，对他们保证说：“去！读洋书去！坐三爷爷（刘对人自称）的轿子去！三爷爷抱住你，保你的镖，谁敢动你一根毫毛，三爷爷同他拼命！”刘统之有威风，也有信仰。家长、学生都被说服了。开学的那天，有的学生真个坐上刘统之的轿子去开学，但还是只有七个学生。

学生们行了开学礼回来，都换上一身穿戴：从头到脚一身新衣、新帽和新鞋袜，还挂上绣花的笔套和扇袋，一套新的教科书，有课文、有画图，欢天喜地地说：“县老爷（县长）、三爷爷和某公等都陪我们向圣人（孔子牌位）行礼，礼后又开茶点，又吃酒席。县老爷和三爷爷们都向我们问这问那……”说得满头高兴，并没有一点恐惧情绪。邻家小伙伴一齐涌来，张口结舌地欢迎着、羡慕着，翻看新书，玩弄笔扇套，打听消息，查看风色，一切很好。有的也有一些疑惧，恐怕挖眼、割鼻的事还在后头。

开学最初几天，刘统之还不失信地乘轿来家接学生，过几天学生就自动来去了。刘统之天天到学堂听课，鼓励和训导学生，东看看，西望望，教师下课后，同他们攀谈。不久，增加了十来人，学期结束，已达二十多人了。

学期结束，行散学礼，又是聚餐、发衣帽、发奖银——每人一两，发奖品等（后来改为成绩优良的才发奖），为的是刺激学生和社会知道读洋书的好处，并且不足可怕。第一学期后，学生们认识的字比塾生多，吃得透，会解释，又会用。有的会作文，会作联，又能算，会唱歌，会“说话”，既活泼，又礼貌，举止大方，言谈流利（那时以“洒扫、应对、进退”为训导内容），尤其没有挖眼、割鼻做假洋鬼子，照样供家神，并不信洋教。第二学期就增加到七八十人，逐年加到几百人了。兴义中一初小就是这样办起来的，又次第办起了中二、中三和城区女子初小，也促进了四乡的初等小学堂的开展。

可见刘统之对兴义教育的初期改革是那么细致、全面、深入、耐心、坚决、曲折和艰苦。

（本段系王聘贤先生在 1937 年 9 月雨夜的谈话，是针对某大学某英语教授说的。王风趣地说：“讲当学生，我算洋学生的鼻祖。”这里只摘记与兴义教育改革、开创有关的部分。）

（十）开办有了中一、中二、初等小学堂后，继续又开办东一、东二、西一、西二及南一、南二、北一、北二初等小学堂了。

东一初小设在附城的观音阁（物资局火药库），贵阳董北平（后留学日本）任第一任校长兼教员。东二初小设下五屯昭忠祠。东三初小设双生堡。东四初小设普硐村。

南一初小设大狗场（今敬南），计一、二、三、四四所。

西一初小设木贾武圣宫，共五所。

北一初小设安贞堡（桔园），共七所。

戊戌变法后至 1902 年，《壬寅学制》公布，兴义城乡仅有初等小学堂二十二所，高等小学堂一所，教师大多由外地聘来。《壬寅学制》公布后，全县初等小学堂达七十多所。有几处人口稠密、经费充裕的地方如捧乍[①]、敬南，较早地改为两等小学堂（民国初年）。从 1902 年《壬寅学制》公布到 1928 年，较大乡村的初小都改设两级小学。如下五屯、双生、乌沙、安贞、龙井、马岭、丰都、巴结、项效、郑屯、万屯、鲁屯、佳克、枫塘、双桥河……连同城区的一小、二小、女小等已达二十所，都是在原有的初等小学堂的基础上改设扩充的。这又与刘统之父子早年的提倡、改革有密切关系。

（十一）戊戌变法、资产阶级民主运动与洋务运动的兴起，推动了社会发展，导致全国各省、县纷纷派遣留学生到西洋（欧美）和东洋（日本）去留学，学习各种科学，作为“改良社会”“救国救民”的本领。刘统之又积极推动青年学生外出留学，但由于兴义地方偏僻，文化闭塞，学过英、法、德等外语的人几乎没有。又因日文易学，中日途程较近，通信汇款方便，所以兴义派遣的留学生，全都到日本。那时，团防总局的存款还多，刘统之就划拨部分款项，以地方公费派出学生留学日本。所有旅、杂、伙食、学费全由地方包干（留学的人既有本县补助费，又领获清政府的国、省补助费，节约的学生如刘志道，毕业后还有可观的存款）。这些留学生中，部分与刘统之有血缘关系，但大部分属于清贫勤奋、成绩优异的人。

（十二）刘统之其人，在政治、军事、经济、教育文化、社会事业（交通、赈济）诸方面的活动，对兴义、盘八，甚至贵州全省都有很大影响。由于他处于那样的时代，那样的家庭和社会，其所作为，当然受到历史的阶级的局限，但对于教育文化事业的革新与发展做出了优越的贡献。

（十三）附记

刘统之死，辛亥革命兴，刘显世、显潜兄弟及其子侄，因缘附会，取得了贵州的军政权力。兴义的教育事业，不仅没有得到继续发展，反而遇到残酷的摧毁，为时达十四年之久，以致人才枯竭，百事凋敝，其详细情况，容另文记述。

① 一般作“捧鲊”，也有作“捧乍”。

笔山书院[1]

吴　迪[2]

书院，是我国古代地方上设立的供人读书讲学的处所，起始于唐朝，鼎盛于明清之际，由私人或官府修建，有专人主持，它是有别于官学的一种特殊的教育型式。贵州偏处西南，远离中原，经济、文化发展受诸多因素制约，但自明代建省后，文化教育风气大开，势同内地，各府、直隶州、厅、州、县莫不创设书院，以至于在清末民初形成了三大著名书院。其中之一即是坐落于滇黔桂“三角地带”的兴义笔山书院，本文拟就其发展规模、教育状况及教育影响等问题做初步的记述和探讨。

一、笔山书院的发展规模

笔山书院从创建到最后被高等小学堂取代，经历了百余年的历史。其前后院址四次变更，规模逐渐扩大，唯“笔山书院”之名未改。其中第四座最具规模，最有成效，也最有影响。

第一座笔山书院始创于清乾隆四十九年（1784年），院址位于老城黄草坝后山水井坡山麓，院名即得于后山之形状。清嘉庆十八年（1813年）始建第二座笔山书院，其址改在县城老东门外。光绪元年（1875年），又建笔山书院于老城后山文昌宫（即今兴义一中所在地），俗称老书院。

光绪十五年（1889年），鉴于老书院的地势高峻窄狭，在官绅刘官礼（统之）的倡议和知府孙清彦（竹雅）的热情支持下，重建书院，是为第四座笔山书院。其院址改于兴义土城东北隅的老鹳坟（即今黔西南州民族高等师范专科学校处）。该院由刘官礼、赵天如、林子亨等官绅主持，通过当时各方人士的努力，并得到百姓群众投工献料的支持，建成规模在当时省内

---

① 吴迪：《笔山书院》，《贵州文史丛刊》2001年第2期，第63-66页。
② 吴迪，贵州大学历史系1997级学生。

颇具影响。其结构为三进五楹。首进大门石额题“笔山书院”四个大字，石柱刻行书联：

平地起楼台，看万间鳞次，五月鸠工，喜多士情殷梓里；
斯文无畛域，况榜挂天开，笔排山耸，愿诸生迹接蓬瀛。

款署：“楚靖邹元吉题并书”。这副对联既形容书院规模之宏大，也表达了乡里人对学子的殷切希望。中进悬“山斗堂”匾，柱排题联“通经效用，修辞立诚”，是为山长（亦称院长）讲学之处，题联点明书院办学之宗旨。两厢有茶舍十间。后进中供孔子牌位，左右侧分竖晚清名书家孙清彦撰书《学书校言》石刻三块，附记一块。东西厢各三间，左为山长室，右为图书馆。

第四座笔山书院建成后，其建设与教学当时闻名遐迩。民国《兴义县志》载：“光绪十五年（1889 年）……笔山书院购经、史、子、集四部书万卷供览，延通讲学，士风为之一变。”之后，该院还从武昌、长沙等地购置《皇清经解》正续、《学海堂重刊。湖北丛书》《汉魏六朝百三家集》等书籍，可见藏书丰富。（见《贵州省志·教育志》）

清末，政府颁布兴学诏书，提出“兴学育才为当务之急”的观点，颁布“壬寅学制”，提倡“中学为体，西学为用”，要求各省所有书院于省城者均设大学堂，于各府、厅、直隶州者皆设中学堂，于各州、县者则设小学堂。官绅刘官礼为了顺应历史的大潮，于光绪三十一年（1905 年）将笔山书院改成了兴义高等小学堂，由其子刘显世任学董，并附设了师范讲习班，此即为现今兴义师范教育的开始。高等小学堂的设施、师资基本上沿于笔山书院，只是名称上作了改变，后来规模略作扩建，完其设备罢了，但习惯上仍称“笔山书院”。

二、笔山书院的教学状况

笔山书院的教学内容初为八股试帖及诗赋，以研习儒家经典为主，间也议论时政。但后来随时世变迁，其教学内容亦有所改变。光绪二十五年（1898 年），戊戌维新间，院长雷廷珍（玉峰），提倡经学、小学，并订购《时务报》供学生阅览，规定每月两次呈送笔记批改，发还时当堂讲评发奖。

此后曾沛霖、姚华（茫父）等院长循其良规，并有改进。光绪三十年（1904年）后，留日归国的徐天叙掌院，除授经史外，还研习算数，并每月率学生参加邑中士人举办的讲演会等社会活动，使笔山书院好学成风，成绩日进。

笔山书院，尤其是第四座笔山书院的师资多是时人用高薪从省内外名流中聘请的。自1890到1905年间，先后从省内外聘请来院执教或掌院的有举人程光祖、周辅宸、庄南华、孙家璠、桂馥、朱元模、赵庭光、雷廷珍、曾沛霖、徐天叙、张寿龄等，亦有进士吴成熙、叶鸿钧、姚华、熊范舆等人。他们皆为省内外教育界之名流，其中雷廷珍是我国清末教育家，教学非常有方，成绩显著。

由于当时兴义各界对教育的重视，加上各位师生的共同努力，笔山书院硕果累累。光绪三十一年（1905年），原山长徐天叙带领魏正楷、窦简之、高致祥、熊凤阶、王文华（电轮）等十三人到贵阳投考贵州公立通省中学（原南明中学），“悉以前十三名之次第入选，名震全省教育界”。这使笔山书院（时虽易名为高等小学堂，但习惯上仍称笔山书院）一跃而成为贵州著名书院之一，与贵阳的贵山书院、遵义的湘川书院并称贵州三大书院。此后，学生人数倍增，毗邻的云南、广西学子亦以能进入笔山书院学习为荣，邻县的学生更是趋之若鹜。

另外，在笔山书院（含更名高等小学堂后的笔山书院）读过书的许多学生由地方或北京政府，以公费派往日本留学深造，甚至有的是以自费赴日留学，其中何应钦就是由北京政府派往日本留学的。这些学子在日本有进日本中央大学的，有进早稻田大学的，有进明治大学的，有进师范专科学校的，亦有进振武学校和士官学校的，他们攻读政治、经济、军事、教育和医学方面的知识和技术。除在文化知识方面学有所成外，相当部分学生在政治上也比较激进，如保衡、赵显彬、李培先、王伯群等人在日本就加入了孙中山领导的同盟会。这批留日学子归国后，有的从军，有的从政，也有的转回梓里从事家乡公益事业，部分成为省内外显赫一时的风云人物，在中国当时历史上留下了自己的轨迹，客观上都为国为民为乡做出了一定的努力（暂且不论其政见如何）。如王伯群后来担任了国民政府第一任交通部长，为我国的交通、邮电事业做出了一定的贡献；他还创办了大厦大学，并执掌学校二十年，为国家培养了一批批杰出人才；又如何应钦归国后最终担任国民政府行政院院长。

还有一部分学生在笔山书院肄业后，虽未赶上出国留学的机会，但后来却也成了贵州省政界、军界的显赫人物。例如刘显世成了当时贵州省省长，王文华成了黔军总司令，刘显潜任游击军总司令，尤其王文华积极拥护孙中山的革命主张，被委任为孙中山所领导的革命军事委员会委员。另外，在省内外攻读中学、大学者更是不胜枚举。

三、笔山书院在兴义教育史上的影响及其兴衰之原因

统观兴义教育 200 余年来的历史过程，笔山书院可谓兴义学校教育之伊始，而清末民初兴办私塾、复兴书院、建立学堂却开了兴义教育风气之先。兴义县人于笔山书院曾考取过不少举人、秀才，也有许多大学生和留学生，可谓“留学生之多，声誉兴隆，甲子全省”(民国《兴义县志》)。笔山书院之兴盛，开了兴义教育学士之风，为兴义教育开了一个好头，直接或间接地影响着以后兴义教育的发展，可以说今天兴义社会主义教育取得辉煌的业绩和当时卓有成就的笔山书院的巨大影响是分不开的。

笔山书院教育兴盛的原因何在呢？笔者认为主要有以下几个方面。

第一，笔山书院在地理位置上占有很大的优势。其所处的兴义县位于滇黔桂三省区交界处，距贵阳、昆明较近，消息比较灵通，省内外商贾云集于此，受外来思想的影响较快。比如，清末“兴学诏书”刚颁不久，笔山书院就于 1905 年改成高等小学堂，顺应了历史潮流。

第二，笔山书院当时能够如此兴盛的最主要原因是具有较为稳定充盈的教育经费。例如，第四座笔山书院修建时，就得到国防局多年积蓄库银投入；而且，书院竣工后，又以库银之剩余为教学基金，划拨卷田、学田、匪产、绝产的收入及斗息、称捐、屠宰捐等作为兴办书院的常年经费，这为书院的发展奠定了固实的物质基础。

第三，笔山书院之所以硕果累累，人才辈出，和对老师及山长的严格选拔、重金聘用是分不开的。笔山书院在山长和教师的聘用上尤为舍得花钱，教师们的年薪为白银 200 两，山长则可达 300 到 400 两之多，超过或相当于当时知府所得。于笔山书院执教掌院的多是以重金从省内外聘请的名流，比如自 1890 年到 1905 年间的十几个山长中，唯有一个是兴义县人，

从省外聘来者就有 6 人，其中有我国清末教育家雷廷珍（天津人）。

第四，笔山书院深得当时兴义高层决策人士的重视和支持。《中国教育报》（1999 年 10 月某期）有曰：“能否将有限的财力，用于教育，关键取决于决策人对教育的认识。”故当时决策人士对笔山书院的重视确实是其兴盛的又一个重要原因。第四座笔山书院修建时就得到了官绅刘官礼的竭力倡议，并亲自主持修建工作，同时也得到兴义知府孙清彦的支持和推动；而且，聘用省内外名流和送学子出国留学等事宜也都得时人的大力支持和重视。

第五，笔山书院的兴盛与桑梓百姓群众及各位学子的努力也有很大的关系。第四座笔山书院修建就得到百姓群众的投工献料，故才一年余即告落成。其时，各位学子皆能克服各种困难认真攻读，努力学习，形成了一种良好的学习风气。

笔山书院在兴义教育史上占据着突出的位置，产生了重要的影响，但由于它所处的历史时代和当时客观条件所限，也具有一定的历史局限性。它处于科举制度向“新型”教育模式转轨的重要时期，故开课内容在相当长时间内皆以八股试帖和四书五经为主。由于当时科技和文化落后，笔山书院的讲学方式仅限于课本评讲，并无正式的教研活动，只是凭书院山长和教师个人钻研和教学相长取得成绩。书院在相当长时间内无人重视而失修破败。又因当时战争频频，书院也受其所扰，第二座即毁于兵燹之中；更名后的笔山书院多被驻军占用，加之国防局克扣积欠教薪，一时诸多名流教师皆陆续他就，远走高飞，致学生成绩日降，学风不振。直至中华人民共和国成立后，在人民政府的重视和领导下，才得以恢复，焕发生机，发展成为黔西南州民族师范高等专科学校。

在 21 世纪到来之际，科技和教育越显其重要性，“经济要发展，教育要先行”，“国运兴衰，系于教育”。“科教兴国”早已写入基本国策，江泽民同志曾多次加以强调。要振兴地方教育事业，必“以史为鉴”。研究笔山书院兴衰发展之因，寻其办学的经验教训之处，对于我们今天的学校教育应是有所裨益的。

清末民初贵州教育先驱刘统之[①]

刘达瑀[②]

清末民初从贵州兴义先后走出了四十多名留学生，人数之多，列黔省之冠。这批人后来对贵州及全国的影响令人刮目。刘统之（1841—1910）为地方百年大计锐意兴学培育人才的功绩值得一书。

刘统之，名官礼，祖籍湖南邵阳。清嘉庆十二年（1807），其祖刘泰和入黔，定居兴义泥凼，以榨油为业。后迁居纳吉寨，不久又迁至下五屯。清咸丰初年到同治年间，战乱纷起，刘氏奉官府之命开始创办团练。靠办团练起家，刘氏家族的势力由盘江流域推进到省城贵阳。刘统之之子刘显世、侄子刘显潜等主政贵州十余年，兴义这个边陲小地，走出了不少显赫的人物，首先应归功于教育。

兴义，历史上长期文化教育滞后。据史料记载，直到十九世纪中叶，兴义才开始有人考取功名。1796 年到 1854 年，整个兴义府只有 14 人考取举人，一个考取进士，其中兴义县考取者仅一人。刘统之每与乡贤明达者谈及此事，总引以为耻，乃决心从教育入手，培养人才，推动家乡变革。身为兴义府所属团练统领，又任在籍知府和领道员衔，后擢升云南候补道的刘统之，凭自己的地位和影响，脚踏实地地推行自己的教育改革计划。

千方百计为大力兴学筹集资金

刘统之动用国防总局历年库存的白银十万两，改作教育经费；强行没

① 刘达瑀：《清末民初贵州教育先驱刘统之》，《文史天地》2003 年第 9 期，第 18-21 页。

② 刘达瑀，贵州兴义人，贵州盘县第二中学高级教师。主要从事兴义刘氏家族及兴义军政人物研究，撰有《刘氏家族史》《刘显世传》《刘显潜传》《刘显治传》《刘官礼传》《刘燧昌传》《刘悫昌正传》《刘言昌传》等专著和文章。2001 年被聘为贵州省文史研究馆特聘研究员。

收非法及绝产田地若干亩作为“学田”；划拨会馆、寺庙租谷若干石作为“学谷”，年收学租三十多万斤；先后划拨屠宰税附加、斗息捐、称捐、牲牙捐、摊捐、公房租等为教育经费；本人则率先捐献谷物，积谷筹资，并亲赴各方劝导官民捐资兴学。

建立基业，重修“笔山书院”

兴义第一座笔山书院创建于十八世纪中叶，第二、三座分别修建于 1813 年和 1875 年，但均为咸、同年间战火所毁。清光绪十五年（1889），刘统之以其官绅双重身份，在兴义知府孙清彦支持下，修建第四座笔山书院（即今兴义师范专科学校所在地）。新建的书院计有房屋一百一十间，二进院舍二十六楹，有礼堂（可容千人集会）、山斗堂、讲堂、膳堂、斋房、教员憩息室、寝室等设施，规模齐备，宏伟壮观，为当时西南最高学府。

延揽人才，重金礼聘名流执教

刘统之深知办好教育的关键在师资，没有好师资，就不可能造就出好人才。书院建成后，他以每人每年三四百两银的高薪聘请省内外名流来院作山长和教师，先后选聘十五人，均是举人、进士。其中以绥阳人雷廷珍（玉峰）和贵定人徐天叙（叔彝）掌院时间较长，成效显著。他们执教有方，要求住院生月呈笔记，常当课给奖，广置时务书报及经、史、子、集以供涉猎，学风为之一变，教学效果良好，师生感情笃厚。以后的不少名流都出自他们的门下，如刘显世（后任贵州督军兼省长）、刘显潜（后任滇黔边务督办、贵州代省长）、刘显治（后任云南省政务厅长、国会议员），刘显慎、刘显用、赵学坤、窦纯巷、魏盘溪、蒋兰台、袁廷泰（袁祖铭省长之父）、蔡岳（后任贵州军政府财政部长）等，皆名重一时。

完善设施，不断改善办学条件

书院兴旺，学子云集，但由于连遭兵祸，藏书毁失无遗。刘统之从地方公款项下，划拨票银一万二千两，由雷廷珍开列书目，令其侄子显慎赴长沙购买各种典籍，如《十三经注疏》《二十四史》《三通》等。时书院藏书之富为全省各县之冠。邑中生员（秀才、廪生、拔贡）及院中学士，都可借读博览。以后，刘统之又于书院后山新建教室、图书室、仪器室、库房等，派人赴上海、日本购生物标本、图表及物理和化学仪器、实验药物等，以适应学校改革之需。

顺应潮流，大力创办城乡小学戊戌维新，废除科举，各省县书院纷纷改成学堂。1902 年，清廷颁发《壬寅学制》，提倡"中学为本，西学为用"，实行初等小学五年制、高等小学四年制、中学五年（后改成四年制）、大学七年制。刘统之于清光绪三十年（1904）将兴义笔山书院改为兴义高等小学堂，还先后创办了师范传习所和女子小学。他礼聘贵阳名士张寿龄（号协陆，后留学日本，回国后任贵州财政厅长）、徐天叙为局等小学堂堂长；先后任过堂长的还有聂树楷、李映雪（后留学日本，回国后任贵州警察厅长）、刘显慎、王文华等人。他还延聘了省内外名师陈树藩、端晓江等十余人担任各科教学。有的直接分到各乡重点初小。他不断筹集资金，新建、改建校舍，逐渐完善高等小学堂的各项设施。此时城区仅有高等小学堂一所，各地学生蜂拥而来，以致不能容纳。有的学生报考多次未被录取，只好要求旁听。据记载，每至黎明和夜静，琅琅书声达于校外，学生互相竞争，惟恐后人，学习成绩普遍提高。清光绪三十一年（1905），校长徐天叙带领学生魏正楷（树生）、窦居敬（简之）、高志强（用之）、熊璜典（凤阶）、王文华（电轮）等到贵阳投考贵州省立中学（后来的南明中学），不但全部录取，而且名列前十三名，使贵州教育界为之大震。

为统筹规划和领导全县的教育改革，刘统之创设学务公所（后改劝学所），由长子刘显世任总董，他负责全县的教育行政。刘显世不辞辛劳，奔赴各乡，劝令创立初等小学。各乡各村互相竞赛，或兴建校舍，或改修祠堂庙宇，同时多渠道筹措资金，迅速掀起了全县办学的高潮，仅在 1902—1903 年间，各乡就创办了初等小学 70 所。地区除办尚等小学堂外，也办初等小学。刘统之自任中一监督。他创修校舍数十间作教室、办公会议室、教员寝室、学生宿舍、膳堂，另建宝善堂、明伦堂等，还修了大操场。随后又办起了中二、中三和女子初小。紧接着东一、东二、西一、西二、南一、南二、北一、北二等初等小学堂相继诞生，其势如雨后春笋。一些人口稠密、经费充裕的地方改单一的初等小学为两级小学堂。据统计，1950 年前兴义全县共有初小和完小 130 多所。

矢志不渝，身体力行推行新学

刘统之这样位尊权重颇有影响的人物，推行新学也曾遭遇许多阻挠，经过不少曲折。刘统之自任监督的中一初小，开学时没有一个学生报名。一些遗老们极力蛊惑："读洋书，就要信洋教，当洋人，不要祖宗，无君无父，变成禽兽。"刘统之得知后，坐上轿子到群众中广为解释，对家长说："保证不信洋教，不信耶稣，仍然供家神。"对儿童说："读洋书去；坐三爷爷（刘统之排行第三）的轿子去，三爷爷抱住你，保你的镖！"刘统之不顾年事已高，身体力行，开学之日，便坐上轿子去接学生。但到校学生仅有七个！

执着、坚毅的刘统之并不气馁，开学之日，七个学生都得到了新的衣帽、鞋袜、绣花笔袋、扇袋和一套崭新的"洋书"。孩子们回到家里，欢天喜地地对家长说："县太爷（县长）和三爷爷都陪我们向圣人（孔子牌位）行礼，还和我们吃茶饭。"精诚所至，金石为开，不久家长们都消除顾虑，乐意送孩子入学了。

开学之初，刘统之不但照样乘轿接学生，而且每天亲自陪读并与学生一起进餐，使学生和家长受到了极大的鼓舞，不久学生就由七人增加到二十人。学期结束，刘统之与县知事等官绅和学生一起聚餐，并发给学生衣帽和奖银（一两）、奖品等，宣传读"洋书"的好处。至第二学期，学生激增至八十人左右，以后逐年增到几百人。中一小学的学生，识字不仅比塾生多，而且能解释，会应用，会作文，会作联，又能算，会唱歌，会画画，还有礼貌，举止大方，言谈流利，普受称道。它不仅为推行新学起了一个示范，也对社会教育起了一个好的开端。

放眼省城，跟上改革发展步伐

刘统之并不仅是埋首于家乡的教育活动，他早已把眼光投向了省城乃至全国，使自己的改革跟上清末民初时代发展的步伐。1897 年，一个与康有为维新派有联系的知名学者严修被任命为贵州学政使。严修到贵阳后创办了贵州第一所引进西方课程的学校——经世学堂，它仅招收四十名经过挑选的很有资质的学生。刘统之的次子刘显治便是其中一个，这使得刘统之与改革派人物和贵州教育界上层人士有了接触。在贵阳白沙巷，还有康有为为刘统之公馆题写的横匾："刘统之先生祠"，现为贵阳市文物保护单位。

刘统之不断聘请贵阳及省内外的知名学者到兴义主持院务校务以及讲学，这一明智之举把省城及外地教育改革的新思想和新信息也不断带入兴义，加强和推动了改革。

刘统之是一个十分敏感的人物，他在教育上的改革颇能触及时代脉搏。他创办笔山书院时花重金购进"四书""五经"等历代经典，设置"培文局"，培养适应科举考试的人才。及至戊戌维新，废除科举，他便不失时机地改革教学内容，削减四书五经分量，新开数理化课程，并购进大量仪器和实验药物。在他辛勤创办的中一小学大门前，他亲自手书一联："小学是做人样子，乐育得天下英才。"可见他多么重视基础教育培育人的作用。在他推动下大办起来的城乡小学中，他又顺应潮流，规定了普遍采用白话文。这在当时的历史环境下实属难能可贵。

派遣并资助莘莘学子出国留学

刘统之的远见卓识除了他能不断地改革创新，还在于他能向更高的层次发展。刘统之父子先后派遣并资助了四十余人出国留学。何应钦、李毓华（蕴奇）二人虽系北京政府以公费派赴日本士官学校，但一直得到刘显世的资助。刘统之从国防局经费中划拨部分款项，以地方经费支持学生留学（留学人员还可领到清政府的补助费，所以他们全无后顾之忧）。这些学生中少部分与刘统之有血缘关系，但大部分属于清贫勤奋、成绩优异的人。

刘统之对留学生要求甚严，例如其子刘显治到日本留学时，母尚氏病故。刘统之担心显治因母丧回国，至废学业，于百日后才写信告诉他说："以学业为重，节哀苦读，以报亲恩，即为至孝。母瞑既毕，幸勿回国！致废所学，尤为不孝。"显治直至学成毕业方才回国。

这些留学生赴日后，分别进入日本帝国大学、中央大学、早稻田大学、明治大学、师范专科、振武学校和士官学校等，学习政治、经济、军事、教育和医学等方面的现代知识和科学技术。他们不但在文化科技方面学有所成，其中一部分还在日本参加了孙中山领导的同盟会，投身于反清革命运动。回国后，一部分人成了家乡、贵州乃至全国有重要影响的人物。例如保衡则系受同盟会的派遣回奉天（今沈阳）进行革命活动，被清廷抓捕后慷慨就义的烈士。王伯群回国后积极投入护国、护法之役，后出任国民政府第一任交通部长，大夏大学创始人。刘显治成了民国第一届国会议员。何应钦积极投身北伐，后来成了国民政府军政部长、参谋总长、行政院长，抗战胜利后在南京接受日本降书。刘刚吾成了中国留日学生监督，河北、河南省以及天津市秘书长，河南省代省主席。刘若愚成了知名实业家，开云南汽车运输之先河。王聘贤成了医术精湛、医德高尚的医生，后任贵州省人民政府卫生厅副厅长。

兴义笔山书院①

张兴智

兴义笔山书院，创办于清乾隆年间（1736—1796），是科举时代传授文化和知识的园地，在清末和民国初年不但为地方培养了众多的人才，而且为国家培养了一批十分重要的人才。

笔山书院伊始，系地方人士自发集资兴办，故称之为“乡党之学”。为了区别于官办之学，院长称为“山长”，由地方人士自行择聘，无需政府认可。笔山书院，由于历史和自然环境等原因，曾先后四次兴废。

第一座书院

第一座书院，建于兴义老城后山水井坡山麓（今兴义县民政局宿舍地址）。其前山峰耸立，状似笔架，故名“笔架山”。院舍隐于苍松翠柏之间，景观清幽静秀，远山近水，“文房四景”，尽收眼底。花水河绕流其下，叶陌开阔，方正之妙，酷似书卷。山前龙潭似砚，镶嵌于千亩田畴之间。山水之映，乃似笔砚，“笔山书院”故此得名。至于此院为何荒废，尚无史料记载。

第二座书院

第二座书院，于清嘉庆十八年（1813 年）系知县杜友李集地方群力所建。院址在县城东门外。是年，参加县应试的文武童生四百人，每人捐钱千文，共得四百千（合银四百两），加之地方各界人士捐济，购买青安会馆旧址兴工建造，嘉庆二十三年（1818 年），知县张梦骥又购增部分土地进行扩建，先后建成院舍二十五楹。规模相当宏大，因咸、同军事，县城三失，

① 张兴智：《兴义笔山书院》，《文史资料存稿选编第 3 卷》，贵州人民出版社，2006 年。

兵燹迭经，残碑遗址，杳不可寻。

第三座书院

第三座书院建于老城后山文昌宫（今兴义一中新教学楼处）。清光绪初年（1875 年）前后，战乱结束，地方平靖，各界人士患无讲学进修之所，斋长李辉垣慨然将其位于文庙右侧的地基捐作创修文昌宫之用。文昌宫落成后即让书院教读其中。日课八股文和试帖诗二次。作业由学官、训导批改，分甲乙榜示，成为当时谋求科第的必由之路。俗称此院为老书院。

第四座书院

鉴于“老书院”地势高峻狭窄，教读不便，于清光绪十五年（1889 年）在地方人士倡议下，得到兴义知府孙清彦的热情支持，动用团防总局历年库存白银为基建经费，工料由群众自捐，于兴义城东北隅（今兴义民族师范专科学校）置地重修笔山书院。因资金充裕，官府重视，民众踊跃，建设院舍三进共有房二十六楹，房屋百十间，有礼堂、山斗堂、讲堂、缮堂、斋房（含学生宿舍）、教员憩息室（兼办公室）、教职员寝室、山长室（即院长）、庶务室、教员室。

书院建成后，又以剩余库银为基金，划拨卷田、学田、匪产、绝产、斗息、称捐、屠宰捐和学租十五万公斤作为兴办书院的常年经费，从而为书院的发展奠定了物质基础。刘统之等人凭此基础，扩招贤人，以白银三至四百两的厚禄，礼聘省内外名流掌教。自 1890 年至 1902 年间，先后从外地聘请的举人有陈光祖、周辅宸、庄南华、孙家璠、桂馥、汤中、雷廷珍、曾沛霖、朱元谟、徐天叙、赵廷光等人。雷玉峰先生不但在贵州出名，而且在南方都是出名的史学家。执掌兴义“笔山书院”三年，使书院大有起色。所以时任湖广总督的张之洞迭请雷赴武汉执掌两湖书院，后者仅因途中病故而未能就任。

1904 年，书院改成高等小学堂后，又先后从外地聘请了出名教师陈树藩、端晓江等 12 人。首任高等小学堂堂长是贵阳有名举人张寿龄（协陆），第二任系聂树楷，第三任是留日回乡的李映雪。自辛亥革命后，其堂长均系当地人。

书院教学内容，初年为八股试帖，诗、赋之类，《皇清经解》《学海堂重刻》《湖北丛书》《汉魏六朝百三家集》经、史、子、集等全由武汉、长沙等地购进供学生阅览。除此外，还由日本购进近代知识的各种图表、书籍、仪器供学生学习。

清光绪二十五（1898年），戊戌维新后，院长雷玉峰提供经学、小学，订置时务书报供学生阅读。学生每月必须将业本呈送先生批改两次。先生发还作业时，当堂讲评发奖。曾树之、姚茫父（华）等继任院长后，不但能循其良而且还有所改进。

光绪三十年（1904年），徐天叙任院长时，不但认真指导学生阅读经史，研习算术，批改作业，而且每月亲自率领学生参加邑人举办的演讲会，激励学生学习的积极性。由于连续几任院长都认真负责，使书院形成了良好的学风，成绩日进。1905年“书院”改成高等小学堂时，院长徐天叙带领魏正楷、窦简之、高致祥、熊凤阶等十三名赴筑，投考贵州公立中学，名列前1至13名，名震全省学界。高等小学堂又于1926年升级为兴义中学（现在的兴义一中）。

笔山书院，从创建到改为兴义中学为止，前后历经一百六七十年，所培养的人才不计其数。据《兴义府志》记载，曾经中过举人的王赞武、王奭武弟兄，就是第一座书院所培养的弟子。到第四座书院的清末民国初年时期则更是人才辈出，仅1905年至1920年间，东渡日本留学的有刘显治、王伯群、保衡、李培先、王聘贤、何应钦、刘若遗等34人之多。他们分别进入日本的中央大学、帝国大学、早稻田大学、明治大学、师范专科、讲武学校和士官学校，学习政治、经济、军事、教育和医学等方面的现代知识和科学技术。他们不但学有成就，而且一部分人政治上比较激进，在日本加入了孙中山领导的同盟会，所以在各界影响较大。

政界，走出笔山书院到日本留学期间参加同盟会的有保衡、赵显彬、李培先、王伯群等人。保恒在日本受同盟会委派回奉天进行革命活动时，被清廷抓捕后慷慨就义。笔山书院的学生中，后来任过省长的有刘显世、刘显潜，代理过省长一职者有李映雪、刘刚吾。刘显世虽然比较保守，在辛亥革命，护国护法运动的大是大非问题上，往往首鼠两端，态度暧昧，但在其左右的推动下，仍然顺应了历史潮流的发展，支持了运动。刘刚吾在日本完成学业后，被政府委派为中国留日学生监督，回国后曾任河南省政府秘书长，代省长和国家内政部民政司长等职。除此之外，刘显治由日本留学回归以后，曾任国会议员，常驻北京。

军界，早年在笔山书院攻读，后来投入军界又具有较大影响者有李儒清、王文华、何应钦、王文彦、窦居仁等人。李儒清在武昌首义中，总司令部被迫移驻十里铺时，被任命为临时督战指挥官，但因革命军寡不敌众，粮食被焚，李只身冲入敌阵而中弹阵亡。王文华是辛亥革命的积极拥护者，曾任黔军总司令，在护国、护法运动中率部迭挫北军，累建战功，颇受孙中山器重，被委任为国民革命军事委员会常务委员。1921 年在上海被刺后，于 1940 年被国民政府追认为陆军上将。何应钦于 1900 年进入笔山书院，被推举入贵阳陆军小学，尔后武汉陆军中学、日本士官学校。回国后曾先后任旅长、军长、军政部长、陆军总司令、国防部长、中国驻联大代表和行政院长等职。

教育，早年在笔山书院学习，后来进一入其他学校深造后而当了教师者颇多。仅在兴义就有吴炯心、赵伯俊、唐守一、赵显彬等出名教师。兴义县还为这些人立传入志。在外地办学出名者，首推王伯群先生。他由日本回国后，不但积极拥护孙中山的主张，参与护国、护法运动，当了国民政府交通部第一任部长，而且于 1924 年捐资和集资创办了大夏大学。他执掌大夏 18 年，直至 1941 年病故为止，所培养的弟子遍布国内外。

医药，由笔山书院出去的学生中从事医药业者虽不多，但仍有王聘贤医生名扬各界。他由日本修中医出名回国后，长期在贵州行医，由于技术精湛，医德高尚，深受各界好评。1949 年以后，曾任省卫生厅副厅长兼中医研究所所长等职。

商界，在笔山书院毕业的学生中，影响最大者当推刘若遗。他从日本留学回国后，应邀前往云南，先后在昆明开办“同森木行”“裕华砖瓦厂”“呈贡果园”“殖边银行”“富滇银行”“盐隆公司”以及“志和”与“懋和”两个商号。特别是“富滇银行”，在西南三省影响甚大，使他成为一时能够左右云南经济的金融家和实业家。

一所在边远山区的学校在一个时期内培养了如此众多的人才，确属难得。

兴义笔山书院①

枕　木

位于黔、滇、桂三省（区）接合部的兴义市，山川秀丽，物产丰富，也是贵州的一块藏龙卧虎之地。辛亥革命前后，这里曾涌现出一批不仅在贵州，而且在全国也颇有影响的人物。这批人物的出现，究其原因，无不与当时的兴义笔山书院有关。他们从笔山书院这个传授文化知识的摇篮出发，后来分别登上了贵州乃至中国的政治、军事、经济和科教舞台。

兴义笔山书院，创办于清代乾隆（1736—1795）年间，系当地士绅和民众自发筹资兴办，为科举时代讲授四书五经的场所。书院首建于兴义老城西南隅水井坡山麓。院后奇峰耸立，酷似笔架，故名“笔架山”，“笔山书院”也因此而得名。院舍掩映于苍松翠柏之中，清幽静雅；院前一个清澈的龙潭，宛如偌大一方砚台，镶嵌于千亩田畴之间，更为书院增添了文秀之气。

笔山书院建成以后，因战乱及其他一些原因，先后有过四次兴废，院址也曾迁往县城东门外和老城后山文昌宫。清光绪十五年（1889 年），鉴于前三座“老书院”的院址地势较高，位置较偏，教读不便，于是，在刘统之等地方士绅的倡议下，并得到兴义知府孙清彦的支持，当地动用团防总局历年库存白银为基建经费，择地于兴义城东北隅的老鹳坟（即今兴义民族师范学院内），第四次兴建书院。

在刘统之、赵天如、林子亨等的主持下，第四次建院工程很快完工。新书院兴建房屋百十间，有礼堂、山斗堂、讲堂、缮堂、斋房（宿舍）、教员憩息室（办公室）、教职员寝室（山长室、庶务室、教员室）等。新书院仍沿用老书院旧名，在大门石额题有“笔山书院”四个大字，并配石刻行楷对联一副，上联为“平地起楼台，看万间鳞次，五月鸠工，喜多士情殷

① 枕木：《兴义笔山书院》，《黔西南日报》2011 年 3 月 8 日，第 3 版。

梓里”；下联是“斯文无轸域，况榜挂天开，笔排山耸，愿诸生迹接蓬瀛”。院内建有四方圆角鱼池，池水清冽，通以小溪，围以石栏。中间的山斗堂上，悬有红底金字的“山斗堂”匾额，两旁联题“通今致用，修辞立诚”，概括了立院之目的。

接着，刘统之等人又以剩余库银为基金，广聘贤人前来执教。自 1890 年至 1902 年，先后礼聘十几位省内外名儒前来长理笔山书院，其中最著名的是雷廷珍和姚华两位先生。雷廷珍（号玉峰），曾为贵阳“经世学堂”的知名教师，也是当时我国南方著名的经史学家。此人深受当时湖广总督张之洞的器重，多次邀促其前往武汉执掌两湖书院，后于赴鄂途中病故。雷廷珍执掌笔山书院约 3 年，在此期间，书院学务蒸蒸日上，正如《兴义县志（稿）· 书院》记载：“广置时务书报及经、史、子、集，以供涉猎，学风为之一变。”姚华（字重光，号茫父），系贵阳人，是清末民初我国著名的书画大师。在应聘继任笔山书院山长期间，不但能循其良规，而且还讲诗作画，改进教学，使学生得到全面发展。后来，姚华又受聘到北京美专、京华美专教授书法和绘画，被鲁迅、郑振铎称誉为民初有代表性、有创造力的画家。历史学家郑天挺则称之为“一时大师”。不仅王瑶卿、程砚秋、梅兰芳等知名艺术家常向其请教诗画，连印度大诗人泰戈尔也将其诗画视为珍品，带回国陈列。他的绘画用笔古拙遒劲，构图端庄朴实，作品意韵无穷，并善于运用水墨画、水印木刻、刻铜画、颖拓多种表现形式。直到 1957 年，郭沫若仍赞道：“茫父颖拓实古今来别开生面之奇画也。”

1904 年，笔山书院改名为兴义高等小学堂后，进入其鼎盛时期。学堂的教师，不仅认真指导学生研读经史，而且从日本购进大量学习近代知识所需的各种图表、仪器和书籍，供学生们学用。此外，还组织学生每月参加乡人举办的演讲会，激励大家学习的积极性，1905 年，堂长徐天叙带领王文华、魏正楷等 13 名学生前往贵阳投考贵州省公立中学，考试结果，不但 13 名学生全被录取，而且成绩名列前 13 名的均为此次应考的兴义籍考生，名震贵州学界。为了顺应潮流，1926 年，已改为高等小学堂的笔山书院，又升级为兴义中学。

兴义笔山书院，从创建到改名为兴义中学的 100 多年中，为地方培养了大量的人才。据《兴义府志》记载，中过举人的王赞武两弟兄，就是第一座书院培养出来的弟子。尤其是在第 4 座书院开办期间，更是人才辈出，仅1905年至1920年间，东渡日本留学的笔山书院学生就多达30余人，难怪《兴义县志（稿）·学校》曾这样记载："我县留学生之多，声誉之隆，甲于全省。"

在这些留日学生中，王伯群、保衡、刘显治、李培先、何应钦、王聘贤、刘若遗等人，分别进入日本的中央大学、帝国大学、早稻田大学、明治大学、讲武学校和士官学校，学习政治、经济、军事、教育、医学。回国后，他们与其他未出国留学的笔山书院学生一起，在各界都产生了较大的影响。

政界，走出笔山书院赴日本留学期间参加孙中山领导的同盟会的学生，有保衡、王伯群、刘显治、刘刚吾等人。保衡在日本受同盟会委派回奉天（今沈阳）进行革命活动时，被清朝政府抓捕后慷慨就义。王伯群从日本回国后，积极拥护孙中山先生的主张，参与护国、护法运动，被孙中山先生任命为国民政府交通部第一任部长。刘显治从日本留学归国后，曾任国会议员，常驻北京。笔山书院的学生中，后来任过贵州省省长的有刘显世、刘显潜；代理过省长一职的有李映雪。刘刚吾在日本完成学业后，回国曾任河南省政府秘书长、代省长和国家内政部民政司长等职。

军界，早年在笔山书院攻读、后来投入军界成为显赫人物的有李儒清、王文华、何应钦、王文彦等人。李儒清在武昌起义中，革命军总司令部被迫移驻十里铺时，被任命为临时督战指挥官，后因革命军寡不敌众，粮食被焚，他英勇冲入敌阵而中弹阵亡。王文华是辛亥革命的积极拥护者，曾任黔军总司令，在护国、护法运动中率部连挫北军，屡建战功，深受孙中山先生器重，被委任为国民革命军事委员会常务委员，1921年在上海被刺后，于1940年被国民政府追认为陆军上将。何应钦于1900年进入笔山书院，后被推举入贵阳陆军小学、武汉陆军中学、日本士官学校。回国后，曾先后任旅长、军长及国民政府军政部长、陆军总司令、行政院长、驻联合国首席代表等职，成为长期执掌国民党军政大权的风云人物。王文彦曾在台儿庄对日战役中奋勇杀敌，曾任兵团副司令。

教育、医学界，早年在笔山书院学习，后又赴国内外大学深造，最终成为教育界知名人物的，有吴炯心、赵伯俊、唐守一、赵显彬等人，他们不仅在兴义极有名望，而且在贵州省内也颇有名气。王伯群先生后来从教后，于1924年在上海捐资和集资创办了大夏大学，深受各界好评。大夏大学后与光华大学合并为华东师范大学。在他掌管大夏大学的 18 年中，为社会培养了不少人才，其弟子遍布国内外。从笔山书院出去的学生中，学医的虽不多，但仍有王聘贤名扬西南三省。他从日本学医成名后，回贵州长期行医。由于医术精湛，医德高尚，深受人们敬重。中华人民共和国成立后，曾任贵州省卫生厅副厅长兼中医研究所所长等职。

工商界，在笔山书院毕业的学生中，影响最大者当推刘若遗。他从日本留学回国后，应邀前往云南，先后在昆明开办“同森木行”“裕华砖瓦厂”“呈贡果园”“殖边银行”“富滇银行”“盐隆公司”以及“志和”与“懋和”两个商号。特别是“富滇银行”，在西南三省影响甚大，使他成为一时能够左右云南经济的金融家和实业家。

兴义笔山书院，一所位于贵州西南部边远山区的旧式学堂，在清末民初培养了如此众多影响较大的人物，确属难得，在中国近代的教育史册上，也是该记上一笔的吧！

笔山书院的教育与书院文化初探[①]

熊洪斌[②]

在清末民初急剧变化动荡的社会历史风云之中，在偏远闭塞、文化落后的兴义县，仿佛是蓦然之间，出现了一所笔山书院，成为一时英才的摇篮，名震省内。从这个正在顺应历史潮流逐渐发生演变的旧式学校里，走出了刘显世、王伯群、王文华、何应钦等一批军政人物，构成贵州军阀“兴义系”，左右贵州政局长达十多年之久，以至于发生其全国性的影响。当然，不仅政界军界、教育、医学、工商各界都有其佼佼者出自笔山书院。《兴义县志（稿）·学校》载云：“我县留学生之多，声誉之隆，甲于全省。”1905年，刚刚更名为高等小学堂的笔山书院，时逢贵州全省公立中学通考，在堂长徐天叙的带领下，魏正楷、窦简之、高致祥、熊凤阶、王文华等13人到贵阳投考，不仅全部录取，而且囊括了前13名，震动教育界。

书院，是中国古代特有的一种教育组织形式，从唐宋始到清代末，历时千年，其管理体制和教学方式与官学有很大的不同，在古代文化教育史上具有独特的价值和意义。

兴义笔山书院基本上秉承了传统书院的文化精神，以其厚重的文化传承，在清末民初，在滇、桂、黔三省交界的边远山区大举兴办，以最后的书院姿态在文化贫瘠之乡发生奇妙的效果。加之时代更迭，风云际会，书院弟子有机会远涉东洋深造，再回国报效国家，在民国政治、经济、文化的大舞台上一展才华，得遂青云之志。所以，这个一时冠绝全省的笔山书

① 熊洪斌：《笔山书院的教育与书院文化初探》，《黔西南日报》2011年7月8日，第5版。

② 熊洪斌，男，汉族，1959年11月生，兴义民族师范学院教授，1982年元月毕业于贵州大学中文系，同时毕业于贵州省首届书法学校；系中国写作学会会员，贵州省书法协会理事，黔西南州首任书法协会主席；发表《转折妙道》《疾涩论稿》等书论十余篇，出版《熊洪斌书法作品集》，书法作品参展、获奖、刻石、收藏无数，小说、散文、诗歌、评论计10万余字。

院，虽偏处僻壤，却同样地跳动着时代的脉搏，凝结历史的余脉，交织着中华文化在面临着“五千年不遇之变局”之时自身的反思与回响。

于是，我们认为，要深入地了解笔山书院，必须透过这个教育现象，包括从那些有影响的人物身上，折射出更深远的历史文化根源。也就是说，首先应将笔山书院纳入中国书院文化的“场”中，对她的兴办和成功做出一种文化的透视。这当然是一项繁复的工作，我们在此，只能做出一些初步的探索和思考。

书院之兴，大抵是从古代的“精舍”“精庐”“学馆”演化发展而来。唐代就有书院之名，最初不具备聚徒讲学的功能，但其职责也在渐次扩展，有咨询、顾问、侍读、侍讲的职能。

唐末五代，天下大乱，民不聊生。读书士子寄居草野，无由出身。赵宋王朝建立，海内一统，乱世新平，文风日起。士子纷纷要求就学读书，产生强烈的进身愿望，希望通过读书获取功名。其时国家初建，统治者也需要大批人才参与国家管理以维护封建专制，但因朝廷的主要精力集中于征讨南方割据势力，无暇顾及文化教育，亦无足够的实力兴学设教。民办书院的兴起为统治者解决了士子就学这一重大社会问题，培养的人才又有益于封建统治，于是一批由私人创办的书院在这样的历史契机之下开始兴盛起来，并得到官方的政策支持和部分资助，形成我国古代书院办学的第一个高潮。其中最著名的有白鹿洞书院、岳麓书院、岳阳书院、睢阳（应天府）书院、石鼓书院、茅山书院、丽泽书院、象山书院等，因有朱熹、张栻、吕祖谦、陆九渊等大师的主持讲学而成为全国的学术和教育中心。书院的设置，多择依山傍水的风景名胜之地筑精舍寓士子群居讲习，使之在深山寂林之中闭门读书，远离尘嚣，潜心修养，以求明诚两进，德业双修，道艺并进。

理学的发展与成熟，促进两宋书院的勃兴，二者互为表里。历代书院都以讲授和研究理学为根本，《四书》《五经》为基本教材，理学家的著作和语录则为辅助教材或参考读物。

兴义笔山书院是比较晚近的事，与宋明理学相距好几百年，表面上看好像没有关系，但细究之下，也不难发现其中的蛛丝马迹。先不说像山长雷廷珍、姚茫父等经学大师的历史文化传承。就笔山书院的倡办者刘官礼来说，其祖籍湖南邵阳，前面说过，在两宋著名书院中，湖南就出了两座：长沙的岳麓书院和衡阳的石鼓书院。也就是说，作为湘湖（荆楚）文化故地的后裔，显然刘官礼的身上流淌着传统文化的血液。据资料说："官礼幼读私塾，16 岁从廖健藩、汇表东研读性理学及《左氏春秋》，精习书法，尤善草书。"书法、《左氏春秋》、性理学，实属正统的中原文明。基于氏族血缘宗法制度的古代文化，塑造了中国人深刻的祖先崇拜心理，不管走到哪里，甚少在心里面都怀揣着祖先的灵牌。儒家的"孝悌忠恕""仁义礼智信"诸说，经汉儒的抬升而变为官方哲学，到宋明理学则实现其哲理化和系统化，即使普通中国人非关其学，也免不了被这深厚的文化浸染，几至于形成"集体无意识"的崇文心态，更何况像刘官礼这样渊源有自的特殊人物呢。作为兴办笔山书院的主要人物，他同时也是黔西南近代史上最具研讨价值的人物之一。我们以后还会不断地谈到刘官礼。

传统的书院教学方法主要有三种形式。

一是教师讲授，主讲学问要旨，经过整理、归纳、诠释，时称讲义，提举纲领，发挥要义，同时指点读书方法，并在道德和学问两方面树立师表形象，起到言传身教、潜移默化、启发诱导的作用。

二是学生自学，主要在于深研体会，唯真求是，而非浅尝辄止，不出窠臼。朱熹十分坦率地告诉学生："某此间讲说时少，践履时多。事事都用你自己理会、自己体察、自己涵养，书用你自己去读，道理用你自己究索。某只是做得个引路的人，做得个证明的人。有疑难处，同商量而已。"

朱熹的这种书院教学方法堪称高明。其实真正的学习主要就是自学，这样的学问才能切身近道。笔山书院的教师们正是采用了这样的教学方法，所以才造就了最优秀的学生。据民国《兴义县志》记载：拿着年俸三四百金的教师"每月堂课二次，老生童生分题批阅，超等奖银一两二钱，特等八钱，一等六钱，童生减半，寒畯多资以为生。"教师们每个月也就上两次"堂课"，因为是发挥要义，指点迷津，所以要言不烦。笔山书院的老师注重的是学生的自学和"践履"，学生把自学的报告、心得笔记呈交批阅，然后老师按等次奖银予以鼓励，对贫寒而用功的学生则趁机多发钱以资其生计。民国《兴义县志》又载："自绥阳雷廷珍（字玉峰）提倡经学、小学，住院生月呈笔记亦当堂课给奖。广置时务书报及经、史、子、集，以供涉猎，学风为之一变。甲辰，徐天叙主讲时，指阅经史，分呈笔记。每月会邑中人士举行讲演，风习又一变。”这段极简约的文字里传达出笔山书院诸多的教育文化信息。除了前述少讲多练、自学践履、奖学制度而外，雷廷珍山长为了开阔学生视野，“广置时务书报及经史子集以供涉猎”，其实就是要求学生既要立足于现实，又要阅读“时务书报”，学以致用，还要深入经典，广泛涉猎，厚积薄发。不要局限于某专业课的狭窄巷道坐井观天，而要通识治学，获得更高远开阔的眼界！徐天叙堂长也是深得书院教学精义的一位导师，否则，他的 13 弟子怎么可能囊括全省前 13 名呢？他分类指导学生阅读经史又分类批阅所呈交的读书笔记，可说是因材施教。最精彩的是，他还在每个月会同地方上有学问有文化的人士举行讲演会，让自己的学生转移多师，打开学路，解放思想，不囿于一派一学之门户，很了不起，正所谓名师者也。

徐堂长的这种做法，其实就是传统书院教学的第三种形式：叫作“问难辩驳”。而问难辩驳的主要表现就是书院的“讲会制度”。讲会制度由朱熹创立，是一种文化学术的辩论制度，以探讨辩难的方式进行的学术活动，或辩论发挥一派的学术精义，或辨析争议不同学派的主张，相互驳难，求同存异。遵循“君子以文会友，以友辅仁”的原则，在针锋相对的争论中，既坚守所学，通过辩难将自己的学旨要义深刻发挥，又不轻视他学，留意于诸家所长，作为对自己学问的弥补和启迪。以朱熹为代表的理学和以陆九渊为代表的心学在学术思想上大不相同，在淳熙八年（1181 年）朱熹在白鹿洞主讲“君子喻于义，小人喻于利”时，就邀请陆九渊来同讲，并举行了隆重的讲学仪式，从此形成了良好的传统。

这种“问难辩驳”的“对话式”教学方式，对师资的要求更高，如果没有“独闻之听，独见之明”，没有个人独到的心得体会和学术创见，就很难与人问难辩驳，徒人云亦云耳。由是，我们再次想起孔夫子“从而游”以及古希腊苏格拉底的“对话”式教学与辩论，可谓精彩绝伦！一部《论语》和一部《柏拉图对话集》皆记录了当时的盛况。中西两位古圣皆以此而成就了伟大的教育事业。这不仅是教育者的成功，同时也是哲学家和思想家的成功。自夸美修斯以来的现代大教育固然有种种可圈可点的先进之处，但是，学校像大工厂产生成批次产品那样按固定的规范与模式培养学生，未必就有想象中的社会订货。

明正德四年（1509 年），王阳明应邀在文明书院讲学，首倡“知行合一”之说，令人耳目一新，一时间风行各地。王阳明的学术思想和学术活动推动着明代中叶书院的蓬勃发展，书院的兴盛又为王学的传播提供了条件，讲会制度也因此而更加趋于完备。王阳明认为，为学不可离群索居，不可一曝十寒，不可独学无友。固守一地，专从一师难以长进，最好的方式是通过聚会讲习，师友相观而善，取长补短，从而诱掖奖劝，砥砺切磋，使道德仁义之习日亲日近，世利繁华之染日远日疏。书院提倡敢于怀疑，注重独立思考，兼容宽量，平等论学，求同存异，不株守门户之见，不强加于人的学风，主张提倡气节，讲求实学，使书院不仅对各种思想流派的形成起到了重要的作用，而且代表了社会良知，担当着社会道义，成为批判现实社会黑暗腐朽势力的一股力量，终至铸成了我们所说的“书院文化精神”。如明代无锡的东林书院就是这种精神的代表，书院的这种文化精神集中地体现在顾宪成为其题写的一副著名对联上：“风声、雨声、读书声，声声入耳；家事，国事，天下事，事事关心。”明代的东林上承汉代清流，下启清末的公车上书，是我国知识分子的优良传统，曾一再得到鲁迅等先进文化人的称道。笔山书院走出的王电轮将军虽未出洋，却类有此种风范，以天下国家为己任。他敢作敢为，豪情万丈。

兴义笔山书院，虽然尚未达到这样的高度，但由于她部分地秉承了这种书院文化精神，在有待教化的穷乡僻壤和交通闭塞的边远山区，照样能够发挥出卓越的文化效用。这就好比优良的种子播撒在荒芜的土地上，只要悉心照料，勤加田间管理，一俟气候来临，风云际会，她必然要破土出苗，拔节生长，并且结出繁花硕果。

这种带有独立意识和民主倾向的书院文化精神，显然不能见容于专制的封建主义。在明熹宗天启年间（1621—1626 年），阉党魏忠贤矫旨尽毁国中书院，此后书院由盛而衰。在清代的教育系统中，以业馆、家塾、族学等学塾教育比较发达，书院则相对式微了。从明天启年间到清乾隆初年，一百多年过去了，终于在黔西南的大山皱褶之中，重新又冒出了一所笔山书院，这也是中国最后的书院之一。笔山书院在战火纷飞中四度兴废，历经乾隆、嘉庆、道光、咸丰、同治、光绪、宣统七朝，终于在辛亥革命之前，有如涅槃的凤凰高高地飞升，闪耀出传统书院文化精神的光芒。这一道由文化的湖心逐渐向外扩展的水波纹，映照着灰暗的阳光，穿越了一个世纪，长途跋涉，来到这个文化大湖泊美丽的岸边，来到了黔西南风光绮丽的盘江边上，在兴义的花水河边波光潋滟……有的学者把这种现象称为文化学的“次生现象”，那意思无非是说，在强势文化的久远推动下，在远离先进文化的中心区域，在时风吹不到的角落，古老的文化精神却发挥了决定性的作用，而边区的劣势反而成了集合众多文化、沉积千年文明的优势，加之现代文明对其得天独厚的自然生态的破坏有限，其后来者居上的跨越式发展势所必然。关键在于，偏远地带欠发达地区的人们，能否深刻地辩证地实事求是地把握住文化发展的这一规律，从而实现超常规的跃进。

所谓“文化失而求诸野老”，兴义笔山书院获得了这个历史的契机，至少在教育上获得真正巨大的成功，给我们予深刻的启迪。

兴义，基本上是一个以移民为主体的地区，经“调北填南”和“改土归流”之后，中原文化经过吴越、荆楚、湘湖、巴蜀、岭南、滇黔各种地域文化的过滤与裹挟，层层汇融于此，形成了杂多而又和谐的文化格局，再加上地方原住少数民族丰富多彩的民族文化和远古的夜郎文化，形成如此肥沃丰厚的文化土壤，因之而孕育出笔山书院以及她众多远涉东洋的弟子，又时逢风云变幻的历史气候，这块沃土之上就是多长出几株奇花异卉，也不足奇异了。

从新建、增扩建笔山书院的历代各任知县来看，嘉庆时的杜友李、张梦骥，道光时徐鋐，包括大力支持第四所笔山书院的知府孙清彦，均不是兴义人。笔山书院的历史功臣刘官礼，出生于兴义而祖籍湖南邵阳。从笔山书院的杰出弟子看，王伯群、王文华出生于兴义而祖籍当属江南应天，何应钦出生于兴义而祖籍江西临川。再从笔山书院历年重金礼聘的名师山长来看：程光祖，云南曲靖举人，周辅宸，云南师宗举人；庄南华，兴义府举人；孙家璠，铜仁举人兼本邑学官；吴成熙，江西进士；桂馥，山东曲阜人，进士；汤中，贵阳举人；喻鸿钧，湖北进士；朱元谟，郎岱举人；赵延光，贵筑举人；雷廷珍，绥阳举人；曾泳霖，四川巴县举人；姚华，贵阳人，进士；熊继光，贵阳人，进士；徐天叙，贵定举人。名师之中，雷廷珍、姚华、徐天叙诸位，研究介绍的文章较多，大家都比较熟悉。此处，我们仅以相距最远的桂馥先生来说明问题。

桂馥是清代杰出学者，著名的文字学家，书法家、篆刻家。他来自孔子的故乡山东曲阜，可见其文化渊源。翁方纲、阮元极推崇之。他与伊秉绶并称“中国文字学双子星座”。这样一位大学问家大艺术家怎么会跑到兴义来，并做过一任笔山书院的山长？民国《兴义县志》的记载是否可靠？考其行状，桂馥乃乾隆五十五年（1790 年）进士，官云南永平知县。罗平、兴义比邻，当时笔山书院山长的俸银高达 300~400 两，高于知府的年俸。更何况区区知县操劳，不如学院山长尊荣。所以县志所载，当为不虚。这样看来，当年的笔山书院真正是招贤纳士、藏龙卧虎！一代学子因受其恩泽而振翮翻飞。教师是关键，必须要尊师重教，学校才有希望！诚如清华大学老校长梅贻琦先生诚恳地指出的：“大学者，非大楼也，乃大师也!”

笔山书院更为现实的启发，应该是针对教育的管理者或称办学者的。这就得说一说书院的倡办者和主办者刘官礼先生。是为“以史为鉴”。

前面说到他幼读私塾以及同中原文化的渊源。但是时局动荡，迫使其废学。从 21 岁开始，在咸同兵燹迭起的岁月，他从其父刘明扬（字燕山）办团练，修筑永康堡，长年征战，根本无暇于学务。他曾率团练配合云贵清军剿杀白旗起义军，在攻取兴义县城、兴义府城（今安龙），特别是在围攻白旗军根据地新城（今兴仁）等战斗中，立下了赫赫战功，被清廷擢升为知府，赏戴花翎，而后又加道衔，留云南用。光绪二十八年（1902 年）又率团练配合官军，参与剿灭广西会党军（游勇），收复兴义县城，升任为云南候补道。在他刚进入不惑之年即光绪八年（1882 年）的时候，黔西南战事方息，尘埃落定，时局趋于稳定。兴义这个地方在近代战事频仍，兵祸连连：南明与清廷之争、吴三桂反清、镇压王囊仙、咸同暴动，土目之争，“游勇”之乱……山河破碎，人民灾难深重，文化教育十分落后。刘官礼在这样的历史背景下，成就了他所谓“杀贼为乡，兴师护国”的“武功”，在兴义地区获得了至尊的权威，然后才有可能秉承“武以安邦，文以治国”即“武功外悠，文化内辑”的中原古老文化思想，着手从事地方的文化教育事业。这是一个重要的政治前提条件，一般人不可能做到。

他自己的说法是“武功只是一时平乱权宜，并非整饬地方之计”，地方落后，出乱的根本原因是“文风衰靡”。也就是说，枪杆子打江山还须笔杆子治天下。光绪九年（1883 年），他会同官绅组建培文局，开始议定重兴笔山书院。在经济上，他“清厘削租，筹集教育经费”，又借举办所谓“义仓”，储粮济用，然后在秋后加利收回，实际上就是“小斗出大斗进”，敛财货于灾荒或青黄不接之时，将此“利”用作办学经费，这“取”“用”之间，颇为发人深省。后在取得兴义知府孙清彦的大力支持后，他还动用团防总局历年库存白银作为基金，更划拨卷田、学田、匪产、绝产的收入和斗息，以及屠宰捐等费用为兴办书院的常年经费，为笔山书院奠定了雄厚的经济基础。之后，他凭着自己的影响，向省内外重金礼聘高人名师，解决“软件“的问题。

大约在光绪十五年（1889 年），他会同地方同仁绅士赵天如、林子亨等，择地于老城东北隅的老鹳坟（一说老官坟，在今兴义民族师范学院内）大举动工修建全新的更大规模的笔山书院，越二年主体完工，以后又有不断的修缮，花巨资购置图书、标本、图表、仪器、实验用品及各种教学设施。诚如云南人邹元吉为书院撰写的对联所描述的那样：“平地起楼台，看万间鳞次，五月鸠工，喜多士情殷梓里。斯文无畛域，况榜挂天开，笔山排耸，愿诸生迹接蓬瀛。”刘官礼亲自撰写“山斗堂”联语云：“通今致用，修辞立诚。”表明建院宗旨。这所书院规模宏大，十分漂亮。有三进院舍共二十六楹，回廊曲槛、操场、礼堂、教室、书斋、宿舍、鱼池、花台一应俱全。正门是石刻楹联，门头上有孙知府手书“笔山书院”四个大字。礼堂后壁立有石碑四方，左二方叙述建院经过史实，右二方刻孙知府文《书学技言》，是书法与书论合璧的瑰宝，可惜，全部毁于“文化大革命”“破四旧”。而今连一张拓片、照片都无留存。

1903 年，刘官礼顺应历史潮流，把笔山书院改为兴义高等小书堂，由其子刘显世任学董。削减四书五经课程，新开数理科学，以及体育、美术等，普遍采用白话文课本。他自己则深入乡里，倡办小学，改庙宇为校舍，创办了 21 所初等小学堂和一所女子学堂，并在书院内增办师范讲习班，后改为传习所，培养出像唐开敬等一批地方名师。

“观乎人文，以化成天下”，正是中华远古文明的余绪，也是中华民族尊师重教，视教育为生存发展之命脉的优秀传统。刘官礼古道热肠、殚精竭虑，堪称兴义教育史上的第一人。笔山书院的一度辉煌，确乎要仰仗于他的扛鼎之力。笔山书院，虽然已经在日新月异的时代洪流中渐行渐远，以至消失在地平线之外，然而，过去的并未过去，将来的必定要来。作为中国书院文化在黔西南边区的最后回响，让我们至今依然尚感到她的余音绕梁。故而竭诚希望，后来者谨承前绪、继往开来，不愧古人，不负今人，把祖国优秀的传统教育文化发扬光大。

笔山书院与民国风云人物[①]

袁 欣[②]

兴义，又名黄草坝，在清代和民国年间，是滇、桂、黔三省交界一个商贸要镇。

兴义刘氏家族祖籍湖南，自清朝嘉庆年间贩笔入黔，先在兴义泥凼居住，以榨油为业，经过了一世祖刘泰元、二世祖刘文秀，到刘显潜、显世、显治这一辈，共历五代。到了第三代，先迁纳吉寨，又迁到下五屯定居下来。1861 年前后，黔西南爆发了以回族人民为主体的农民起义，刘燕山不遗余力，筑堡练兵。儿子刘官德任左营游击加副将衔，刘官礼得保同知，总办团练。

刘官礼因军功，擢升知府、赏戴花翎，加道台衔。1889 年，刘官礼以其官绅双重身份倡导，在知府孙清彦支持下，与地方绅士一起，重建笔山书院，重金延聘省内外名流执教。如国内享有盛名的史学家和文学家雷廷珍便曾受聘在笔山书院执掌三年，直至受湖广总督张之洞聘掌武汉两湖书院而去。

戊戌维新后，朝廷废了科举，对于像书院这样的读经讲经的地方，是一个无所适从的时期，刘官礼却能很快顺应时代发展，除继续延聘名家执教，又修校舍、购标本、图表、仪器、实验药品等，完善教学设施，削减了四书五经课程，新开数理课程。

1902 年，清朝廷颁发《壬寅学制》，1904 年笔山书院延聘留日归国的徐天叙当山长，即改为高等小学堂，1905 年，兴义高等小学堂 13 名学生，其中有魏正楷、窦简之、高致祥、熊凤阶、王文华等人，到贵阳报考贵州通省公立中学，不仅全部录取，而且囊括了从第一到第十三名的好成绩。

兴义在这段时间里，地方公费先后选派了一大批子弟赴日留学。他们

---

① 袁欣:《笔山书院与民国风云人物》,《黔西南日报》2011 年 9 月 27 日，第 10 版。
② 袁欣,《黔西南日报》“盘江潮”副刊编辑。

是刘显治、王伯群、刘若遗、保衡、赵显彬、李培先、吴爵一、刘儆民、刘治民、郭光泽、赵显国、刘言昌、李映雪、王聘贤，还有何应钦、李毓华则系北京政府以公费派至日本留学的。“留学生之多，声誉之隆，甲于全省”(《兴义县志》语)。其中第一批八人出国，则全是在刘官礼的一手操持之下成功的。钱是公费，出国的多为刘氏子侄和姻亲。刘官礼为兴义系军阀的崛起进行了大量铺垫和准备工作。

这些留学生分别在日本的中央大学、帝国大学、早稻田大学、明治大学、师范专科、振武学校和士官学校等就读。他们不仅学到了现代科学知识，不少人在日本期间在政治上比较激进，参加了同盟会的便有保衡、赵显彬、李培先、王伯群等，且大多在毕业回国后取得成绩并产生了很大影响。保衡就义于奉天；王伯群曾任民国第一任交通部长，并创办和执掌大夏大学 20 年；刘若遗从商，王聘贤行医，都卓有成就；何应钦更是民国风云人物。

笔山书院春秋[①]

熊洪斌

笔山书院孕育一代人才，书院弟子中，经由笔山书院以公私费用出国留学者，在清末民初达多人，为全省之冠。

笔山书院，由来久矣。

兴义毗连三省，山明水秀，悠远厚重的历史遗迹证明：一万年前便有“兴义人”在此生息繁衍……然而，千百年来，这孤僻的边城，一直被视为“文化未兴”的地方，几同化外之地。或说兴义的开发比较晚，直到明朝永乐年间才作为省级以下辖的行政区，其设县则晚至清朝嘉庆二年（1797）。但于此前，经过“调北征南”“调北填南”以及“改土归流”之后，汉、回族等大量民众迁入，形成了一个以移民为主体的地区。中原文化经过吴越、荆楚、湘湖、巴蜀、岭南、滇黔各种地域文化的过滤与裹挟，层层汇融于此，加之地方世居民族丰富多彩的民族文化、夜郎文化和汉文化，形成了杂多而和谐的文化格局。

因此，尚未置县，便有书院。久远的历史推动、厚重的文化积淀，造成了先有笔山书院后有兴义县的历史事实。笔山书院命运多舛，兴义城有所谓“四陷四复”，而笔山书院伴随着“四度兴废”。

书院自古有别于官学，明代无锡东林书院上承汉代清流、下启清末的公车上书，担当道义，干预时政，呈现出传统文化的民本意识与民主倾向，因而不能见容于封建的专制王朝，遭阉党所毁。清初统治者忌惮书院宣传反清思想，对书院采取抑制政策，但书院之设不绝。雍正则疏导利用，倡兴书院，以补官学之不足，却严加管控，纳入科举，把书院之设看作是“人才之薮，教化之源”。于是，清代贵州共建书院多达133所，为明代所建书院的五倍多，但大都条件简陋，发展艰难，既遭遇战争的破坏，又受制于

① 熊洪斌：《笔山书院春秋》，《当代贵州》2012年第36期，第38-39页。

经费的不济，“墙垣破坏，榱桷摧颓”，束脩膏火，难以为继。其中有名者，如贵阳的贵山书院、学古书院，遵义的湘川书院，桐梓的敷文书院，兴义的笔山书院等，实属凤毛麟角。兴义笔山书院声鹊名起，盛誉空前，是在戊戌变法之后，光绪颁布“壬寅学制”及“癸卯学制”并废除科举之时。而其时的笔山书院是其最辉煌的第四所，犹如战火中涅槃的凤凰，成就了一代英才。

第一所笔山书院，始建于乾隆年间。由兴义地方绅耆士庶自发捐资兴办，地址在黄草坝老城西南隅的水井坡山麓，坐西向东南，前临花水河，面对笔架山，山水竞秀，笔山峭拔，远眺则奇景如画，所以名之曰“笔山书院”。当时兴义尚未置县，无县学名额，弟子生员读书艰难，需要长途跋涉，前往普安厅应选或往省城贵阳参加乡试。但这个书院出了王赞武、王奭武兄弟两位举人，所以笔山书院开局不凡。但终因资银不济，年久失修而荒废。王氏兄弟虽感恩出资襄助，终是杯水车薪。

直到嘉庆十八年（1813），举办书院事已被纳入地方官员政绩，时任知县杜友李“令诸生倡建书院。是年邑试，命文武生童四百人，人捐钱千，都计得四百千，益以邑人捐银，遂购东门外吉安会馆旧址建书院。”到嘉庆二十三年，时任知县张梦骥又购地增拓之。道光年间，时任知县徐鋐再次拓地增舍，形成了一时规模。

这就是第二所笔山书院。这是兴义文教勃兴时期，同时兴建了文庙和学宫，县学设训导一员，有廪生、增生学额各二十名。岁试文生、武生各八名，科试文生八名。岁贡生两年一名，恩科的年份比常加额一倍出贡。拔贡生、优贡生由学政按科择优考录。而笔山书院遂成讲习儒家经典的场所，主要的教学内容是八股试帖及诗赋。十五年间，这所书院得到不断增拓修葺，弦诵之声不绝于耳。书院坐北朝南，有讲堂二楹，院中建有文昌殿，左右斋房十楹，门头一楹，二门楼一楹，门外有池，楼上有魁星像。院内还建有左右厅各一楹，山长内室三楹，东西厢房四楹，厨房一楹。仍沿其旧名称“笔山书院”，梨花院落，清幽静雅。然而天不假便，时局危艰。道光二十年爆发鸦片战争，清廷从此内忧外患，风雨飘摇。咸同年间，贵州爆发了持续不断的各族人民大起义。黔西南则爆发了由张凌翔、马河图领导的白旗军起义，直接响应太平天国义军，联络云南杜文秀回民义军，前后坚持了十四年。战争中，兴义城三次被义军攻占，战事极为惨烈。笔山书院，“兵燹迭经，残碑遗址，杳不可寻”。

战后，兴义学子纷纷要求就学读书，但官府无力顾及文化教育。光绪元年（1875）前后，原笔山书院斋长李辉垣慨然捐出老城大街宅基地，在文庙右侧兴修文昌宫，作为书院师生教习之所。但光景零落，形制大不如从前。所幸者，文脉不断，书院精义在魂不在形。

这就是第三所笔山书院，后俗称为老书院。

在红白旗战争中，兴义下五屯崛起了刘氏家族。其官字辈掌门人刘官礼以盘江霸主的权势地位，秉承先祖崇文心态，其团练在战后遭到了朝廷裁撤之后，选择大兴文教，实现其声望和地位的转换，实现刘氏家族在文化上的崛起，为更加强势的下一代储备了人才和奠定了人脉基础，被后来论者认为其“远见卓识”。刘氏创设培文局，统筹复兴文教，多方筹集办 学资金，还动用团防局库银，强行没收“匪户”“绝产”田地若干，又划拨会馆、寺庙租谷若干，概称“学田”“学谷”。一方面劝导“官民捐资兴学”，另一方面又设义仓赚取斗息，并将秤捐、屠宰捐、棉税等用作办学的长年经费，为笔山书院的恢复重建奠定了雄厚的经济基础。刘官礼深知，欲兴教育，必加大资金的投入和保障。

光绪九年（1883），刘官礼在培文局召集兴学会议，决定恢复重建笔山书院，并勘定院址于老城东的老鹳坟（今兴义民族师范学院本部）。在前任知府孙清彦（字竹雅）的支持下，刘官礼、赵学坤、林子亨主持，大兴土木，修建全新的、更大规模的笔山书院，越二年主体完工，以后又不断修缮，花巨资购置图书、标本、图表、仪器、实验用品及各种教学设施。诚如楚靖邹元吉所撰写的大门联云：“平地起楼台，看万间鳞次，五月纠工，喜多士情殷梓里；斯文无畛域，况榜挂天开，笔山排耸，愿诸生迹接蓬瀛。”刘官礼亲自撰写“山斗堂”联语云：“通经致用，修辞立诚。”表明建院宗旨。

这便是第四所笔山书院，声名远播。

这所书院规模宏大、十分漂亮，有三进院舍共二十六楹，回廊曲槛、操场、礼堂、教室、书斋、宿舍、鱼池、花台一应俱全。正大门柱石刻楹联，门头上刻有孙竹雅手书“笔山书院”鎏金大字。礼堂后壁立丰碑四方，左一方叙述建院史实经过及捐资 贤名，右三方刻孙知府长文《学书枝言》，是书法与书论合璧的瑰宝，惜皆尽毁。

书院建成之后，刘官礼便高位重金延聘省内外贤达来院坐馆执教，据《民国兴义县志》载，有名有姓的进士、举人就有十五人做过书院山长，山长年俸银三四百两，超过了当时知府的年俸。另设斋长二人，由廪生中轮流选任，年奖“友学谷”四石。书院山长、教习，皆为上流社会名人，刘官礼对之礼敬有加，甚而结为世好，如府城学阀庄南华山长嫁其女与刘官礼长子刘显世为妻，贵阳进士熊范舆山长嫁其女与刘显治长子刘公亮为妻，成刘官礼孙媳。

名师之中，特别值得一提的，主要有经学大师雷廷珍（字玉峰），其弟子如刘显潜、刘显世、刘显治、袁廷泰（袁祖铭之父）、蔡岳等，皆一时俊杰。文艺通才姚华（字茫父），在长理笔山书院期间，循师良规，改进教学，使学风再为之一变。留日学者徐天叙（字叔彝），继掌书院后，与时俱进，“指阅经史，分呈笔记，每月会邑中人士举行讲演，风气又一变。”他们的十三高足王文华、魏正楷、窦居敬等参加全省通考，囊括全省前十三名，一考成名。笔山书院更名高等小学堂后，又有张协陆、李映雪、刘显慎、王文华等做过堂长。时书院盛况空前，达到顶峰，形成名师出高徒，高徒成名师的良好局面。当时县令马桢因此得到清廷嘉奖。

书院弟子中，经由笔山书院，以公私费用出国留学者，在清末民初多达 30 多人，是全省之冠。培文局改劝学所后，书院又办师范传习所培养师资，鸡生蛋、蛋生鸡，惠及乡梓，形成文教勃兴的局面。笔山书院孕育一代人才，结缔了广泛的人脉。军政方面，刘显世、刘显潜、刘显治、王伯群、王文华、保衡、李儒清、何应钦等多有史载，耳熟能详，自不待言。其他各界名流，如赵显彬、唐开敬、赵伯俊、吴炯心等为一时名师，王聘贤为黔中儒医，刘若遗为西南商界大亨……

笔山书院虽已消隐史薮，然而，过去的并未过去，中华民族尊师重教、崇文尚德、视教育为生存发展之命脉的优秀传统必将得以发扬光大，后来者可望谨承前绪，继往开来。

清朝乾隆年间，举人辈出

——兴义文化教育史上的三次辉煌之一[①]

王仕学[②]

站在穿云洞公园的最高处，“登临揽胜，三面山光一面水；凭虚结构，二分人力八分天”。这是清末务川举人聂树楷先生为涵虚阁留下的楹联。“一河贯古镇万家灯火映碧空；百子聚名园千载文明彪青史。”这是今人九十老翁吴传瑾先生的楹联。西观水井坡，南眺笔架山，我想起笔山书院，想起清初以来的文化教育，一如那滚滚盘江水，在那崎岖的万山丛中积淀着，奔腾着，跌宕起伏，险滩瀑布，造就了多少波澜！纵观清初至今的兴义文化教育，大约有 300 年，大致每一百年左右就有一次大的高潮。我的思绪穿越时空，触摸乾隆年间兴义文化教育出现的第一次高峰：从 1752 年到 1774 年短短二十多年，兴义出了 1 位进士、4 位举人。

兴义县治所在地黄草坝，是南盘江流域非常重要的战略要地，明初设黄坪营于此，这是一个军事机构，隶属于普安州十二营长官司管辖，黄坪营长由黄氏家族世袭。明朝后期普安州为了加强对这一地区的行政管理，设通判于此，与黄坪营土、流并治。黄草坝西有捧乍营、布雄营、南面及东南面是广西泗城府土司的势力范围。东北面是普安右千户所，北面为鲁础营（也称鲁土营）。各种文化开始在这里激荡，光禄大夫景双鼎由广西进军云南，黄草坝是一个重要的战略支点，在其周边置 12 屯，景双鼎墓志铭云“云贵之屯始焉”，换句话说，黄草坝是云贵军屯的发源地，有屯堡文化的成分，有沿南盘江溯流而上的布依族文化的成分；因为“调北填南”“调北征南”等政策，带来了湖湘文化，有巴蜀文化，也有滇文化；有当地的彝族土著文化；等等。涓涓细流汇成河，文化上的最大特点是“杂”，杂有

① 王仕学：《清朝乾隆年间，举人辈出—— 兴义文化教育史上的三次辉煌之一》，《黔西南日报》，2015 年 5 月 18 日，第 5 版。

② 王仕学，兴义市史志办主任、市政协委员。

杂的优势，杂意味着包容，黄草坝很快成为滇、黔、桂接合部的商贸重镇。明末崇祯年间，徐霞客考察黄草坝，盛赞黄坪营“十二营以归顺为首，而钱赋之数则推黄草坝”，“道路八达，人民颇集”，足足用了 7000 多字记叙黄草坝周边的风土人情、地理情况。要知道黄草坝当时不过是一个古老的寨子，不是州府及县治所在地，老先生笔墨十分金贵，对州府县治往往寥寥数语，对黄草坝则是太慷慨了。

清朝建立之后，继续在黄草坝设通判治理，并将南笼府安义镇游击左营 300 名绿营兵驻扎黄草坝。雍正五年朝廷实施“改土归流”，改变从前“土、流并治”的局面，经过多次战争和改朝换代，布雄彝族土司、捧乍彝族土司已名存实亡，大量汉人移居捧乍、布雄。“改土归流”主要是取消黄坪营黄姓土司、右千户所李姓的世袭特权。这些大姓从前只重“武功”，不重“文治”，教育得不到重视。“改土归流”之后，要进入政府管理层，必须通过科举这条路，于是他们必须要有一个华丽的转身。最早完成这个转身的是鲁屯李氏家族。这个家族是汉文化插入土司势力当中的一个楔子，受儒家文化影响比较大，因此转变难度就小。乾隆年间启蒙教育可以通过私塾来完成，科举考试就要到普安州和永丰（今贞丰）州去学习。从鲁屯《李氏族谱》记载来看，兴义置县以前李氏子弟为秀才、贡生者均列入普安卫、普安州名额。

乾隆十三年（1748 年）兴义筑城墙，大约筑好城墙，一个古老的寨子终于有了城市的模样，黄草坝人趁着兴奋劲儿，修建了笔山书院，这是寨邻老幼有钱出钱有力出力弄成的，故称为“乡党之学”，属于“民办学校”。为了区别于官办之学，院长称为“山长”，无需政府认可，教师也自行聘用。地点是老城后山水井坡麓，即今天的兴义市民政局宿舍一带。书院大门正对着笔架山（今盘江宾馆后山），故名笔山书院。书院规模不大，属于“民间私塾”的放大和规范，主要教学目的是服务于科举考试。这座书院毁于嘉庆初年战火，史称“第一座书院”。

乾隆年间出了四位举人一位进士，这几位到底在笔山书院读过没有，史料没有记载。不过他们的学问是十分了得的，现分别叙述如下。

卢世昌，黄草坝人，乾隆十七年（1752 年）中贵州乡试第 12 名，两年后到北京参加会试，中进士第 13 名。他从小钻研经书，尤其精通易经，进士及第后任江苏丰县知县。黄草坝作为兴义县治所，相传与卢先生有关，比如今天我们常说的“九龙归位”“飞剑斩龙头”等相传出自他之口。卢先生对黄草坝非常热爱，他辞官回乡后对着花水河（今湾塘河）曾写道：“烟波十里漾青莲，水到城南别有天。试看花桥鱼跃浪，跳珠白雨乱入泉。”这首诗写出了河水冲击到高低不平的河床上浪花四溅的美景。如今这首诗被兴义书法家熊洪斌先生书写刻在湾塘河畔的“民园”里。

李明心，鲁屯人，乾隆三十年（1765 年）中贵州乡试第 8 名，66 岁任四川隆昌知县，为官清廉，体恤民众。后调台湾淡水任同知，主要负责剿匪、捕盗，到任后解散民间组织“小刀会”，与安南（今越南）海盗黄胜长作战，抓捕为首的 19 人，淡水因此社会稳定。因政绩突出升任福建汀州（今长汀市）知府，在知府任上兴学校，修城郭。嘉庆初年，李明心 80 岁加台湾道员，李明心乞归乡休养。回乡后修建李氏宗祠，并在李氏宗祠设书院，于是鲁屯文教勃兴，至今那里还有一口井叫书院井。李明心是老当益壮的典型，值得后辈学习。

李明心留下了《鲁屯族谱序》，可见这位乡贤的儒学修养。现录于此，供同好者玩味。

闻之物本乎天，人本乎祖，祖固身之所自出欤！故君子知祖，知祖以谱人，而无谱则不知身之所自出，而涣若凫雁，谱之时义大矣，其不容不修明矣。然，谱者，家之史也，尚乎记实，信以传信，疑以传疑。直以使子孙有知，不以夸矜为耀，藉令稍有未确，其不类于崇韬拜汾阳之墓，正伦凿城南之河者。几希，是故修谱难，修吾家之谱尤难。

吾家先世本江苏淮安府山阳县人，明初洪武时，吾始祖员外郎讳文明随平西侯追谥黔宁王沐英南征到普辟土开疆，世袭普之右所锦衣掌印千户，惜未回籍颁请宗牒，而山阳之世系茫无可稽，所谓修之难者一。员外传九世代有隐德至吾高祖讳国忠承掌所篆，王事贤劳，诰封武略将军，追念先泽，遂以家乘为急，奈适当时之未造，举事未遑，仅留奉祀纸榜一轴，而支分派别，生卒名行概未之载，所谓修之难者又一。以故迩来吾缵辑情殷，窃恐稍有舛错，难免祖宗怨恫，兼闻昔欧公有云，作谱在子孙之贵显者，使贫晦有所仰，吾自返行能，无可录算而又止列乡科何堪，受兹重任，以贻后世羞。虽然，避其难而遂不修则后人益无所据，泯泯棼棼又何解，于涣若凫雁之说。

吾爰是谨按先正谱法，自吾将军高祖以降，尊而详焉，以明最近且亲之意，由高祖以上至员外始祖知有可考者注之，其不知无可考者，姑阙之，非敢忽也。盖以五世玄孙自别为世，凡远者疏者例得略之云尔。若由始祖进而溯之，受姓之初，虽出于皋陶之苗裔，世为虞夏殷理官，以官为氏，迨周时有讳耳者，方孕时，其母逍遥李下而生改姓李，为周守藏史第耳。后无征则不敢牵合附会，惟以山阳为宗国，以员外为吾普始迁之祖，而大宗小宗之分，一一准之。员外后之继别，别子以为断，不使有系毫棼紊于其间。

呜呼！谱者，家之史也，在六经则如书如春秋，在后世则如纲目诸书。无良史才敢谓其中，书法动合典型，然发凡起例，勉厥无知，而所以重本始辨亲疏，昭世次明尊卑，敦宗睦族之道，已备于此。愿吾族子孙振振绳绳，知所尊重，以俟后之贤能亢宗者拾遗补缺，加厉增华，缮成全书，以为传家世宝，则尊祖敬宗木本水源之意，世世笃洽，奚翅吾之厚，幸如谓君子，知祖而吾之任是役，亦窃附于君子之林。是则，吾又滋愧矣。

此谱系乾隆五十四年余将请咨赴铨时所作藏于文契匣内，封固交先庶慈收存。五十六年余授四川隆昌令，见彼都寅好，高朋颇多，窃原就正，特专差回取。初，不料先庶慈竟不拆封开锁，将文契全匣并将差人赍署，余接阅时，尚有谓先庶慈，不慎重之意。迨嘉庆二年苗匪滋事，族中文契被其焚毁者累累，独余之文匣在川，片纸未失，始知先庶慈前此之全匣送署者，乃祖宗使之然也，兹故附录于此，俾后之子孙知祖宗在天之灵，无不可以一诚感格尔。

这篇序讲述了修谱的原则、过程以及修谱者认真谨慎的态度，具有丰富的传统文化内涵。起笔高远，从物与天、人与祖宗的本源关系，导出修谱的重要性，没有家谱就像漂浮在水面的大雁，没有根基，因此即使再难也要修谱。

接着叙述了李氏家族的由来，该详则详，该略则略，结合家族史料掌握情况，再次点出了修谱的困惑、难处，确立编写原则，这些不独是当时修谱所遇到，就是今天修谱也面临着类似的困难。根据这些原则，对家谱中涉及的内容进行具体的处理。

最后议论抒情，感叹修谱之艰辛。本来此时可以结束，但笔势又荡开去，写了文稿初成之后保存的小插曲，认为是祖宗在天之灵护佑，使文章再起波澜，有余音袅袅之效。

省文物局有关专家阅读李明心编写的《李氏族谱》之后，称赞《李氏族谱》是全省最有历史文化价值的族谱之一。因为它保留了鲁屯李氏作为世袭千户所掌印官近六百年的历史文化信息，也是研究汉文化与当地土司文化融合的实物资料。

王赞武，黄草坝人。乾隆三十九年（1774 年）中贵州乡试 14 名，官四川峨眉、南部等知县，善于处理民族矛盾，被誉为“王青天”。

王奭武，黄草坝人，赞武之弟。乾隆四十二年（1777 年）中贵州乡试第 12 名，官浙江嘉善知县。

王氏兄弟写了一本书，叫《怡怡堂制艺》，主要讲写八股文的方法技巧，得到浙江余姚人乾隆侍讲学士邵晋涵、浙江会稽人兵部尚书茹芬、福建清溪人翰林院编修张甄陶等人的高度赞赏。要知道这些人都是江浙一带的名儒，学问高，见识广，是写文章的高手，能得到他们的赞赏是很不容易的。王氏兄弟被浙江人称为“王氏双雄”。

李琼林，字西圃，鲁屯人。乾隆三十九年（1774 年）中贵州乡试第 9 名，官山东邹平知县。善写文章。工楷隶，为世人称道。其初学也，寝食不辍，汉唐碑刻临遍，遂深得古人遗意，在当时的书法界具有相当影响。

考举人难度到底有多大呢？以至于鲁迅先生笔下的孔乙己五十多岁了还考不上，而吴敬梓笔下的范进中举之后竟然发疯！据史料记载，清朝全国的举人名额每三年为 1300 名至 1400 名之间，按照每个省的面积、人口、赋税等因素分配。顺治十七年（1660 年）贵州乡试名额仅 20 名，居全国十八行省之末。康熙三十年（1691 年）增至 30 名。康熙五十年（1711 年）又增至 36 名。尽管那时的人口不多，但考取的难度，远远超过今天的考生考入清华、北大的难度。

这些黄草坝举人的表现，说明了一个道理，“寒门出才子，边地出雄文”。曾国藩也说过“豪英不地囿，十九兴偏邦”。在古代那种交通条件下，移民乃“吴楚优良之族”，只有那些敢于闯荡的聪敏勤劳之人，才敢于千里迢迢奔赴黔地拓荒，这为贵州发展提供了优良的文化基因，因此贵州赋税人口“不及中原一大郡”，明清在科举考试中取得“六千举人七百进士”“三状元一探花”的骄人成绩，位居西南诸省之首，国人惊叹“俊杰之士比于中州”，四川人惊呼“万马如龙出贵州”。贵州之于全国，犹如兴义之于贵州，清初一百年各地移民在黄草坝附近不断地演绎着巴蜀文化、吴越文化、湖湘文化等的冲突、交流、融合、发展，植物杂交有后发优势，文化杂交也有后发优势，乾隆年间兴义举人奔涌而出，就是这种文化后发优势的体现。

笔山书院与清末兴义教育

——兴义文化教育史上的三次辉煌之二①

王仕学

从嘉庆初年至1900年前后，兴义文化教育产生了第二次高峰，这次高峰的标志是笔山书院为代表的清末教育独步全省。

置县之后的和平发展

嘉庆初年战乱打破了这一进程，南笼布依族苗族大起义虽然持续时间仅半年，但势头非常迅猛，战火遍及贵州西南部，兵锋直指贵阳，黄草坝沦陷后，几乎夷为平地。《黄氏族谱序》记载“故家大族封屠播越，百不一二存”，意思说黄草坝附近的大家族或受到屠杀或背井离乡，百家留存不下一二家。那座“民办”笔山书院自然也焚毁了。

嘉庆布依族苗族起义惊动了太上皇乾隆，起义被镇压之后，他特赋一首长诗来表达自己的喜悦之情。嘉庆二年为了表彰南笼府士绅固守南笼城，皇帝仿照他祖辈康熙平定台湾，赐“嘉义”县名的做法，特地赐名将南笼府改名为“兴义府”。嘉庆三年云贵总督鄂辉上奏请求撤平越（今贵州福泉市）编制，于黄草坝设“兴义县”，这一请求得到了朝廷的批准，徐霞客的预言终于成为现实！

战争是文化的毁灭者，战争又是文化的催生者。不过对于文化而言，我们看到的是它温文尔雅、文质彬彬的一面。事实上，一个新生命产生总要伴随着撕心裂肺的阵痛，这次战火之后，催生了黄草坝置县。兴义县横空出世，黄草坝这个古老的村寨终于成为县治所在地，历史到了一个新的拐点！

---

① 王仕学：《笔山书院与清末兴义教育—— 兴义文化教育史上的三次辉煌之二》，《黔西南日报》，2015年5月19日，第5版。

按照封建社会的行政建制，县是一个独立的行政区域，我们填籍贯至今仍然填至县一级，如“贵州兴义”而不是“贵州黄草坝”，县官也是国家选派的最基层的官员，被戏称为“七品芝麻官”。从此兴义沐浴着晚清历史的风风雨雨，有波峰有低谷，有过光荣与梦想，与清王朝统治者患难与共。

嘉庆三年云贵总督鄂辉在《请设兴义县疏》中写道：黄草坝改设县治，应请将普安学正、训导二员内，拨出训导一员移驻该处，作为兴义县学训导，其生童学额，请于普安州拨出二名，另设六名，一共八名，定为小学。

从此，兴义县有了自己的秀才名额，同时设文庙于县衙之后（今兴义一中），文庙旁设训导署专管全县的教育文化。嘉庆四年（1799 年）定兴义县学廪、增生各二十名。岁试，文武生各八名；科试岁贡生二岁一人，拔贡生十二年一人。秀才到贵阳参加乡试，未中举但成绩优异者可授贡生。贡生可择其优异者选任训导之职。按规定考取秀才之后国家就取消重体力活之类的劳役，比如修路修桥修庙等。如果成为廪生，国家每年还要给四石粮食 1600 斤。每当乡试之年，秀才可以集中在县文庙温习功课，交流学习心得，知县或训导会到文庙去讲课或指导秀才学习。一些有钱人捐钱捐粮供给考生，甚至资助贫困考生的路费。

兴义置县之后，朝廷派来的知县及训导大多为外地的举人进士，这些饱学之士，重视文教，促进了兴义教育文化的发展。我们来认识几位。

张廷宦，郎岱（今六枝）人，举人。嘉庆六年（1801 年）任兴义训导，儒学功底扎实，善文工诗。在郎岱时收徒百人，在教学中将品行放在第一位，写诗作文放在第二位，被誉为“岱邑儒宗”。到兴义任训导后经常到文庙及士子家中训课，以先品行后文章为标准，他的文章及言行“一时群相观摩，争相劝勉”，成为兴义读书人的模范。

陈熙，云南弥勒人，进士。嘉庆十一年（1806 年）任兴义知县。当时兴义历经战乱，田地荒芜，陈熙召集民众复垦，政府补助种子。又设孤贫养济院，收留因战乱致贫致孤者，开兴义县办养老院孤儿院之先河。设江底义渡，驮马行人不收分文。又将廉俸银捐出来，修笔山书院，创设兴义文庙。又建昭忠祠安抚忠魂，购地埋葬客死兴义者。后升任兴义知府，官至贵西兵备道。回云南弥勒养老，曾赋诗“清风两袖出黔阳，行李萧条易束装。莫怪仆夫挑不起，佳山佳水满奚囊”。可想见其清操矣。

张宗阳，广东潮州人，进士。道光四年（1824 年）任兴义知县。谦虚儒雅，关心百姓疾苦，在任时培修文庙，扩大笔山书院规模，增置田租保证书院开支，升刑部主事。去官时，士民泣留，张宗阳作诗赠别。

徐序经，广东人，举人。道光十四年（1834 年）任兴义知县，学问高，到兴义经常深入乡间大户，加强对当地读书人的教诲，学术、政事不以欺为本，增修笔山书院。

廖大闻，桂林人，举人。道光十八年（1838 年）任兴义知县，当时他已经是 70 多岁的老人了。行刚介，居官廉洁。工诗文，著有《黎峨杂咏》30 首，反映兴义县的风土人情，涉及兴义若干地名、农业生产情况，如巴谷山、豆芽街、花月、上五屯下五屯等。这些诗作在兴义读书人中广为传诵，也是我们今天研究道光时期兴义历史的重要史料。

这里要谈谈兴义笔山书院，兴义人对此很自豪，关于它的建立年代一直有争议。清咸丰《兴义府志》记载，“笔山书院，在兴义县东门外。南向”，“先是，县无书院”，嘉庆十八年（1813 年），知县杜友李令诸生倡建书院。是年邑试，文武童生四百，人人捐钱千，计得四百千，益以邑人捐银，遂购东门外江西吉安会馆旧址建书院。嘉庆二十三年（1818 年）又购地拓展笔山书院。道光中徐序经又购地扩大范围。至咸丰年间，书院讲堂三楹，中为文昌殿，左右斋房十楹，头门一楹，二门楼一楹，门外有池，楼上有魁星像；左厅一楹，右厅一楹，皆杜友李建。山长内室三楹，东西厢房四楹，厨房一楹，皆徐序经建。其改建门头，则张梦骥也。笔山奇秀峭拔，书院前临河，山水竞秀，远眺奇景如画。这座书院位于今天的三月桥附近。府志上对乾隆年间建于老城西门水井坡的笔山书院只字未提，“先是，县无书院”，相当肯定，究其原因是那座书院并非官府设立，属地方绅士集资创建，教师聘用、山长的确定皆由民间产生，不过是“私塾”的放大而已，各种史料都只说建于乾隆年间，至于哪一年无法确定。

兴义学院搞纪念活动，认定笔山书院始于嘉庆十八年（1813 年）是重史料记载的表现，也是咸丰《兴义府志》的明确记载。这几位兴义县的乾隆举人极有可能是就读于普安州学，考秀才时也应列入普安州学生员，证据之一是《普安鲁屯李氏族谱》，这本族谱编写于嘉庆年间，主笔为鲁屯举人李明心，其中涉及乾隆时期族中李廷柯等人均表明普安庠生，因黄草坝未设县，没有单独的生员名额。

1813 年捐钱的时候文武童生 400 人，说明兴义当时的读书人很多。清代贵州书院一百四十所，兴义府共九所。兴义笔山书院在全省并不出名，就是在兴义府也不过中下等而已。证据之一就是置县之后兴义仅有鲁屯胡尔昌一人中举，而同一时期普安、贞丰及府城中举人数则远高于兴义县。

不过据《兴义府志》、民国《兴义县志》记载，置县后至清末废科举，兴义共有岁贡生 54 人，恩贡生 25 人，拔贡生 16 人，优贡生 1 人，副贡生 2 人，贡生、秀才参加贵阳举行的乡试，考不中就只有设馆教学，这样就形成良性循环，推进了兴义教育的普及。著名的学馆有以下这些。

鲁屯有郎岱举人赖相祯、贡生李龙章设的学馆，辐射鲁屯、郑屯、万屯、龙广等地；木贾蒋氏家族设的学馆，辐射黄草坝、安贞、东坝等地；安平九寨在高山庙设馆；黄草坝吕氏家族设馆；蒋豹文先后于木贾、布雄、捧乍养马寨设馆。这些教师均有很高的素质。其中有几位需要详细介绍一下。

赖相贞，字干臣，郎岱县人，道光八年戊子（1828 年）贵州乡试中试第四十六名举人，移居鲁屯五十余年，中举后在鲁屯设馆教学，施教不倦，凡郑鲁两屯之俊秀多出其门。其八股文笔畅达整齐，能悉心研究仿其笔调者，如拾左券，生平甘淡泊，不饮酒，不博弈。晋京朝考下第，亦不堕其志，著作等身，晚年家口渐增，遂至贫困，抑郁而终。

另外一位鲁屯贡生李龙章，普安叫任龙的举人给写了墓碑录："立身立行准以古人，泽以诗书，慎温清于二人，锡维穆于诸弟。朝夕书欢，内外无间，于乡党则恂恂焉彬彬焉，所谓闾里之楷模，一邦之俊彦""继美文，翰武略，均到泮水胶庠，兰茁其芽，涓涓竟秀"。这些文字点出了李龙章为人师表的风格。墓志铭寥寥数语却反映了鲁屯嘉庆道光两朝文化教育的发达，这个地方吸引了不少举人秀才在此任教。

兴义置县之后的六十年光阴，经历了嘉庆、道光、咸丰三位皇帝，这一时期是和平的，经济繁荣，人口迅速增加，不少大户从外省迁入兴义后发展壮大，如泥凼何家从江西临安府迁来，下五屯刘家从湖南宝庆府迁来，周壁赵家、革里窦家从云南迁来，原来的一些大家族如景家、邓家、花家迁走了，而另一些大家族又发展起来了。

这一时期的历史文化成果最重要的是咸丰年间《兴义府志》对兴义历史文化资料的收集整理。《兴义府志》撰写历时十多年，中国清代著名地方志专家、湖南人邹汉勋在编撰《遵义府志》《大定府志》获得广泛赞誉之后，受张锳聘请最后编校《兴义府志》，其中兴义县的史料占了重要部分。这部书是后代编撰地方志的重要基础，这可以说是兴义置县之后最大的历史文化成果。其次是鲁屯牌坊群，集雕刻、书法、文学等于一体的艺术瑰宝，现在已成国家级重点文物保护单位。再次大量精美的古墓、古碑、古庙几乎也出自这一时期。

咸丰三年（1853 年），鲁屯人胡尔昌中举。胡尔昌，字詹五，鲁屯人。战乱中举家逃窜，仍然不忘讲学。后任甘肃岷州知府，几年后辞职还乡从事教学，门生甚众。

正当各种文化再次交流、碰撞、融合、发展，似乎要出更多举人进士的时候，战乱又开始降临兴义县，白旗起义爆发！

这次战乱可不像嘉庆那一次，来也匆匆，去也匆匆，白旗起义在兴义这块土地上整整持续了十二年，刀光剑影，生灵涂炭，县城几陷几复，乡村满目疮痍，第二座笔山书院再次毁于战乱。战争结束后，下五屯刘氏家族崛起于田野之间。刘官礼因军功任在籍知府。

笔山书院的辉煌

战争结束后，兴义重新迎来和平，斋长李辉垣鉴于东门外吉安会馆旧址所建书院已毁于同治战火，捐出自家的宅基地于文庙右侧建文昌宫。文昌宫落成后作为书院，亦称笔山书院，教学内容为八股文及试帖诗，培养了一批秀才、贡生。

同治十二年（1873 年）笔山书院发生了一件文化盛事。乡绅刘官礼请云贵著名书画家孙清彦书碑。孙是云南呈贡人，贡生，工于书画。白旗义军攻陷府城安义镇（今安龙），孙清彦退入永康堡避难，与刘官礼成为生死之交。后来孙清彦署兴义知府，战乱平定之后，孙清彦调安顺等地任职，这一年孙清彦重游兴义。刘官礼便恳请孙清彦书写《学书枝言》以激励兴义学子。孙清彦爽快应承。据兴义学院中文系副教授、书法家熊洪斌先生研究，此文写于 1863 年，6000 余字，主要谈书法理论及运笔方法等，是书论和书法的完美结合，填补了贵州近代书论的空白。新书院完工后，这几块文化含金量颇高的书法碑被搬迁至老鹳坟新址，成为书院的“镇院之宝”。如今残碑已被发现，保存于兴义文管所，被誉为“山泽遗珠”。

光绪九年（1883 年）地方官绅成立培文局，多渠道筹措办学资金。鉴于“老书院”地势高峻，不利于扩建兴学，有感于兴义置县之后只有胡尔昌一人中举，更谈不上担任封疆大吏之人，在刘官礼的力推下，老城东北老鹳坟兴建起笔山书院。新院于光绪十一年（1885 年）建成，共 26 楹，分三进院落。书院有良好的设备和充足的经费，光绪十五年至光绪二十六年（1889—1900 年）的 11 年间云南曲靖举人程光祖、云南师宗举人周辅宸、兴义府（安龙）举人庄南华、铜仁举人孙家璠、江西进士吴成熙、江西举人桂馥、贵阳举人汤中、湖北进士俞鸿钧、郎岱举人朱元谟、贵筑举人赵廷光、绥阳举人雷廷珍、四川举人曾沛霖等任院长或执教。这些举人进士均为饱学之士，他们云集笔山书院，必然掀起兴义教育文化的另一座百年高峰。这时候的笔山书院虽然依旧为封建科举考试服务，教读内容以四书五经及八股文为主，但由于西学的影响，由于变法维新思潮的蔓延，这些来自不同文化圈的举人进士将新思潮新知识融入笔山书院的教学，与之前的历座笔山书院自然有所不同。

1900 年以后笔山书院的院长先后有贵筑举人姚华、徐天叙、安顺举人熊范舆等担任。姚华后考中进士，成为清末民初著名的书画大师，曾任北平女子师范大学校长，与梅兰芳、泰戈尔等世界名流交往，与兴义人刘显治为至交，同住北平莲花寺。1905 年科举制度废止，笔山书院改为高等小学堂，笔山书院由于有维新的成分，完成这个转变就要容易得多。从科举制度的束缚中解脱出来，县设高等小学堂，省设公立中学，京师设大学堂，兴义士子有了更为广阔的天地。1906 年贵州通省公立中学面向全省招生，堂长徐天叙带领学生王文华、魏正楷、窦简之、高致祥、熊凤阶等 13 人投考，结果 13 人以第一名至十三名成绩被全部录取，震动贵州学界，徐天叙留通省公立中学任教。

1904 年 11 月林绍年任贵州巡抚，将振兴文教作为改变贵州贫困落后面貌的重点工作来抓。他认为，贵州“地居中土，寒暑均适，五谷皆宜，富有矿产”。之所以“岁入钱粮不及他省一郡之多”，关键是“教育不兴”，于是在林绍年及各地贤达的支持下，1905 年贵州三批士人及官员共 156 名赴日本留学及考察，兴义人刘显治、赵显彬等即在此列。鉴于兴义刘官礼对贵州教育新政的大力支持及突出成绩，林绍年特送一块木质烫金大匾为刘官礼祝寿，上书“元老壮猷”四个大字，至今完好地保存于兴义刘氏庄园陈列馆，它见证了兴义清末教育的辉煌。

清末从兴义走出来的人物，比起乾隆那些兴义举人来说更加可圈可点，刘显世成为贵州军阀的鼻祖；王伯群加入同盟会，追随孙中山，官至国民政府交通部长；王文华任黔军总司令，推进了贵州军队的现代化进程；何应钦任国民政府军政部长、行政院长；等等。如果从文化素养来看，那也是非常了不起的。王伯群善书法，尤喜篆体，常与梁启超、章太炎、孙中山等人唱和，创办大夏大学，为上海四十多所私立大学之首，被尊为华东师范大学的创始人之一；刘显治居北平，与康有为、姚华等过从甚密；何应钦与于右任、张大千亦师亦友，称兄道弟；刘显世主政时期贵州大量启用前清举人进士和留日归来的学生，倡议编修《贵州通志》，兴义刘氏家族成为贵州民国初年政治气候的晴雨表。笔山书院及清末教育创造的历史文化辉煌我们至今无法逾越。兴义书法家吴为民先生是兴义名门之后，他曾对我说，那一时期在黔滇桂三省做生意、求学，听说是兴义人，就有人赞叹："兴义人厉害！""兴义人重教育！"

这一时期虽然举人仅一人，副榜一人，称"半边举人"，但是贡生任知县知府的不少。鲁屯人李瑞枝咸丰年间因军功任普安知县、云南丘北知县，后升广西直隶州知府；吕调阳因军功任云南文川知县、剑川知府、寻甸知府等职；鲁屯人李艳枝因军功任云南新平知县、师宗知县；吕声文，黄草坝人，民国 7 年（1918 年）任遵义县知事；李映雪，花月乡人，民国时期曾任贵州警察厅厅长；窦全曾，乌沙仁里（今革里）人，民国时期任瓮安知事、都匀知事；等等。遵义务川举人聂树楷先生在《窦钟祥墓志铭》中盛赞："清季朝议变法令，各行省兴办学堂，黔属各县多观望，君知为要图，亟与绅旧筹款兴学，城乡校舍以次数十所。以故，兴义虽僻处西南而文化进步独早于各县，且为之冠。改革之初，出任艰巨者，亦以兴义人士为最多。"

另外一部分前清秀才、贡生没有外出任职，就留在家乡从事教学，有的设馆，比如秀才刘以诚就是王文华、王伯群的启蒙老师，对黎峨八景各赋诗一首；有的进入笔山书院及兴义高等小学堂、兴义初级小学，甚至服务于兴义初级中学，如赵学坤曾参与重修笔山书院，后任书院斋长；木贾人蒋国屏任教笔山书院；有的参与编撰民国《兴义县志》。这些优秀的知识分子言传身教，兢兢业业，成为兴义文化传承的中坚力量。

衰落、复苏与辉煌

——兴义文化教育史上的三次辉煌之三[①]

王仕学

经过民国初年到 20 世纪 20 年代中期，兴义教育文化跌入低谷，其后慢慢地爬升，到 50 年代已位于全省前列。后经十年浩劫，元气大伤。改革开放之后又开始艰难复苏，再次挤进全省前列。21 世纪初兴义教育文化掀起第三次高峰，这次高峰以兴义八中、兴义一中、兴义中学高考成绩连创佳绩为标志。

民国初年的滑落

民国以后兴义教育从 1912 年至 1949 年分为衰落期与恢复期，兴义教育并不是延续清末的辉煌，没有做到“江山代有人才出”，而是兴义俗语所说的“一辈新鲜一辈蔫”。

衰落时期为 1912 年至 1925 年，辛亥革命，刘显世兄弟取得贵州军政大权之后，原在兴义教育界的优秀师资纷纷走出兴义，改行担任军界政界职务，有王文华、李映雪、窦居敬、唐守一、熊范舆等。原来聘请在高等小学堂的举人进士作鸟兽散，只有吕梧笙、宋甲山、刘以诚等继续执教。至于出重资向外聘请教师就更谈不上了，刘氏家族的目光主要是怎样巩固全省的军政地位，而不是怎样保持兴义教育在全省的优先地位。1916 年起，或因护国军过境，或因教育经费无法保障，导致高等小学堂几次停课，长则一年，短则几个月，无法正常教学。1922 年刘显潜被唐继尧任命为“滇黔边务督办”，1923 年组织“靖黔军”，攻击袁祖铭的“定黔军”。军队进入兴义，强行进驻城区各校，导致停课二三月之久。1923 年刘显潜所部易镇

① 王仕学：《衰落、复苏与辉煌—— 兴义文化教育史上的三次辉煌之三》，《黔西南日报》，2015 年 5 月 20 日，第 5 版。

北旅，调兴义整编，以便向关岭推进，强驻学校，高小及城区初小停课一年。1925 年马明亮、杨其昌两旅到兴义解决刘氏武装，停课数月。刘氏家族为培养下级军官，滥招高小和简师毕业生，甚至未毕业的高小生，或参加军事训练，或作下级军官，这时期兴义厌学风气日趋流行，学生不愿深造。这种恶劣现象持续 15 年，致使兴义教育在全省的地位迅速下滑。

由于高等小学堂教学不正常，兴义私塾开始兴盛，但是不用"部颁教材"，教学内容以四书五经为主，隔绝了新知识新信息的吸收，教学方式退回到清末水平，与他省新式教育的方向背道而驰。

1924 年刘显潜代理省长，一心重视个人宗族的得失，对兴义城区因军队驻扎停课，事前不制止，事后不恢复，竟让其长期停课，经费则任团防局劣绅把持。这一时期兴义主要私塾有以下一些。

刘显潜重金聘请安顺人王明武，兴义人吴炯心、查启祯、鲜畏三等人办高小补习班，主要为刘氏宗族子弟及官家子弟提供教育。比起其父辈刘官礼来，刘显潜不过舍本求末而已。1924 年城区教师吕梧笙、蒋芷泽、蒋芷恒迫于生活无着落，开办高小补习班，分甲、乙两组教学，人数七八十人，主要为城区有钱人家服务。赵氏家族在文庙办了一个"三育补习班"，分班教学，学生 20 多人，主要是赵氏宗亲及亲故子女。马岭纳省刘扬廷聘请洪赐侯、任栋林、李子纯等人在其家办私塾十年，教授古文及四书。田湾刘弼璋聘请平坝县刘继昌办补习班，采用部颁教材，学生十多人。乐立田祖光聘请四川人周秉文在其家办私塾，专教古文和古诗词。

据统计，这一时期中等学校毕业的全县仅 30 人，大学毕业或在校的不到 10 人，辛亥革命初留学日本的有 6 人，20 年代留学生仅 3 人，与清末留学热潮万马奔腾的气势相比，寥若晨星。

1925 年夏天，袁祖铭委派的贵州省长彭汉章，派出三个旅将刘显潜余部包围。马明亮、杨其昌两个旅进抵兴义，解除了刘显潜的家族武装。刘氏在军事上历经三代，为时七十余年的经营至此彻底覆灭。刘显世中风寓居昆明，刘显潜从此"息影林权""不问政事"。一些具有优越感的兴义人开始省悟。有人挖苦说："兴义人钱干酒醒了。"

刘氏家族因顺应时代重建笔山书院掀起了清末兴义教育的辉煌，不料在这个家族退出历史舞台的时候，兴义教育栖栖惶惶，又是这个家族亲手将兴义教育推进低谷，这真是可气可叹！

兴义教育进入恢复时期

1926 年年初，曾任清末笔山书院斋长的赵学坤先生有感于兴义教育的衰败，抚今思昔，希图有所更张。开始把高等小学堂与初小合并，改名兴义县立两级小学，校址为原笔山书院，留学归来的赵伯俊出任校长。除了沿用一些老先生以外，赵伯俊增聘了省立师范毕业的李介白、吴宗仪等十多位青年教师。青年教师多了，活力增强了，学校面貌为之一新。赵伯俊力倡足球运动，制作乒乓球台，开辟兴义校园球类运动的先河。他办学主张“正义”与“民主”，提倡早读，统一制服。

1928 年，兴义中学进入发展阶段。由于办学经费充足，待遇从优，贵阳车立中、钱文鹄、戴厚基、谭树白等相继来校任教，这些老师大多是国立大学或高师毕业生。不久车立中任校长。当年城区小学在校生达到 1200 人以上。

1929 年窦居仁在贵阳为兴义中学代聘教师蔡继民、邵竹波、汤石安等到校任教。本年度第一期毕业生 50 人中外出升学的达 19 人。兴义中学发展为三个班，云南罗平、平彝（今富源），盘江八属均有学生就读。贵阳人赵万邦聘为校长，争取教育经费独立，成立学生会，设立图书馆。

1932 年加办乡村师范，以后逐年保持 4 至 5 个班。1932 年省教育厅发表各县在校大学生统计，兴义当年在公、私立大学的学生是 12 名，居全省县属之冠。1938 年办女子师范，规模为 3 个班。同年实行男女合校。1940 年加办高中班，兴义中学正式更名为“兴义县立中学”。1942 年兴义县立中学改为“贵州省立兴义中学”，经费由省拨款开支。1929 年至 1940 年兴义初中毕业生共 700 余人，高中毕业生近 100 人。至 1940 年初级小学增至 110 所，完小 23 所，其中城区完小 5 所。1943 年省教育厅统计各县中学图书之多，以兴义中学为最。据教育厅发表的统计显示在这个时期兴义人民的文化程度，在全省识字率是较高的，为全省第二，仅次于遵义。1944 年设兴义县立中学于文庙，县中与省中并立。

据《兴义市教育志》记载，民国时期，兴义升入各级各类高中、师范、中专、大学的人数为 178 人，其中派出留学生 28 人，黄埔毕业生 12 人，陆军大学毕业生 3 人，陆军大学参谋班 2 人，毕业于中央军官学校 38 人，毕业于中央航空军官学校 6 人，毕业于航空机械学校 3 人。兴义教育从衰落到恢复，重新在全省名列前茅，这一时期被誉为兴义的“文艺复兴”。

1944 年兴义中学谭永年校长写信给远在重庆养病的王伯群先生，请先生为省立兴义中学三周年题词。这位大夏大学的创始人抱病积自己一生办教育体会慷慨答应。全文如下。

教育为文化之源，一乡一国之盛衰，恒视人才之兴替，又恒视教育之发达与否。惟我兴义，僻处黔西，地接滇桂，交通四达，堪称形胜，三省之商旅多聚散于此，三省之边防多筹策于此，不仅文化交流之要已也。逊清末叶兴义之留学东瀛者竟达十数人，居全省第二，足征前辈兴学之盛。民国改元后于党于政于军，凡我兴义籍者，莫不头角峥嵘，蔚为时望。溯厥源流皆属教育之功。

殊民国十年后，地方教育不振，社会风尚日下，闻至十五年始创办于县立中学，其成绩又远不如他县，人才因之寥落，内外邦人怵于时代之激流前进，吾乡不容落后，乃要求改县中为省立完全中学，冀合省县之力充实内容，恢宏校规，以副时代之需求革新，以还三年于兹矣！赖历任负责者之努力，已有相当进展。然距内外理想之境地犹远，尚需省县教育当局及合校师生百尺竿头，更进一步，奠百年树人之基，应抗建需才之急，乡国前途实利赖之。

兹届三周年，谭校长永年不遗在远，来书嘱题，聊志所感藉留念。

三十三年

题词阐述了教育对一个地方政治经济发展的极端重要性，深情地回顾了清末以来兴义教育发展的曲折历程，最后对省立兴义中学寄予殷切的期望，表达了伯群先生爱家乡、爱教育的情怀，是研究兴义教育史一篇重要的资料。

新时代新教育

中华人民共和国成立后，人民政府非常重视教育。1950 年，省中与县中合并，迁至县中所在地文庙，更名为“贵州省兴义中学”，省立盘县师范学校迁入原省中，即笔山书院旧址。通过调整、充实，兴义的师资得到了补充和更新，至 1953 年兴义教育恢复到民国时期的最好水平。

1950 年至 1965 年期间的兴义中学，后称“兴义一中”，大学录取率名列全省前茅，考取各类大学 285 人。当时大学招生数量很少，占高中毕业生的 3%左右，是名副其实的“天之骄子”，兴义中学及兴义一中的大学录取率居全省各中学前列。1985 年我被保送贵州师大中文系，当时 14 个系就有 8 个系的主任或书记是兴义一中五六十年代毕业的。中文系黄大荣先生是兴仁人，教古代汉语，他编的《中学古文翻译》风靡全省。吕传汉先生是兴义人，任数学系主任，后任副校长，是著名数学家。彭香忠先生在艺术系，是摄影家。

改革开放之后，兴义一中注重教学质量，很快成为滇、黔、桂接合部一所著名的中学。据王玉书先生回忆，1982 年兴义一中高考录取率仅次于贵阳一中、遵义一中，为全省“三甲”，获奖励 4 万元。到了 20 世纪 90 年代，贵州醇酒厂厂长鄢文松先生创办兴义八中，办学引入竞争机制，广纳贤才，八中高考录取率直逼百年老校兴义一中，10 年后超过兴义一中，与兴义一中“双雄并立”，结束了兴义一中自建校以来近百年的霸主地位。其后兴义市政府决定创办兴义十中，对外称兴义中学，以图诂“兴义中学”这个老牌子的灵气，于是兴义一中、八中、兴义中学三足鼎立。兴义八中二本上线率稳居全省之首，直超省内若干百年名校，被誉为“教育界杀出的一匹黑马”，来取经交流的学校络绎不绝。据统计，1950 年至 2010 年兴义输出博士生 22 人，硕士研究生 52 人，留学生 21 人。

如今兴义教育呈集团化冲锋的趋势，正在塑造兴义教育三百年来的另一次辉煌！随着大学的扩招，如今高等教育已经成为普及性教育，一本二本学生人数扶摇直上。鲁迅先生说过，要有天才必须要有产生天才的土壤，历年众多学子中必然有杰出人才脱颖而出，因为兴义有重视教育的历史文化土壤，有无数乡贤艰苦的历史文化积淀，一定会从量变到质变，产生一种飞跃！对此我们必须充满信心，也应该充满信心。

兴义笔山书院一瞥①

蒲应秋②

书院，是东亚古代教育制度有别于官学的另类教育组织形式。书院之兴，大抵从中国古代的“精舍”“精庐”“学馆”演化而来，它历经唐宋至清末，有将近千年的历史。书院最初不具备聚徒讲学的功能。随着书院逐渐兴盛，其职责范围渐次扩展，有了咨询、顾问、侍读、侍讲职能，但它的管理体制和教学方式与官学有很大的不同。因此，书院在古代教育史上具有独特的价值和意义。

兴义笔山书院，创办于清代乾隆年间（1736—1795 年），系当地士绅和民众自发筹资兴办，是科举时代讲授四书五经的场所。书院初建于兴义老城西南隅，水井坡山麓。院后奇峰耸立，酷似笔架，故名“笔架山”，“笔山书院”由此得名。院舍掩映于苍松翠柏之中，清幽静雅；院前有一个清澈的龙潭，宛如一方砚台，镶嵌在千亩田畴之间，更为书院增添文秀之气。

笔山书院建成以后，因战乱及其他原因，曾经历 4 次兴废，院址迁往县城东门外和老城后山文昌宫。鉴于前三座“老书院”的院址地势较高，位置较偏，教读不便，清光绪十五年（1889 年），在刘统之等地方士绅的倡议下，并得到兴义知府孙清彦支持兴义，动用团防总局历年库存白银为基建经费，择地于兴义城东北隅的老鹳坟（即今兴义民族师范学院内），第四次兴建书院。

笔山书院的教学内容起初为八股试帖及诗词歌赋。光绪二十五年（1898 年）戊戌维新变法期间，院长雷玉峰提倡经学、小学并订阅时务报，规定每月两次呈送笔记批改，当堂奖评。光绪三十年（1904 年），留日归

① 蒲应秋：《兴义笔山书院一瞥》，《教育文化论坛》2017 年第 5 期，第 2 页。

② 蒲应秋（1975—），男，贵州遵义人，贵州大学博士，编辑。

国的徐天叙院长，除授经史外，兼研习数学，并率学生参加县内演讲会等社会活动。光绪三十一年（1905 年），笔山书院改办高等小学堂，堂长徐天叙带领书院学生王文华、魏正楷、窦简之等 13 人赴省会贵阳报考贵州公立通省中学，囊括前 13 名，名震贵州学界。

笔山书院，一片神奇的沃壤[①]

卢惠龙[②]

提起西南军阀史，绕不开兴义系；提起兴义系，绕不开笔山书院。

1970 年我分配到兴义，开赴兴义前夕，我恶补兴义地理、人文知识，于是知道兴义曾经有个笔山书院，培养出了众多栋梁之材，如王伯群、保衡、刘显治、李培先、何应钦、王聘贤、刘若遗、王文华等。

我在兴义度过了 18 年，到过何应钦在泥凼的老家，对何宅镶嵌的德国进口彩色玻璃印象很深。同行的人说，何应钦小时候，偷玩藏在牛棚顶上的火药枪，不慎走火，打死了一头牛，他害怕了，就偷偷跑到兴义城里亲戚家，后来在笔山书院读书。这只是一说，真伪不可考。我到过下五屯刘氏庄园，那里缅桂花树硕大无朋，庄园阔大，是刘官礼及后人刘显世主要居住场所，来者都能领略刘氏小王朝当年的豪气。我还到过安龙县龙广的袁祖铭旧居，知道他有赖王文华向刘显世举荐，进入刘氏团练，之后一路升迁，直至黔军师长、总司令。峰回路转，风云一时，他却暗杀上司王文华。1921 年 3 月 16 日王文华被刺，时年 33 岁。袁祖铭最终被枪杀于湖南常德，未过不惑之年。最后，我还有幸在笔山书院的旧址黔西南师专工作。

兴义笔山书院最早创办于清代乾隆年间（1736—1795），由当地士绅和民众自发筹资兴办，讲授四书五经为主。书院首建于兴义老城西南一隅的水井坡。院后奇峰耸立，形似笔架，名曰“笔架山”，“笔山书院”也因此

① 卢惠龙：《笔山书院　一片神奇的沃壤》，《文史天地》2017 年第 7 期，第 67-71 页。

② 卢惠龙，山东济南人。中共党员。1967 年毕业于贵州大学历史系。历任中共贵州省兴义地委秘书，黔西南州文化局局长、党组书记，黔西南师专校长、党委书记，贵州省新闻出版局副局长，贵州人民出版社总编辑，副编审。贵州省文联第二、三届委员，贵州省作家协会第二届理事、第三届副主席，中共贵州省第七次代表大会代表。1956 开始发表作品。1993 年加入中国作家协会。卢惠龙长期从事文学创作，曾发表诗歌、小说、散文、电视文学剧本和文学评论近百万字。出版有中篇小说《艺术部落的后院》、中短篇小说集《不设防的爱》、散文集《黔西南风景线》（与人合作）、《独自凭栏》和长篇报告文学《鲁布革启示录》等书。

而得名。

清代光绪十六年（1890 年），邑绅刘官礼，得到知府孙清彦和团防局10 万两白银支持，资金充裕，笔山书院迁至兴义城东北。书院规模扩大，有房舍 21 楹，长廊、鱼池、花厅、林园均备。大门石额题有“笔山书院”，两侧配以石刻行楷对联，上联：“平地起楼台，看万间鳞次，五月鸠工，喜多士情殷梓里”；下联：“斯文无畛域，况榜挂天开，笔排山耸，愿诸生迹接蓬瀛。”

学童们在书院收获的是“国以民为本，民以食为天”的儒家思想。

书院购买了大量图书，有经、史、子、集四部万余卷，同时向上海商务印书馆订购书刊数千册，藏书之富为各县之冠。书院招贤纳士，以年俸三四百的重金（当时普通年俸的 2 倍），诚聘名师，先后礼聘雷廷珍和姚华十多位著名的经史学家、书画大师、省内外名儒前来执教笔山书院。对学生设立奖学金，超等奖银 1.2 两，特等 8 钱，一等 6 钱，学风为之一振。

兴义与其他地方一样，士绅阶层对兴办地方教育发挥了重要作用。兴义这片乡土，成了人才生长的沃壤。随着“旧学尽废，新学兴起”，私塾变学堂，书院，士绅纷纷办乡学，逐渐形成一个培养人才体系。

尊师重教既来自传统，也提高普罗素质，培养人才。那个时期，教育功利性也一如既往，由中状元的功利变成了领兵打仗做统帅的功利。

辛亥革命前，笔山书院已经涌现出一大批杰出精英。1905 年，书院改为高等小学堂，进入其蒸蒸日上的鼎盛时期，堂长徐天叙带领学生王文华等 13 人，赴省城贵阳报考通省公立中学，在入学考试中囊括了前 13 名。好事传千里，笔山书院名声大振。

壮大笔山书院的首功刘官礼，是刘显世的父亲。刘官礼效法曾国藩、左宗棠，在兴义大办团练，扑灭回民起义军，抵抗广西游勇，深得清廷嘉奖，赏戴花翎，成为盘踞兴义的一霸，俨然成为地方小朝廷。还在下五屯和跋浪亭后院各修忠烈祠。刘官礼也非常平民化，经常一袭蓝靛长袍，手持云南水烟筒，自称“三爷”。年老多病之后，把大权移交给潜势强大的刘显世。

准确说，刘官礼乃一介地方士绅，血脉中颇有浓重文化教育因子。对于笔山书院肇始与发展，他功不可没。

刘官礼祖籍湖南邵阳，幼读私塾，16 岁从廖健藩研读性理学、《左氏春秋》，精习书法。《左氏春秋》、性理学，均属正统的中原文明。刘官礼自然深受浸染，他以“武功外悠，文化内辑”的中原文化思想，在黔西南战事方息、尘埃落定之时，希图“整饬地方”“观乎人文以化成天下”，大兴文化教育事业，古道热肠，殚精竭虑，劝导乡绅办学，劝说童生入学，以其后半生之善举抵消了前半生的杀戮。他成为兴办笔山书院的主要人物，亦属必然。后来刘显世继承父业，也可圈可点。1903 年，刘官礼顺应历史潮流，把笔山书院改为兴义高等小书堂，刘显世任学董。刘官礼父子削减四书五经课程，新开数理科学，包括体育、美术等，普遍采用白话文课本。在书院内增办师范讲习班，后改为传习所。刘显世以其家庭的权威，到各乡宣传科举制度的弊病；主张创办新式学堂，学习西方的科学知识，培养人才。经过辛苦奔走，在捧乍、敬南、木贾、桔园，改庙宇为校舍，创办了 21 所初等小学堂和一所女子学堂，在 1902 年《壬寅学制》公布后几年，较大乡村的初小都改设两级小学……这些都有历史文献记录在案。这是中国传统社会的士绅阶层在兴办地方教育上做出贡献的又一佐证。

因教学有方，成绩显著，滇、桂邻省及本省盘江八属慕名而来的学生日渐增多，每年有毕业生数十名。

顾宪成称：“风声、雨声、读书声，声声入耳；家事，国事，天下事，事事关心。”这在笔山书院渐成风气。虽身处穷乡僻壤，也心向外域。

1905 年至 1920 年间，笔山书院学生东渡日本留学有 30 余人，甲于全省。在这些留日学生中，王伯群、保衡、刘显治、李培先、何应钦、王聘贤、刘若遗等，分别进入日本的中央大学、早稻田大学、帝国大学、明治大学、讲武学校和士官学校，学习政治、经济、军事、教育、医学。回国后，他们与其他未出国留学的笔山书院学友（如王文华）一起，在各界都产生了较大的影响。

在抗日战争时期，也有从笔山书院出来，跋涉千山万水，投笔从戎，奔赴延安、参加抗战的黄俊、肖君盛将军等。

这样一张从一个学校走出来的学生清单，在中国近代教育史上是鲜见的。

笔山书院这种亦公亦私的族学性学校，既成功地培植和壮大了家族姻亲势力，又成为后来民国各界风云人物的摇篮。

这张清单证实笔山书院是在文化贫瘠之乡挺拔的神奇之树，冠绝全省。

虽偏处僻壤，却如此上下相辅相成，共铸出一段新的世风。

刘显世、王伯群、王文华、何应钦等一批军政人物，构成贵州军阀兴义系，左右贵州政局长达十多年之久，这与笔山书院有割不断的历史血脉。

1982 年，学校更名为黔西南民族师专。我 1986 年来到这里工作时，笔山书院旧貌斑驳，遗迹残存。靠附中，一片院舍掩映于苍松翠柏之中，绿荫匝地，风轻轻，云也轻轻，清幽静雅；院内一个清澈的水井，围以石栏。中间的山斗堂上，悬有红底金字的“山斗堂”匾额。两百多年，大浪淘沙，疾风化雨，文秀之气依旧。这里已经是文物保护单位了。

这里是福地。院里的梨树，每到四月，无声无息地开出白色的花瓣，冰清玉洁的，如絮如脂，满树都是。雪白的梨花会缤纷落下。金秋时节，满院桂花飘香，阵阵花香浓郁。桂花飘落，称作桂雨，黄色。纯净而富于美感。每到课间操，早上九十点钟的阳光，透过绿树洒下来，空气里绿叶的气息，朦胧缭绕在学子身边。大家一字排开，做操。校园里碎石的小径，小径两边长满了花草。去教室，进饭厅，大家都走在小径上，人头涌动，同学都青春年少。学校图书馆气氛也好，那里书多，阅览室里鸦雀无声，查资料，做笔记，写小说的都有。图书馆悬挂的一帧板桥体书法也很耐看，结体变化多端，章法诡谲有致，摇曳多姿，在一种大自由中看出性情、气韵之桀骜。

该出场时出场，该谢幕时谢幕。

笔山书院为我们撬开了民国时期西南边陲教育景象的一角，而春去秋来，草长莺飞，如今的学子，也和当年的何应钦、王伯群、刘显世、王文华们一样年轻。他们只是生活在不一样的时代罢了，每个时代有每个时代的课题。

时代不同，学子们其实是一样的丰富，一样的渴望，一样的沉迷，一样的热烈，这如同生命，一样的春秋代序，一样的生生不息……

笔山书院，这是中国式的“旧制度与大革命”时代的一片沃壤。它给我们留下了很大的思想空间。而今，在祈望谋求和谐的时期，笔山书院的后来人，如何落笔？

笔山书院的由来及其文化成就①

熊洪斌

一、引　言

兴义这个地方，曾经因为盛产金钗石斛而称黄草坝。以现在行政区划看，其地处滇、桂、黔三省接合部，是所谓“三省通衢”，仿佛旱地码头。其实，它曾经山高皇帝远，荒蛮野水深，乃是典型的僻远化外之地。然而，早在一万二千多年前便有“兴义人”（考古学为“猫猫洞”遗址猿人的定名）在此繁衍生息。这里毕竟是一个高海拔低纬度的风水宝地，冬无严寒，夏无酷暑，山明水秀，气候宜人，正是得天之独厚之地。

历史的长河潮涨潮落，而一切又无不处于变迁之中。这一方僻壤，同样概莫能外。战国时期，兴义当属夜郎古国，蜀汉建兴三年（225 年）设汉兴县，唐贞观六年（632 年）又归盘州治，元朝至元十三年（1276 年）属云南行省普安路总管府，明代又改隶四川布政司，永乐十一年才始隶贵州，晚至清朝嘉庆二年（1797 年）才始裁黄草坝州判，请设兴义县。因为南北盘江及红水河阻隔，似乎不曾被纳入广西行省过，但广西“游勇”还是渡江占领过兴义老城。民国初年，甚至有人提出过建立“盘江省”的构想，如然，则兴义就有可能会演变为一个省会都市。

从军事、交通的角度看，这里毗连三省区而又山高水险，故而谓之“西南屏障”；从商旅集散角度看，因为远离经济文化中心，所以自然形成要塞与通道。各族人民以及各色文化在此汇集与叠加，在此交流与冲撞。这将会是怎样的一种热烈而多姿多彩的情形呢？种种纷纭复杂的原因交集，将会导致什么结果？是必然之中的偶然？还是偶然之中的必然？一个边地，一个小城，经受着历史的电闪雷鸣，经历着战乱的血雨腥风，同时又享有如画的美景，享受着甘泉的清冽和石斛的芬芳。可以

---

① 熊洪斌：《笔山书院的由来及其文化成就》，《黔西南日报》，2019 年 11 月 2 日，第 4 版。

想见：茶马古道上，铜铃摇响的马帮和盐商。你看：官道上的绸缎客和狡黠的鸦片贩子，还有密林深处匍匐着的凶悍土匪，花水河畔改名换姓的逃犯，洞箫声里的隐士，白衣白马的回族汉子，高鼻深目的天主教神甫，汗流浃背的农人与猎户，长袍马褂的酸秀才，巧取豪夺的土豪劣绅，苗族的花绣，布依族的蜡染……偏远杂多乱，而又生机蓬勃。

兴义这个地方，大约自元、明、清以降，才真正进入了深度开发的岁月。本来，原有人口稀少，在漫长的日子里，各民族生活艰辛而勤劳，刀耕火种，怡然自得。他们缓慢地发展着各自丰富多彩的民族文化，秉承着古老的习俗，载歌载舞，祭祀着天地山河。而远古的夜郎文化和汉文化若隐若现如草蛇灰线伏脉千里，错杂其间。经过“调北征南”“调北填南”以及“改土归流”之后，形成了一个事实上以移民为主体的地区。不同文化相互交融。最有历史根基和韧性、渗透力最强的，还是古老的中华传统文化。在这一时期，中原文化经过吴越、荆楚、湘湖、巴蜀、岭南、滇黔各种地域文化的过滤与裹挟，层层融汇于此，积淀为丰厚而肥沃的文化土壤。

这大约就是笔山书院得以在黄草坝诞生，历经两百多年，四度兴废，最后于清末民初勃然而兴又倏忽消隐的历史背景和文化原因。

假如这个地方始终闭塞，从未被纳入历史的洪流，当然就不会被卷入文化的大潮。但这个假设，绝非文化历史发展的逻辑。既然普天之下莫非王土，那么，地方虽小，也必然要纳入化内。兴义笔山书院，正是历史演变和文化发展的一个结果。这是就一般必然规律而言，但笔山书院毕竟还是一个特例，作为西南地区为数不多的成功书院之一，有不同阶段的具体状况和复杂情形。看似自然发生的一切，往往有着内在深刻的自觉。把它作为书院文化研究的个案，对之进行深入具体的研究，从中抽绎出一些于今有益的启示，或许不无价值和意义吧。

笔山书院的研究之难，首先是文献资料的零星破碎，甚至缺失。有各种传说和口述，互相矛盾，尤其时间顺序，一派混乱。急需整理和考辨。其次，笔山书院成就名人众多，所谓“一部贵州史，半部兴义人”，但是，他们的故事却殊乏史载，多半是功成名就之后，才知道原来是笔山书院人。至于在书院是何情形，除了遥远的传说和想象，几乎不得而知。这就为笔山书院研究造成了压力和障碍。近有兴义民族师范学院文传学院教授毛建军博士，从文献学的角度，以文献学之方法，充分发挥电脑收集数据之便利，广罗书院文献资料，虽考辨未精，却为我们研究写作《兴义笔山书院史话》提供了不少方便，这是必须要敬谢的。我们因之而可能着手行文，且分题而徐述之。

本文先从笔山书院的源头说起。

二、初创水井坡

黄草坝自古润泽多水。

从前，花水河清澈见底，两岸杨柳依依。老城内外，随处可见冒沙井。

有些小地名干脆就以水井作为地标。如著名的沐家井，既是远近汲饮之地，又是人们相聚交流的场所。诚如杜甫诗云："舍南舍北皆春水，但见群鸥日日来。"就在老城的西南隅，原铁树宫后山，即称水井坡。1949年以后建老残院，这一口坡上水井仍然使用，现在已然面目全非。而坡上，尚有百年泡桐树，苍虬劲枝，栉风沐雨。这里，就是笔山书院创建的地方。史称"第一所笔山书院"。

事实上，那时还没有"兴义"这个地名。书院初时，充其量也就是一个简易的草堂。然而，它坐西向东南，背靠水井坡，前临花水河，面对笔架山，奇景如画。笔山峭拔，牛场坡亦苍翠起伏。两山之间，有如镜子一般清亮的水田，形同文案上安放着的砚台，可以想象，如椽巨笔安枕笔架山，仿佛下凡文曲星的书房。应该说，这的确是一个俯读仰思、静以修身的好地方。尤其符合堪舆学的一些讲究。所以名之曰"笔山书院"。

这个定名含义深远，它寄托着对莘莘学子无限的希冀和殷切的期望。笔山书院名称一直沿用至今，它承载了近三百年的地方文教历史。书院的名称，本身就是一项重要的文化成就，它凝结着笔山书院的文化精神。特别是在清末民初的时代风云变幻中，笔山书院声名鹊起，一时成就了许多风云人物，名震省内外。它不仅是精英人才的摇篮，同时还是社会政治军事的纽带，是辛亥革命先进思想文化在黔地的源地。即使今天，兴义民族师范学院、兴义一中、兴义一小，无不以笔山书院为兴义教育的骄傲。

黄草坝山好水好。既为风水宝地，必然要沉淀优秀文化，不断地向前发展。明代《徐霞客游记》中提及：至此，米价最贱。可知黄草坝盛产水稻，又是三省物资集散地，往来商旅繁荣，很早就形成了集镇。明代普安州设通判于此，与黄坪营土、流并治。到了清代乾隆间，外来移民逐渐增多，带来了先进的中原文化。如下五屯刘家，其先祖便于乾隆年间入黔，往来湘黔两地经营文房器具，最后定居黄草坝，落地生根，后成世家大姓。泥凼何家先祖开始也扎根黄草坝，后转移泥凼。景家屯王家、木贾蒋家、纳省戴家、鲁屯李家、革里窦家、周壁赵家、捧乍张家等，都有很长的进入兴义的历史。黄草坝上，还有花姓、吕姓等八大姓此消彼长，热闹异常。乾隆十三年（1748 年），黄草坝筑墙造城，古乡镇始有小城规模。本来，这些世家大姓也可以通过“私塾”的方式来发蒙幼童、教化子孙，但既有城池屯堡聚集人口，学堂之设便在情理之中。试想，如果每家都单独请塾师，一是花费大，二是读书氛围差，远不如集中起来，择名师课徒，更见其功效。于是，这些地方上的绅耆士庶便商议兴办书院，捐资出力，为家族子弟读书科考建言献策，终于营造了一个风水不错的学习场所，这便是水井坡笔山书院。

书院之设，源于深受儒家思想影响的中原文化。这些黄草坝上的汉族移民们如此热心热肠地兴办文教，除了上述原因而外，更深刻的原因就在于：在他们的心理结构中积淀着渊源悠久的文化基因，尤其是儒学的教化。《三字经》云：“子不教，父之过。教不严，师之惰。”在以伦理为本位的传统社会中，重视对后代的培养，对他们尽可能实施各种文化教育，提高其整体素质，使之获得安身立命的本领，是无比重要的事情，由此而形成了中华民族尊师重道的优秀文化传统。

书院之称，源自古代“精舍”“精庐”“学馆”等。在私家，或为读书治学场所；在官府，或专事修书、校书和抄书之责。从唐代开始，扩展有咨询、顾问、侍读、侍讲的职能。至宋代，发展演变为一种新型的教育组织形式。它不同于官学而往往会有官学的成分，它不是私学却又吸收了私学的长处。从此，官学、私学和书院成三足鼎立之势，直到清末废除科举。而今天，书院形式似乎又复燃，许多民营学校也称书院。

书院教育，有不同的层次和类型，从古到今，书院之多，不可胜数。不同的书院，情形又各不相同。有些属于高等教育的层次，例如石鼓、白鹿洞、嵩阳、岳麓、东林等著名书院。有些属于中等教育层次，有的仅仅属于基础教育层次。一所书院中，也分有不同层次。与佛道二教选择胜地修建寺庙道观一样，儒家的书院也往往选择环境清幽之地，水井坡笔山书院也不例外。诚如朱熹《石鼓书院记》所说：“予唯前代庠序之教不修，士病无所于学，往往相与择胜地，立精舍，以为群居讲学之所。”一般书院之兴，多因官学凋敝。笔山书院初期，黄草坝尚未设置县治，地处边远，没有官学。考查笔山书院，经过了四个不同的时期，始终处于基础教育到中等教育层次之间。对其教育职能，应该做具体的分析。除了培养人才、传播文化和开发民智的基本功能而外，笔山书院在特定的历史时期发挥了特殊的历史作用，取得了独特的文化成就。

水井坡笔山书院是兴义这方水土上第一所较为正式的教育场所，大致上是由世家大姓倡议，由绅耆士庶和乡邻寨老共同出资公建，是兴义最初的一抹城市之光。它反映了当时黄草坝人提高文化素质的强烈愿望，事实上也取得了应有的成绩。

据王仕学先生的研究，兴义教育在乾隆年间曾经一度辉煌，一共出了一位进士和四位举人。这与水井坡有关吗？颇值得研究。

先说鲁屯大姓李氏家族的两位乾隆举人。

李明心，乾隆三十年（1765 年）中贵州乡试第 8 名；李琼林，乾隆三十九年（1774 年）中贵州乡试第 9 名。这二位皆出山为官，远赴他乡异县，开辟了壮阔的人生道路。李琼林擅文章书法，官至山东邹平知县。李明心更是以举人出身，官至福建汀州知府，嘉庆初年以 80 岁高龄加台湾道员，官誉隆盛，享寿 100 岁，是兴义地方历史上著名的成功人士。从李明心所著《普安鲁屯李氏宗谱序》可知，鲁屯李姓乃世家大族，祖籍江苏淮安山阳县。明初洪武年间，其先祖李文明便跟随平西侯沐英“南征”至此，“开疆辟土，世袭普之右所锦衣掌印千户”。其高祖李国忠因为“王事贤劳”而“诰封武略将军”。如此高门大姓，按惯例看，必定格外礼聘西席坐堂设帐、教育后代，未必跑到黄草坝来就读笔山书院。从普安州录入学额名录看，李氏子弟尚有不少贡生、廪生，秀才众多。应该说，李氏私塾家学是绝对存在的。至于是否开办家族书院，就很难说了。因为扩大了的私塾其实就是尚处雏形的家族书院。有的家族书院的成就和影响，甚至要超过乡镇书院和州县书院，如浙江鄞县（今鄞州区）的“桃源书院”，史称“王说家塾”。总之，鲁屯李家以其文化自信、影响之巨，势必要强力辐射黄草坝。李氏兄弟中举之前，黄草坝上就有了水井坡笔山书院，他们是否就读过笔山书院，或者是否到过水井坡来参加讲会与交流，因为没有史料记载，不敢大胆假设，但同属一地，相隔未远，岂能毫无瓜葛？恐怕还是多有呼应之妙吧。

另外的一进士两举人，都是黄草坝人。这就饶有兴味了。

三、始建年代推算

水井坡笔山书院作为开局第一所，史料所载，仅有地点而无时间。这就为笔山书院的研究笼罩了迷雾。所谓历史，无外乎时间的流程。既无时间，又谈何历史？《黔西南民族师专校史》(以下简称《校史》)也明知有水井坡笔山书院，所据为清朝爱必达撰《滇南识略》(乾隆十四年刊本，应为《黔南识略》，《校史》刊误）。但苦于时间不详，只好将建校最早时间定在 1813 年，即《咸丰兴义府志》记载的清嘉庆十八年，这实际上是重建笔山书院的时间。《校史》虽说是尊重了官修史志的记载，却无奈地缩短了“校史”60 多年。嘉庆十八年重建的是“吉安会馆笔山书院”，史称“第二所笔山书院”。

从 1948 编本的《民国兴义县志》到 1978 年版和 1988 年版的《兴义县志》以及 2008 年版的《兴义市志》明确记载了笔山书院的“四度兴废”。也既是说，地方史志皆承认水井坡笔山书院为第一所书院。那时，黄草坝的确尚未置县，故无县学名额。弟子生员读书应考十分艰难，需要长途跋涉，前往普安卫、永丰州应选，乡试则要远赴贵阳。书院的创设，为他们就近读书提供了方便。一般认为，乾隆年间出的两位举人王赞武、王奭武兄弟即笔山书院所培养的，主要依据是《民国兴义县志》所载：“兴义最古书院在老城西南隅水井坡……乾隆初王赞武孝廉兄弟读书于此。”原文还冠有“据父老传说”云云，相当于今天所谓口述历史记录，是应该引起必要的重视的。这“王氏二雄”，除了《咸丰兴义府志》有载而外，《民国兴义县志》第八章、第十二章均有传。因为王赞武为官有“青天”之名，所以《嘉庆峨眉县志》《光绪南部县乡土志》均有传记。王氏兄弟应该是笔山书院最早的校友，二位先贤代表了第一所笔山书院所取得的文化成就。

根据府、县诸志，王氏兄弟中举的时间是明确而统一的，各本无抵牾。王赞武，乾隆甲午（三十九年，1774 年）举人；王奭武，乾隆丁酉（四十二年，1779 年）举人，逻辑上是先寒窗苦读，再逐层科考。先秀才后举人，再后是进士。按照科举制，黄草坝时无县学名额，他们必须出门应考，春闱秋试，三年一考，先院试再乡试，以后才有可能参加会试与殿试。只有中举，才能做官称老爷。仅是秀才，也就相公而已。这条道路之艰辛与悲酸，想想“范进中举”或者“孔乙己”，便可领会。封建时代的无数读书人，终生科考也未必中举。以王赞武中举的时间倒推 6 年左右，水井坡笔山书院兴建时间大约应在乾隆三十三年（1768 年）之前。这就比《校史》所谓 1813 年大约提前了 45 年。

然而，第一所笔山书院的始建，还有可能更早。

乾隆年间，黄草坝上出了唯一的一位进士：卢世昌。

这位兴义历史上重量级的乡贤，身上弥漫着些许神秘的色彩。考诸府、县志，卢世昌早在乾隆十七年（1752 年）即中举，两年之后赴京城会试又进士及第。据《咸丰兴义府志》载：“少从事于群经，尤精易学。官丰县知县，有政声。岁饥，开仓平仓以赈之，先发而后请劾，大吏优容之，但令岁丰补足。久之，卒。世昌又善形家，言县城之建于黄草坝，实世昌相度之，人以为得阴阳流泉之势焉。”可知，卢世昌其人有读书的天赋，做县令有担当，不请示上级就开官仓赈济饥民。因为精通易学，所以善于看风水。嘉庆三年（1798 年）建兴义县城，主张建在黄草坝上花水河边，就是经过他认真地审视过的，不独有耆老风范，更具有堪舆形家的充足理由，谁还敢不听信呢？至今民间传说兴义风水宝地“九龙归位”“飞剑斩龙头”种种，盖源自这位卢老令公！其中，除了易学的道理，恐怕还有卢世昌对黄草坝故乡的挚爱。有诗为证：“烟波十里漾青莲，水到城南别有天。试看花桥鱼跃浪，跳珠白雨乱入泉。”这是卢世昌咏颂花水河的绝句，前两句大处着眼，境界开阔；后两句细节生动，近观入微。爱乡之情，形于言表。

可是，目前尚无任何资料表明卢世昌与笔山书院到底有何关联，不过，当我们依照王赞武例，把卢世昌于乾隆十七年（1752 年）中举时间倒推 6 年，那就是乾隆十一年（1746 年）。

这个时间又有什么意义呢？

《黔南识略》记载了最早的兴义城，实际上是黄草坝州判旧城。其云："城周三里，计五百六十丈。甃以石门五。"请注意乾隆十一年(1746 年)这个重要的时间节点。当然，这个建城时间，各本记载略有出入。《黔南识略》说"乾隆十一年建"，《嘉庆重修一统志》说"乾隆十二年建"，《咸丰兴义府志》说的是"乾隆十三年戊辰"。对此，《民国兴义县志》给出了较为合理的说明："今稽城门石额作乾隆戊辰孟冬，当以十三年为是。否则当为经始于十一年，竣工于十三年，刊石额于十三年十月也。"石额上刻下的年代日期是无可置疑的，但这是竣工之后勒石为纪的时间，而非开始建城的时间。修建新城耗时一年多，在那个时代，在那样偏远的地方，是极为合情合理的。因此，我们从《黔南识略》之说，认定黄草坝州判城始建于乾隆十一年（1746 年）。

那么，修建城垣与修建笔山书院又有什么关系呢？

王仕学先生有一个透着灵感的大胆猜想："乾隆十三年（1848 年）兴义筑城墙，大约筑好城墙，一个古老的寨子终于有了城市的模样，黄草坝人趁着兴奋劲儿，修建了笔山书院。"这可以被视为书院始建与黄草坝城始建"同步说"。作为一种不无道理的假说，我们可以提供依据。照此说法，水井坡笔山书院初建之年，正好是卢世昌中举前 6 年，即乾隆十一年（1746 年）。这又比《校史》所载的嘉庆十八年（1813 年）大约前推了 67 年。卢世昌未必就是笔山书院的学生，以他的资历水平，或许正是书院的教习也未可知——这当然仍是没有任何史料佐证的假说，所以就有必要加以论证。兴许，正是接受了仕学先生的启发？我们也斗胆来推算和论证一番。

四、结　语

在水井坡修建笔山书院，大约不仅仅是"黄草坝人趁着兴奋劲儿"来干的事儿。

其一，前面说到水井坡山水形胜，奇景如画，端的是读书修身的好地方。它完全符合卢世昌老令公的易学风水之论。须知，"世昌又善形家，言县城之建于黄草坝，实世昌相度之，人以为得阴阳流泉之势焉。"一个可以左右城建选址的一时名宿学阀，势必以其堪舆学家的睿眼，发现水井坡作为笔山书院院址的上佳风水。事实证明：第一所笔山书院确实产出了“王氏双雄”两位举人，可谓开局不凡。《民国兴义县志》第八章说：“后于城东门外买屋数椽以为书院，规模狭隘，形家谓地势不祥。”这里说的是第二所笔山书院，即吉安会馆书院。虽经过杜友李、张梦骥、徐鋐、胡霖澍几任知县踵事增葺，屋舍鳞次，装饰华丽。但由官府主导，以官学为主，史载除了表明知县们办学政绩外，似乎没有出现过何种杰出校友，终毁于战火。且不论易学风水道理是否符合于科学，而那时的人们对之应是确信不疑的。卢世昌既能为建城选址，又为何不能为笔山书院择地？他或许正是书院的积极倡办者也未可知，但作为城建谋划者则无疑。

其二，读书求学，是当时日渐繁荣起来的黄草坝人的内在需求。那些外来的汉族移民，特别是那些殷实富有的世家大姓，他们骨子里的中原文化基因和儒教传统，导致了他们兴办书院的冲动和行动。

其三，修城筑墙，既能发挥城市功能，形成商贸集散辐射，又能聚集较多人口，形成产业分工，在当时，突出的表现为拒匪防盗、保家护院。外来移民在此落地生根、开枝散叶，但他们不忘怀揣祖先的牌位，秉持祖地的文化习俗和信仰。他们在黄草坝设坛修庙，奉祀着各自的祖先和神灵。如禹王宫，即为楚民所建，时在乾隆初年，又叫黄主庙，后易名两湖会馆。铁树宫，早在康熙年间就由江西抚州人氏修建，奉祀真君。水井坡下的老川主庙，由巴蜀人氏修建。之后，这类宫坛庙宇更是越来越多。建县后，最为巍然宏丽的当数圣宫文庙，以孔圣人为万世师表。有文庙，就有武庙，关、岳并祀……这一切，既组成了城市，更需要城垣的护卫。所以同理，莘莘学子静修诵读的书院，更是构成城市的要件，更需要城垣确保安全。所以，建城与建书院，当是二而一、一而二的相辅相成关系。这是城市发展的必然。其理如此，八九不离十。

综上，我们可以断定：水井坡笔山书院始建的时间，正是黄草坝州判城兴建的时间。即清朝乾隆十一年（1746 年）。这个论断，还有一条重要的书证，就是乾隆十四年（1749 年）刊印的《黔南识略》，它记载了水井坡笔山书院。也即是说，书院初创时间，只能在乾隆十四年之前，而不可能在此之后。所以，习惯上的所谓嘉庆十八年(1813 年)建院旧说，至此，应让位于新说。从那时到如今，已经历时 270 年。

水井坡笔山书院在黄草坝的创建，是古老的中原文化在漫长历史的推动下，向边地的蔓延和渗透，是在儒家思想文化经久不息的影响下所产生的文教奇葩，是兴义近代文明的曙光。它的诞生以及往后的“四度兴废”都与兴义历史和城市发展息息相关。它在草创之初，便取得了不俗的成绩，做出了应有的文化贡献。上溯笔山书院的源头，不仅是考镜源流的历史研究，更是思想文化的追根溯源。笔山书院至今文脉不断，其中必有其独到的书院文化精神，值得我们不断地深入研究。

水井坡笔山书院，终因资银不济，年久失修而荒废。传说王赞武、王奭武兄弟还有过为感恩而出资襄助，但毕竟流官他乡，终属远水不解近渴。加之科考路窄，学子厌倦，名师难求，社会动荡，这第一所笔山书院，就渐渐地沉寂了。

第二所，即上文提及的“吉安会馆笔山书院”，富于官学特色。

第三所，因地处老城文昌宫，故称“文昌宫笔山书院”，富于私学特色。因与第四所相对而称老书院。

第四所，因择地东门外老鹳坟重建，称“老鹳坟笔山书院”，与老书院相对而称新书院。兼具官学和私学之长，达到了兴义笔山书院辉煌的顶点。

水井坡已然面目全非。今天，在兴义笔山书院旧址上，是一所全新的、充满希望的本科院校——兴义民族师范学院。

参考文献

[1] 王仕学:《清朝乾隆年间举人辈出》,《黔西南日报》2015 年 5 月 18 日第 5 版“百姓文史”。

[2]《光绪浙江通志》卷二十七。

[3]《咸丰兴义府志》。

探寻笔山书院旧址①

陈应秋②

图 1　清朝末年，在第三座笔山书院就读的学子

图 2　第四座笔山书院校园内的八方鱼池曾是师生流连忘返之所，今已无存。这张照片拍摄于 1938 年，为兴义高等小学堂的教师合影

① 陈应秋:《探寻笔山书院旧址》,《黔西南日报》2020 年 2 月 26 日，第 5 版。

② 陈应秋，兴义市人，当代著名收藏家。

图 3 1929 年拍摄的老鹳坟及笔山书院建筑群，这是迄今为止我们所能见到的笔山书院原貌图。1905 年，笔山书院改成了高等小学堂，到照片拍摄的时间虽然已经过去 24 年，但参考当时的社会及经济发展状况，往往一座城市、一个厂矿、学校、单位在二三十年内都不会有太大的变化，由此可以推断，这就是当时第四座笔山书院修建时的模样

图 4 1983 年拍摄的棂星门

图 5　昭忠祠所在地（1948 年拍摄）

提到笔山书院，兴义人总是引以为骄傲和自豪。

需要指出的是，笔山书院屡建屡毁，曾经四易其址，之间并无关联，实际上是四座相对独立的笔山书院。

可惜，由于书院遗留下来的图片文字等资料甚少，以至于它的容貌和轮廓被笼上一层神秘的面纱。因为不曾看见，所以人们展开想象的翅膀，描绘各自心中的笔山书院。将其想象成江南一带的书院者有之，将其与省内其他书院张冠李戴者亦有之。

笔者是一个历史文化搜索者与整理者，多年来一直潜心搜集有关笔山书院的资料，终有所获。现将其整理出来，如能为准确认识笔山书院的原始风貌带来一些帮助，则夙愿了矣。

第一座笔山书院

第一座笔山书院，在今天兴义市民政局宿舍之一的水井坡。但具体的修建时间，已经无考。

沿着老城街往兴义市原公安局背后那条路，一直爬坡而上，到山顶后，往南一看，山脚下花水河环绕，河对面是开阔的田野，直接通向坝美、洒金等小盆地。东南面与西南面，各有一条山岗连绵对峙，苍翠葱绿，风景优美。特别是左侧临近的一座山，三峰耸立，形似笔架，山脚龙潭（今已改建成自来水公司汲水站）似盘，方井像砚，故而命名为笔山书院，既取意地形特征，又适合读书人的理想。

据《兴义府志》记载：清乾隆三十一年（1766 年），后来中过举人的王赞武、王奭武兄弟，就是在这所书院读书的。可见第一座笔山书院的修建时间，应在此之前。

李世雄在其著作《风云贵州》中这样写道："笔山是那坡坡脚像一支笔样的尖山。在光绪年间修建书院时，就把书院山门对着此山，认定这座吉祥山为风水山，故取名'笔山书院'。"这个说法，已经是后面几百年的事情了。

第二座笔山书院

第二座笔山书院是清嘉庆十八年（1813 年）时，知县杜友李倡议另建的。《兴义府志》说，地点在县城东门外。当年邑考（即县考），杜友李命文武童生四百人，每人捐钱一吊，共得四百吊，加上本县各界人士捐献的银两，购买吉安会馆旧址，重建书院。嘉庆二十三年（1818 年），知县张梦骥又购置了一些土地，在原基础上扩建。至此，共有房子二十五间。以后历任知县，都认真维修，到咸同年间，白旗军起义，清政府派兵镇压，战祸连年，县城三次遭战争破坏，书院毁于兵燹。

地方史志相关资料，在介绍第二座笔山书院时，仅仅提及地址在老城东门外吉安会馆。那么，老城东门的具体位置到底在今天的什么地方，一直是一个谜。

2011 年，兴义市文化体育旅游和广播电影电视局，出版了一套关于兴义地方历史文化的丛书，其中的《百年永康》第 15 页"兴义县城市复原图"中，东门的标记位置基本无误，东门对着昭忠祠，即原来的兴义军分区招待所，现改建成了八一公园。但图中标记的花水河上的桥梁，是错位、不准确的，牛鼻子桥不是正对着昭忠祠，而是在今天的大佛洞正对面，这座桥至今仍然存在，从而给人造成了理解上的错误。

同一时期出版的《兴义史话》,“兴义县城市复原图”与《百年永康》为同一张图，错误也是一样的。有人提出，吉安会馆在今天的三月桥附近一带是不准确的。这是因为没有弄清楚老城东门的具体位置是在什么地方而造成的理解、认知上的偏差。

笔者在 2019 年 10 月的一天，与刘坤跃先生前往实地考证，走访了健在的李世雄老人。李世雄在其著作《风云贵州》中这样写道:“……老城有两条街，一条是皮匠街，皮匠街是老城街出东门的主要通道，长约两百米。另一条是从南门内弯曲过来连接东门的螺丝弯街……”

皮匠街，即今天兴义市红星路小学斜对面，一条宽度不过几米的小巷，但它的另外一个出口，就在 1748 年修建的老城东门。

厘清了这一点，我们就可以知道第二座笔山书院到底在今天的哪个位置了。

经详细考证，兴义老城的东门的准确位置在今天兴义市政府西侧，原来的市政府宿舍位置，即因棚户区改造被拆迁的房屋区域，人们所说的皮匠街出口，对面即新修的八一公园，原来的昭忠祠位置，后为兴义军分区招待所。1986 年《兴义县教育志》送审稿记载：吉安会馆，即军分区招待所。故笔者认为，第二座笔山书院地址在今天的八一公园。

第三座笔山书院

第三座笔山书院，在老城后山文昌宫，即今文昌园至兴义一中棂星门往上至后山一带。

清光绪元年（1875 年）以后，战乱虽然结束，但读书人没有聆听老师讲学的处所，缺乏相互切磋的地点。当时的斋长李辉垣，以恢复地方文化为己任，将他自己位于文庙右侧的地基慨然捐出，创修文昌宫。落成之后，学生就读于其中。月课八股和试帖诗两次，分内庠外庠两组，由老师批改，分甲乙榜示，成为当时兴义的读书人求取科第的阶梯。人们习惯上，将这里称为老书院。清光绪十五年（1889 年），新书院建成后，此处废置。对于这座书院的范围，史料上只提了个大概。经笔者考证，应为文昌园至棂星门再往上至大成殿一带。

第四座笔山书院

第四座笔山书院在老鹳坟。

清光绪九年（1883 年），时局平靖，地方官绅创设培文局后，多渠道筹集办学基金，劝导“官民捐资兴学”，并强行没收“匪产”“绝产”田地和会馆、寺庙租谷若干，积累了大量“学田”和“学谷”。又鉴于老书院地势高峻狭窄，不利于扩建兴学。地方士绅刘官礼等商得兴义知府孙清彦（字竹雅）同意并支持下，择址于县城东北隅老鹳坟（今兴义民族师范学院老校址处）建新院，由刘官礼、赵天如、林子亨等主持建院，动用团防总局历年库存白银 10 万两，加上地方百姓捐工献料建成。共建院舍 26 楹，分 3 进院落，设礼堂、山斗堂、讲堂、膳堂、斋房、教员憩息室、山长室、庶务室、教员室等。因资金充裕，建筑规模宏伟，配置了大量图书。院门北向文笔山，此山垒石如文笔，故书院仍以山取名，门额正书“笔山书院”四字。

上述大门，今已不复存在。大门左右的房子，是装学租的谷仓。进门后院里有八方形鱼池。池中有长流水通过，养鱼植藻其中，池周围有石栏杆围绕，中楹有匾，正书红底金字“山斗堂”为额。再往后，沿阶上升，就是老鹳坟旧址。十余棵桑树，横排一排，民国初年的时候，每棵树的胸围都在合抱以上。

本文所列照片，让人能从中看见那时修建的大礼堂、四合院、八方鱼池以及老鹳坟上的大桑树等，睹图思故，让人感慨万千。

笔山书院对兴义传播文化知识和培养人才、促进兴义社会的进步和发展，曾经起过重大作用。

清末民初，废科举，兴学堂，第四座笔山书院顺应潮流，与时俱进，改成了兴义高等小学堂。

贵阳到兴义　笔山书院校长眼里的风光片[①]

龙　虎[②]

光绪二十八年（1902）二月，会试落第的姚华受兴义著名教育家刘官礼邀请，执掌笔山书院。从筑城贵阳出发之前，姚华写了一首《将之藜峨除弟服》，这是迄今为止我们所知姚先生存世最早的一首诗。兴义，别号“黎峨”。姚华所言“将之藜峨”，即应笔山书院山长之聘，即将启程赴兴义。姚华有一弟，名姚芗，善弹琵琶，通谙音律，“奄化已一年”，即年余前不幸逝世。姚华每每“予心有怀”，便“涕泗泫然”，眼泪鼻涕横飞。南朝宋诗词名家颜延之曾写缅怀逝去故人之作品《除弟服诗》，姚华借用诗名，以哀悼亡弟。

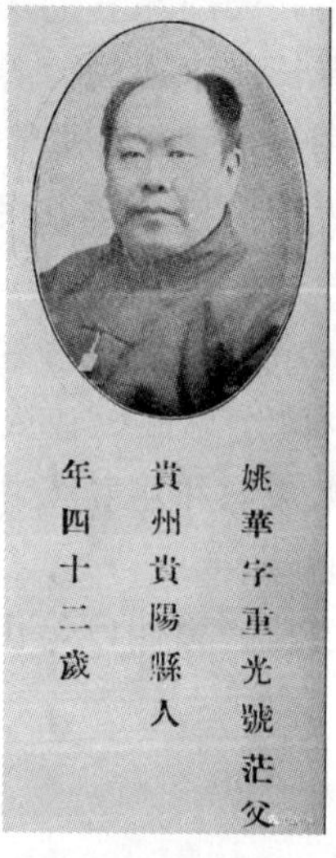

姚华（1876—1930）

（照片来源：杜鹏飞撰《艺苑重光》补遗与勘误，1917 年版《参议院议员录》）

---

① 龙虎：《贵阳到兴义　笔山书院校长眼里的风光片》[EB/OL].[2020-04-16] http://culture.gog.cn/ system/2020/04/16/017583441.shtml.

② 龙虎，布依族，民革党员，黔西南州博物馆馆长，副研究馆员，黔西南州政协委员。

将之蔾峨除弟服

人世倏往来，奄化已一年。
予心虽有怀，过礼弗敢先。
冠服亦已易，涕泗殊泫然。
夙意傥能发，中宵或可旋。

贵阳文友董北平得知姚华即将赴兴义上任，作临别诗《赠茫茫之兴义笔山书院讲学》一首，诗中有“著书善讲学，今朝与子期。蔚然铸英才，斯可翘首企”的激励，也有“仰望浮云隔，故人心尚迩。把盏为君歌，歌终君行矣”这等把酒言欢的告别。不曾想到，数年之后，董北平步其后尘，应刘官礼长子刘显世（时任兴义劝学所学董，相当于教育局长）邀请，赴笔山书院教学，终成盘江一介名师。姚华离开贵阳前，答友董北平，作诗一首。诗中的姚华一如既往保持“腹笥惭，舌澜难”的谦虚，也表达出“此去笔山多踌躇，碌碌何因答故知”的彷徨和谨慎。

答董大北平见赠之作

蓦地驰来一简诗，殷勤相赠复相期。
过为洒洒大言赋，不作凄凄临别辞。
腹笥惭为贤者读，舌澜难与世人辞。
笔山此去多踌躇，碌碌何因答故知。

清镇是贵阳西面门户，是贵阳往西必经之地。姚华“春寒”二月（除夕之后，春节伊始）便从贵阳出发，第一站便是清镇，于此留下《晓行·发清镇》两首。诗中有“鸟哢晨光好语多”“朝阳晴犹嫩”这样的信心和喜悦，但也略带“一向不知行去处”的迷茫。清镇有塔，为道光二十九年（1849）年曾任云南巡抚的张日晸修建的六角七层梯青石塔，这应该就是姚华诗中描述的“一塔矗空碧”。原因是梯青石塔位于清镇古城西门外河堤，从出行路线上讲，姚华从西门出比较符合常理。

晚行·发清镇

其一

天沾夜气春寒作，鸟啭晨光好语多。

一向不知行去处，野烟浮涨白如何。

其二朝阳晴犹嫩，薄幂野烟白。

四山青无影，一塔矗空碧。

清镇往西，进入平坝县境，旧称安平。姚华途行至此，作诗并注释："五马坡，坡在安平五马塘下里许，旧不知名，予为字此，系之以诗。"贵州"地无三里平"，今天逢山开路是常态，旧时亦然。姚华远观"驿路劈山"之景，道路通达，"可济人心"，有感而发，便把脚下这无名小地，谓"五马坡"。殊不知，今天的五马坡，因山光水色之美，已辟为森林公园，更惊奇的是，经古生物学家考古勘察，此地居然还埋藏有亿万年前的恐龙蛋化石。

五马坡

两山本相连，蓦地忽分判。

唯有济人心，路成身已断。

平坝往西数十里，有一处古驿道要津，今曰"天龙屯堡"，历来为贵州西进之咽喉。明朝皇帝朱元璋调北征南，于此屯田屯兵，戍边化民。屯民建筑最大之特点，即石头路，石头房，石板瓦，姚华行至，一针见血，作《石瓦》。

石瓦

路弯转时出丘壑，山低平处见人家。

不知石瓦明春日，犹道东风落柳华。

天龙往西，即是安顺。姚华至此，作诗一首，不过诗中地名未改，仍定平坝古名"安平"。姚华从安顺"步出城南门"，"登舆"往西南，猜测出城后应该有骑马或坐轿，但见"山势洞开，绿野如敷"。往西南不远，即到旧称安庄卫的镇宁，诗云："此去出安庄，入险更崎岖。"镇宁往南，即到属关岭的花江，为南进必经之地。花江为北盘江一段，旧为募役巡检司所在地，以大峡谷著称，两岸山崖耸峙，斧削绝壁，谷底惊涛骇浪，响声如雷，浪如白花，花江由此得名。姚华“曾闻花江恶”。不过此行他运气不错，因为自两年前（1900 年）贵州提督蒋宗汉矢志复修的花江铁索桥“横空铁索系山腰”，两岸通利便“履险如夷”。

安平晓发（节选）

步出城南门，登舆趣前徂。
山势忽洞开，绿野净如敷。
譬兹岗峦险，连日亦坦如。
此去出安庄，入险更崎岖。
曾闻花江恶，来程险夷殊。
如斯平陂理，观之足省吾。

跨过北盘江，姚华从贵阳出发已有“浃旬”，即十天。其诗云“花开更落春已深”，诗中未明确是某地，但按照线路，姚华应该已经进入贞丰县牛场镇（今北盘江镇）一带。其注释记载：“自月初得雨，望日雷雨暂作，行十许日，居人皆望雨甚切。”姚华一路前行，沿途观花悟春，孰料“春雨贵”，好景无多，漫山遍野已然“未曾经雨已空枝”。笔者猜想，适逢二月，也许是满山桃树、梨树花期未至之故。

山行浃旬，花开更落，始知春已深矣

一晌春深尚不知，好花吹放几多时。
只是东风忙结果，未曾经雨已空枝。

贞丰之后，再先西后南，便进入兴仁、兴义境。姚华前后写了一组语言通俗的七言绝句《竹枝辞》，共四首。“其一”注释：“交那路中，石立央道，累累散布，舆行甚艰。”交那位于兴仁城南雨樟镇，古亦称交郡，今称交乐。这里有贵州最高等级的汉代墓群，现为国家级文物保护单位。姚华言及之交乐，石块累累，散布央道，山势“巑岏（音 cuán wán，意山高锐貌）”，道路难行如“打杵如篙下旱滩”，导致骑马坐轿“舆行甚艰”。说来有趣，难道清王朝真的把历史搞倒退了？1987 年，交乐发掘出西南地区最大的东汉铜车马，可以想象，两千年前的交乐应该“车马军兴，驿路通达”，实为滇黔交通之孔道吧。

竹枝辞（其一）

行从石隙道巑岏，打杵如篙下旱滩。
信口同呼舅子路，问君何处小姑山。

《竹枝辞》“其二”，如果按照姚华行进路线，应该是“其一”。因为“其二”提到的“巴陵”，实为贵州著名诗词楹联之乡——巴铃镇，其地位于兴仁之东。也就是说，姚华必先到巴铃，才能到交乐。巴铃有一山，山有大石，形似铜铃，传闻铃响必有兵乱，故名。此路段较前稍好，因此姚华言“已登坦道”，但“尚嶒崚”，就是仍然有高险峻貌之大山。巴铃历来繁华，汉回杂处，彝苗散居，道路纵横阡陌，姚华行经此地，“怪道来途”不识路，只能“蹙眉搔耳”问古人了。

竹枝辞（其二）

已登坦道尚嶒崚，千里关山十日程。
怪道来途行不得，蹙眉搔耳数巴陵。

过兴仁，即进入兴义地界。在《竹枝辞》“其三”注释中，姚华言“兴义县主山谷，曰黑山，故县名黎峨。黎谓黑，峨谓山也”。值得注意的是，姚华贵阳出发前作诗，把兴义称“藜峨”，到兴义后，则去“草”为“黎”，改为“黎峨”。姚华所指的“黑山”，确系兴义八景之一，曰“天榜连云”，山虽黑，崖却白，也不叫“黑山”，当地称“巴谷山”。因此姚华用“黎”代“黑”的解释，有生搬硬套之嫌。兴义别称“黎峨”，是因清嘉庆三年（1798）取代古名黎峨的平越卫（今福泉）设县之故。蜀道难，黔道更甚，姚华从贵阳先西后南，一路行来，将自已比喻为大汉王朝从僰道南进入黔的巴人，则贴切而真实。

竹枝辞（其三）

黔道艰难过蜀道，巴人僰仆亦相怜。
黎峨风土谁曾识，浪语传呼小四川。

姚华从贵阳出发十余日，一路艰辛，终达兴义县城。刘氏官绅们的接风酒宴，自然难免。众人举杯痛饮，姚先生不胜酒力“醉流霞”。旧时兴义县城的建筑多木结构，在房檐出挑处，为求美观，多用垂花柱出挑，俗称雕花或垂瓜。“客散酒醒深夜后”，姚华于花水河边的酒馆，“当门垂首坐雕花”，也许有一些醉眼朦胧，也许还有一些志得意满，甚至不忘用青钱（铜板）大声打赏酒家小妹。《竹枝辞》“其四”反映出来的，应该是年轻的姚校长（26 岁）上任前夜的最后轻狂吧。

竹枝辞（其四）

昨夜东风醉流霞，一宿山城卖酒家。
叠数青钱呼小妹，当门垂首坐雕花。

参考文献

（一）图书

[1] 陈瑜纂. 光绪黎平府志[M]. 清光绪八年黎平府志局刻本.
[2] 华学澜. 辛丑日记[M]. 商务印书馆铅印本，1935.
[3] 萧管纂. 道光贵阳府志[M]. 清咸丰刻本.
[4] 郑珍. 道光遵义府志[M]. 清道光刻本.
[5] 张锳修，邹汉勋、朱逢甲纂. 咸丰兴义府志[M]. 清咸丰四年刻本.
[6] 顾枞纂. 民国息烽县志[M]. 民国油印本.
[7] 蒋芷泽纂. 民国兴义县志[M]. 民国 37 年稿本，1948.
[8] 刘润畴修，俞赓唐纂. 民国陆良县志稿[M]. 民国 4 年石印本.
[9] 许实纂修. 民国禄劝县志[M]. 民国 14 年铅印本.
[10] 周恭寿修，赵恺纂. 民国续遵义府志[M]. 民国 25 年刊本.
[11] 鲍吉锐. 贵州省黔西南州文史资料（第十六辑）· 刘氏庄园，2004.
[12] 陈谷嘉，邓洪波. 中国书院史资料[M]. 杭州：浙江教育出版社，1998.
[13] 杜鹏飞. 艺苑重光：姚茫父编年事辑[M]. 北京：故宫出版社，2016.
[14] 冯楠. 民国贵州通志 · 人物志[M]. 贵阳：贵州人民出版社，2001.
[15] 高兴洪. 陆良县志[M]. 昆明：云南人民出版社，2010.
[16] 贵阳市志办. 贵阳五家诗钞[M]. 贵阳：贵州教育出版社，1985.
[17] 贵州省地方志编纂委员会. 贵州省志 · 文物志[M]. 贵阳：贵州人民出版社，2003.
[18] 贵州省地方志编纂委员会. 贵州省志 · 教育志[M]. 贵阳：贵州人民出版社，1990.
[19] 贵州省文史研究馆. 黔馆文集，2002.
[20] 贵州省政协文史资料委员会. 兴义刘、王、何三大家族[M]. 北京：中国文史出版社，1990.
[21] 贵州省自治州史征集编纂委员会. 黔西南布依族苗族自治州志 · 文物

志[M]. 贵阳：贵州民族出版社，1987.

[22] 何静梧. 贵阳历史研究[M]. 贵阳：贵州人民出版社，1996.

[23] 侯清泉. 贵州近现代人物资料续集.中国近现代史史料学学会贵阳市会员联络处，2001.

[24] 侯清泉. 历代名人与贵州[M]. 贵阳：贵州人民出版社，2004.

[25] 黄涤明. 黔贵文化[M]. 沈阳：辽宁教育出版社，1998.

[26] 李恭忠等. 末科进士与世纪风云：熊范舆传[M]. 北京：中国社会科学出版社，2013.

[27] 李国均. 中国书院史[M]. 长沙：湖南教育出版社，1994.

[28] 李正江. 兴义市志[M]. 贵阳：贵州人民出版社，2008.

[29] 李志高. 郎岱县志长编，1995.

[30] 李仲明. 何应钦大传[M]. 北京：团结出版社，2008.

[31] 林建曾，肖先治. 贵州著名历史人物传[M]. 贵阳：贵州人民出版社，2001.

[32] 龙尚学. 安龙名胜古迹，1986.

[33] 卢杰. 兴义县志，1966.

[34] 庞思纯，郑文丰. 明清之际的贵州书院[M]. 贵阳：贵州人民出版社，2017.

[35] 彭兴禄. 黔西南州教育志[M]. 贵阳：贵州教育出版社，1997.

[36] 黔西南布依族苗族自治州史志编纂委员会. 黔西南布依族苗族自治州志·人物志[M]. 贵阳：贵州人民出版社，2004.

[37] 王甫尤，王必盛. 兴义一中史话[M]. 北京：社会科学文献出版社，2014.

[38] 吴筑星，李德生. 贵州侨史[M]. 北京：中国华侨出版社，2011.

[39] 兴义市文化体育旅游和广播电影电视局. 百年永康[M]. 贵阳:贵州科技出版社，2011.

[40] 熊洪斌. 学书枝言碑解说[M]. 贵阳：贵州人民出版，2017.

[41] 熊宗仁. 何应钦传[M]. 太原：山西人民出版社，1993.

[42] 姚华. 姚华诗选[M]. 贵阳：贵州人民出版社，2000.

[43] 张羽琼. 贵州古代教育史[M]. 贵阳：贵州教育出版社，2003.

[44] 枕木. 兴义笔山书院[N]. 黔西南日报，2011-03-08：3.

[45] 政协贵州省仁怀市委员会学习文卫委. 仁怀文史资料第 20 辑，2003.
[46] 政协黔西南州委员会文史与学习委员会. 刘氏庄园（贵州省黔西南州文史资料第十六辑），2004.
[47] 中国人民政治协商会议贵州省兴义市委员会文史资料委员会. 兴义市文史资料（第 4 辑），1985.
[48] 中国人民政治协商会议贵州省兴义市委员会文史资料委员会. 兴义市文史资料，第 1 辑，1960.
[49] 中国人民政治协商会议黔西南州委员会文史资料研究委员会. 黔西南州文史资料选辑，第 1 辑，1982.
[50] 朱士奇. 兴义县志[M]. 贵阳：贵州人民出版社，1988.

（二）论文

[51] 邓宗岳. 护国护法的功臣王文华[J]. 贵州文史丛刊，2002（1）：81-82.
[52] 何静梧，杨经琦. 明清两代的贵州书院[J]. 贵州文史丛刊，1981（1）：92-99.
[53] 雷成耀. 清代贵州书院藏书考略[J]. 安顺学院学报，2013（4）：103-105.
[54] 刘达瑀. 清末民初贵州教育先驱刘统之[J]. 文史天地，2003（9）：18-21.
[55] 卢惠龙. 笔山书院，一片神奇的沃壤[J]. 文史天地，2017（7）：67-71.
[56] 吴迪. 笔山书院[J]. 贵州文史丛刊，2001（2）：63-66.
[57] 熊洪斌. 笔山书院的教育与书院文化初探[N]. 黔西南日报，2011-07-08：5.
[58] 熊洪斌. 笔山书院春秋[J]. 当代贵州，2012（36）：38-39.
[59] 张兴智. 何应钦回乡琐忆[J]. 贵州文史天地，1994（3）：27-28.

后 记

2016 年，我从河南来兴义民族师范学院工作。在来兴义之前，我对兴义这个地方做了大量的调研，兴义这个地方不仅气候好，四季如春，空气清新，而且自然灾害很少，没有洪水、地震、泥石流，更让我没想到的是，兴义这个地方文教事业竟然十分发达，兴义一中、五中、八中、十中都是贵州著名重点中学，人才辈出。那年夏天的一个下午，我到人事处报到后，在校园闲逛，我被笔山书院（今兴义民族师范学院前身）文化长廊的一系列贵州历史人物惊呆了。原来，这里居然出了这么多历史名人。更让我惊愕的是，这些名人大多从眼前这个不起眼的校园里走出。这激起了我的好奇心，偏居西南的这个小城市为何会产生如此多的人才，其中肯定有其特殊原因。正式上班后，我苦苦寻觅这个答案。令人遗憾的是，没有完整的资料描绘“笔山书院”的全面信息。最后，我决定要撰写一部笔山书院志。这既可满足我的好奇心，也可以为兴义民族师范学院留下永恒的校史记忆。同时也为兴义历史文化留下史料依据。

有云：“一部贵州史，半部兴义人。”而兴义名人又多出自笔山书院。兴义笔山书院创办于清代乾隆年间（1736—1795）。两百年来，兴义笔山书院涌现出王伯群、王文华、何应钦、刘显世等大批风云人物。然而，就是这样一座在贵州历史上举足轻重的书院，研究者甚少。熊洪斌先生对笔山书院最为用力，除了考察笔山书院的历史人物，熊洪斌先生还历经数十年考证出《学书枝言碑》的历史面貌。

那么，历史上的笔山书院到底经历了几次历史兴替？谁设立了笔山书院？谁在笔山书院建设上最有功德？笔山书院的历届山长、学堂校长、书院教习都是谁？笔山书院培养的学生有多少成为国家栋梁之材？笔山书院的遗迹今安在？笔山书院的藏书流落何方？后世又有哪些著述提及笔山书院和笔山人物？

所有这些问题的梳理明晰，就是一部简略的《兴义笔山书院志略》。

毛建军

于笔山书院旧址

2022 年 12 月